Strade blu

Roberto Saviano

GOMORRA

*Viaggio nell'impero economico
e nel sogno di dominio della camorra*

MONDADORI

«Gomorra»
di Roberto Saviano
Collezione Strade blu

Published by arrangement with Roberto Santachiara Literary Agency

ISBN 978-88-04-55450-9

Gomorra

a S., maledizione

Comprendere cosa significa l'atroce, non negarne l'esistenza, affrontare spregiudicatamente la realtà.

Hannah Arendt

Coloro che vincono, in qualunque modo vincano, mai non ne riportano vergogna.

Niccolò Macchiavelli

La gente sono vermi e devono rimanere vermi.

da un'intercettazione telefonica

Il mondo è tuo.

Scarface, 1983

Prima parte

Il porto

Il container dondolava mentre la gru lo spostava sulla nave. Come se stesse galleggiando nell'aria, lo sprider, il meccanismo che aggancia il container alla gru, non riusciva a domare il movimento. I portelloni mal chiusi si aprirono di scatto e iniziarono a piovere decine di corpi. Sembravano manichini. Ma a terra le teste si spaccavano come fossero crani veri. Ed erano crani. Uscivano dal container uomini e donne. Anche qualche ragazzo. Morti. Congelati, tutti raccolti, l'uno sull'altro. In fila, stipati come aringhe in scatola. Erano i cinesi che non muoiono mai. Gli eterni che si passano i documenti l'uno con l'altro. Ecco dove erano finiti. I corpi che le fantasie più spinte immaginavano cucinati nei ristoranti, sotterrati negli orti d'intorno alle fabbriche, gettati nella bocca del Vesuvio. Erano lì. Ne cadevano a decine dal container, con il nome appuntato su un cartellino annodato a un laccetto intorno al collo. Avevano tutti messo da parte i soldi per farsi seppellire nelle loro città in Cina. Si facevano trattenere una percentuale dal salario, in cambio avevano garantito un viaggio di ritorno, una volta morti. Uno spazio in un container e un buco in qualche pezzo di terra cinese. Quando il gruista del porto mi raccontò la cosa, si mise le mani in faccia e continuava a guardarmi attraverso lo spazio tra le dita. Come se quella maschera di mani gli concedesse più coraggio per raccontare. Aveva visto cadere corpi e non aveva avuto bisogno neanche di lanciare l'allarme, di avvertire qualcuno. Aveva soltanto fatto toccare terra al container, e decine di persone comparse dal nulla avevano rimesso dentro tutti e con una pompa ripulito i resti. Era così che andavano le cose. Non riusciva ancora a crederci, sperava fosse un'allucinazione dovuta agli eccessivi straordinari. Chiuse le dita coprendosi completamente il volto e continuò a parlare piagnucolando, ma non riuscivo più a capirlo.

Tutto quello che esiste passa di qui. Qui, dal porto di Napoli. Non v'è manufatto, stoffa, pezzo di plastica, giocattolo, martello, scarpa, cacciavite, bullone, videogioco, giacca, pantalone, trapano, orologio che non passi per il porto. Il porto di Napoli è una ferita. Larga. Punto finale dei viaggi interminabili delle merci. Le navi arrivano, si immettono nel golfo avvicinandosi alla darsena come cuccioli a mammelle, solo che loro non devono succhiare, ma al contrario essere munte. Il porto di Napoli è il buco nel mappamondo da dove esce quello che si produce in Cina, Estremo Oriente come ancora i cronisti si divertono a definirlo. Estremo. Lontanissimo. Quasi inimmaginabile. Chiudendo gli occhi appaiono kimono, la barba di Marco Polo e un calcio a mezz'aria di Bruce Lee. In realtà quest'Oriente è allacciato al porto di Napoli come nessun altro luogo. Qui l'Oriente non ha nulla di estremo. Il vicinissimo Oriente, il minimo Oriente dovrebbe esser definito. Tutto quello che si produce in Cina viene sversato qui. Come un secchiello pieno d'acqua girato in una buca di sabbia che con il solo suo rovesciarsi erode ancor di più, allarga, scende in profondità. Il solo porto di Napoli movimenta il 20 per cento del valore dell'import tessile dalla Cina, ma oltre il 70 per cento della quantità del prodotto passa di qui. È una stranezza complicata da comprendere, però le merci portano con sé magie rare, riescono a essere non essendoci, ad arrivare pur non giungendo mai, a essere costose al cliente pur essendo scadenti, a risultare di poco valore al fisco pur essendo preziose. Il fatto è che il tessile ha parecchie ca-

12

tegorie merceologiche, e basta un tratto di penna sulla bolletta d'accompagnamento per abbattere radicalmente i costi e l'IVA. Nel silenzio del buco nero del porto la struttura molecolare delle cose sembra scomporsi, per poi riaggregarsi una volta uscita dal perimetro della costa. La merce dal porto deve uscire subito. Tutto avviene talmente velocemente che mentre si sta svolgendo, scompare. Come se nulla fosse avvenuto, come se tutto fosse stato solo un gesto. Un viaggio inesistente, un approdo falso, una nave fantasma, un carico evanescente. Come se non ci fosse mai stato. Un'evaporazione. La merce deve arrivare nelle mani del compratore senza lasciare la bava del percorso, deve arrivare nel suo magazzino, subito, presto, prima che il tempo possa iniziare, il tempo che potrebbe consentire un controllo. Quintali di merce si muovono come fossero un pacco contrassegno che viene recapitato a mano dal postino a domicilio. Nel porto di Napoli, nei suoi 1.336.000 metri quadri per 11,5 chilometri, il tempo ha dilatazioni uniche. Ciò che fuori riuscirebbe a essere compiuto in un'ora, nel porto di Napoli sembra accadere in poco più d'un minuto. La lentezza proverbiale che nell'immaginario rende lentissimo ogni gesto di un napoletano qui è cassata, smentita, negata. La dogana attiva il proprio controllo in una dimensione temporale che le merci cinesi sforano. Spietatamente veloci. Qui ogni minuto sembra ammazzato. Una strage di minuti, un massacro di secondi rapiti dalle documentazioni, rincorsi dagli acceleratori dei camion, spinti dalle gru, accompagnati dai muletti che scompongono le interiora dei container.

Nel porto di Napoli opera il più grande armatore di Stato cinese, la COSCO, che possiede la terza flotta più grande al mondo e ha preso in gestione il più grande terminal per container, consorziandosi con la MSC, che possiede la seconda flotta più grande al mondo con sede a Ginevra. Svizzeri e cinesi si sono consorziati e a Napoli hanno deciso di investire la parte maggiore dei loro affari. Qui dispongono di oltre novecentocinquanta metri di banchina, centotrentamila metri quadri di terminal container e trentamila metri quadri esterni, assorbendo la quasi totalità del traffico in transito a Napoli. Bisogna rifondare la propria immaginazione per cercare di comprendere come l'immensità della produzione cinese possa poggiare sullo scalino del porto napoletano. L'immagine evangelica sembra appropriata, la cruna dell'ago somiglia al porto e il cammello che l'attraverserà sono le navi. Prue che si scontrano, file indiane di enormi bastimenti fuori dal golfo che aspettano la loro entrata tra confusione di poppe che beccheggiano, rumoreggiando con languori di ferri, lamiere e bulloni che lentamente entrano nel piccolo foro napoletano. Come un ano di mare che si allarga con grande dolore degli sfinteri.

Eppure no. Non è così. Nessuna confusione apparente. Tutte le navi entrano ed escono con regolare ordine o almeno così sembra a osservare dalla terra ferma. Eppure centocinquantamila container transitano da qui. Intere città di merci si edificano sul porto per poi essere trasportate via. La qualità del porto è la velocità, ogni lentezza burocratica, ogni controllo meticoloso mutano il ghepardo del trasporto in un bradipo lento e pesante.

Mi perdo sempre, al molo. Il molo Bausan è identico alle costruzioni Lego. Una struttura immensa, ma che sembra non avere spazio, piuttosto pare inventarselo. C'è un angolo del molo che sembra un reticolo di vespai. Arnie bastarde che riempiono una parete. Sono migliaia di prese elettriche per l'alimentazione dei contenitori *reefer*, i container con i cibi surgelati e le code attaccate a questo vespaio. Tutti i sofficini e i bastoncini di pesce della terra sono stipati in quei contenitori ghiacciati. Quando vado al molo Bausan ho la sensazione di vedere da dove passano tutte le merci prodotte per l'umana specie. Dove trascorrono l'ultima notte prima di essere vendute. Come fissare l'origine del mondo. In poche ore transitano per il porto i vestiti che indosseranno i ragazzini parigini per un mese, i bastoncini di pesce che mangeranno a Brescia per un anno, gli orologi che copriranno i polsi dei catalani, la seta di tutti i vestiti inglesi d'una stagione. Sarebbe interessante poter leggere da qualche parte non soltanto dove la merce viene prodotta, ma persino che tragitto ha fatto per giungere nelle mani dell'acquirente. I prodotti hanno cittadinanze molteplici, ibride e bastarde. Nascono per metà nel centro della Cina, poi si completano in qualche periferia slava, si perfezionano nel nord est d'Italia, si confezionano in Puglia o a nord di Tirana, per poi finire in chissà quale magazzino d'Europa. La merce ha in sé tutti i diritti di spostamento che nessun essere umano potrà mai avere. Tutti i frammenti di strada, i percorsi accidentali e ufficiali trovano punto fermo a Napoli. Quando al molo attraccano le navi, gli enormi *fullcontainers* sembrano animali leggeri, ma appena entrano nel golfo lentamente, avvicinandosi al molo, divengono pesanti mammut di lamiere e catene con nei fianchi suture arrugginite che colano acqua. Navi su cui ti immagini vivano equipaggi numerosissimi, e invece scaricano manipoli di ometti che pensi incapaci di domare quei bestioni in pieno oceano.

La prima volta che ho visto attraccare una nave cinese mi pareva di stare dinanzi a tutta la produzione del mondo. Gli occhi non riuscivano a contare, quantificare, il numero di container presenti. Non riuscivo a tenerne il conto. Può apparire impossibile non riuscire a procedere con i numeri, eppure il conto si perdeva, le cifre diventavano troppo elevate, si mescolavano.

A Napoli ormai si scarica quasi esclusivamente merce proveniente dalla Cina, 1.600.000 tonnellate. Quella registrata. Almeno un altro milione passa senza lasciare traccia. Nel solo porto di Napoli, secondo l'Agenzia delle Dogane, il 60 per cento della merce sfugge al controllo della dogana, il 20 per cento delle bollette non viene controllato e vi sono cinquantamila contraffazioni: il 99 per cento è di provenienza cinese e si calcolano duecento milioni di euro di tasse evase a semestre. I container che devono scomparire prima di essere ispezionati si trovano nelle prime file. Ogni container è regolarmente numerato, ma ce ne sono molti con la stessa identica numerazione. Così un container ispezionato battezza tutti i suoi omonimi illegali. Quello che il lunedì si scarica, il giovedì può vendersi a Modena o Genova o finire nelle vetrine di Bonn e Monaco. Molta parte della merce che viene immessa nel mercato italiano avrebbe dovuto fare soltanto transito, ma le magie delle dogane permettono che il transito poi diventi fermo. La grammatica delle merci ha una sintassi per i documenti e un'altra per il commercio. Nell'aprile 2005, in quattro operazioni, scattate quasi per caso, a poca distanza le une dalle altre, il Servizio di Vigilanza Antifrode della Dogana aveva sequestrato ventiquattromila jeans destinati al mercato francese; cinquantunomila oggetti provenienti dal Bangladesh con il marchio made in Italy; e circa quattrocentocinquantamila personaggi, pupazzi, barbie, spiderman; più altri quarantaseimila giocattoli di plastica per un valore complessivo di circa trentasei milioni di euro. Una fettina d'economia, in una manciata di ore stava passando per il porto di Napoli. E dal porto al mondo. Non c'è ora o minuto in cui questo non accada. E le fettine di economia divengono lacerti, e poi quarti e interi manzi di commercio.

Il porto è staccato dalla città. Un'appendice infetta mai degenerata in peritonite, sempre conservata nell'addome della costa. Ci sono parti desertiche rinchiuse tra l'acqua e la terra, ma che sembrano non appartenere né al mare né alla terra. Un anfibio di terra, una metamorfosi marina. Terriccio e spazzatura, anni di rimasugli portati a riva dalle maree hanno creato una nuova formazione. Le navi scaricano le loro latrine, puliscono stive lasciando colare la schiuma gialla in acqua, ' motoscafi e i panfili spurgano motori e rassettano raccogliendo tutto nella pattumiera marina. E tutto si raccoglie sulla costa, prima come massa molliccia e poi crosta dura. Il sole accende il miraggio di mostrare un mare fatto d'acqua. In realtà la superficie del golfo somiglia alla lucentezza dei sacchetti della spazzatura. Quelli neri. E piuttosto che d'acqua, il mare del golfo sembra un'enorme vasca di percolato. La banchina con migliaia di container multicolori pare un limite invalicabile. Napoli è circoscritta da muraglie di merci. Mura che non difendono la città, ma al contrario la città difende le mura. Non ci sono eserciti di scaricatori, né romantiche plebaglie da porto. Ci si immagina il porto come luogo del fracasso, dell'andirivieni di uomini, di cicatrici e lingue impossibili, frenesia di genti. Invece impera un silenzio da fabbrica meccanizzata. Al porto non sembra esserci più nessuno, i container, le navi e i camion sembrano muoversi animati da un moto perpetuo. Una velocità senza chiasso.

Al porto ci andavo per mangiare il pesce. Non è la vicinanza al mare che fa da garante di un buon ristorante, nel piatto ci trovavo le pietre pomici, sabbia, persino qualche alga bollita. Le vongole come le pescavano così le giravano nella pentola. Una garanzia di freschezza, una roulette russa d'infezione. Ma ormai tutti si sono rassegnati al sapore d'allevamento che rende simile un totano a un pollo. Per avere l'indefinibile sapore di mare bisognava in qualche modo rischiare. E questo rischio lo correvo volentieri. Mentre ero al ristorante del porto, chiesi informazioni per trovare un alloggio da affittare.

«Non ne so niente, qui le case stanno sparendo. Se le stanno prendendo i cinesi...»

Un tizio che troneggiava in mezzo alla stanza, grosso ma non abbastanza per la voce che aveva, invece lanciandomi un'occhiata urlò: «Forse qualcosa ancora c'è!».

Non disse altro. Dopo aver entrambi finito di pranzare ci indirizzammo lungo la via che costeggia il porto. Non ci fu neanche bisogno che mi chiedesse di seguirlo. Arrivammo nell'atrio di un palazzo quasi fantasma, un condominio dormitorio. Salimmo al terzo piano dove c'era l'unica casa di studenti sopravvissuta. Stavano mandando via tutti per lasciare spazio al vuoto. Nelle case non doveva esserci più nulla. Né armadi, né letti, né quadri, né comodini, neanche pareti. Doveva esserci solo spazio, spazio per i pacchi, spazio per gli enormi armadi di cartone, spazio per le merci.

In casa mi assegnarono una specie di stanza. Meglio definibile come uno stanzino con lo spazio appena necessario per un letto e un armadio. Non si parlò di mensile, di bollette da spartire, di connessioni e allacci telefonici. Mi presentarono a quattro ragazzi, miei coinquilini e tutto finì lì. Mi spiegarono che nel palazzo era l'unica casa realmente abitata e che serviva per dare alloggio a Xian, il cinese che controllava "i palazzi". Non dovevo pagare alcun fitto, ma mi chiesero di lavorare ogni fine settimana nelle case-magazzino. Ero andato per cercare una stanza, trovai un lavoro. Di mattina si abbattevano le pareti, la sera si raccoglievano i resti di cemento, parati e mattoni. Si cumulavano le macerie in normali sacchi d'immondizia. Buttare giù un muro genera rumori inaspettati. Non di sasso colpito ma come di cristalli gettati giù da un tavolo con una manata. Ogni casa diveniva un magazzino senza mura. Non so spiegarmi come il palazzo dove ho lavorato possa ancora stare in piedi. Più volte abbiamo abbattuto diversi muri maestri, consapevoli di farlo. Ma serviva lo spazio per la merce e non c'è equilibrio di cemento da conservare dinanzi alla conservazione dei prodotti.

Il progetto di stipare i pacchi nelle case era nato nella mente di alcuni commercianti cinesi dopo che l'autorità portuale di Napoli aveva presentato a una delegazione del Congresso americano il piano sulla *security*. Quest'ultimo prevede una divisione del porto in quattro aree: crocieristica, del cabotaggio, delle merci e dei container e una individuazione, per ciascuna area, dei rischi. Dopo la pubblicazione di questo piano-security, per evitare che si potesse costringere la polizia a intervenire, i giornali a scriverne per troppo tempo, e persino qualche telecamera a intrufolarsi in cerca di qualche succosa scena, molti imprenditori cinesi decisero che tutto doveva essere sommerso da maggiore silenzio Anche a causa di un innalzamento dei costi bisognava rendere ancor più impercettibile la presenza delle merci. Farla scomparire nei capannoni fittati nelle sperdute campagne della provincia, tra discariche e campi di tabacco: ma questo non eliminava il traffico di Tir. Così dal porto entravano e uscivano ogni giorno non più di dieci furgoncini, carichi di pacchi sino a esplodere. Dopo pochi metri si trovavano nei garage dei palazzi di fronte al porto. Entrare e uscire, bastava solo questo.

Movimenti inesistenti, impercettibili, persi nelle manovre quotidiane del traffico. Case prese in fitto. Sfondate. Garage resi tutti comunicanti tra loro, cantine ricolme sino al tetto di merce. Nessun proprietario osava lamentarsi. Xian gli aveva pagato tutto. Fitto e indennizzo per gli abbattimenti impropri. Migliaia di pacchi salivano su un ascensore ristrutturato come un montacarichi. Una gabbia d'acciaio ficcata dentro i palazzi che faceva scorrere sui suoi binari una pedana che saliva e scendeva di continuo. Il lavoro era concentrato in poche ore. La scelta dei pacchi non era casuale. Mi capitò di scaricare ai primi di luglio. Un lavoro che rende bene ma che non puoi fare se non sotto costante allenamento. Il caldo era umidissimo. Nessuno osava chiedere un condizionatore. Nessuno. E non dipendeva da timori di punizione o da particolari culture d'obbedienza e sottomissione. Le persone che scaricavano provenivano da ogni angolo della terra. Ghanesi, ivoriani, cinesi, albanesi, e poi napoletani, calabresi, lucani. Nessuno chiedeva, tutti constatavano che le merci non soffrono il caldo e questa era condizione sufficiente per non spendere soldi in condizionatori.

Stipavamo pacchi con giubbotti, impermeabili, k-way, maglioncini di filo, ombrelli. Era piena estate, sembrava una scelta folle quella di rifornirsi di vestiti autunnali invece che accumulare costumi, prendisole e ciabatte. Sapevo che nelle case-deposito non si usava raccogliere i prodotti come in un magazzino, ma solo merce da immettere subito nel mercato. Ma gli imprenditori cinesi avevano previsto che ci sarebbe stato un agosto con poco sole. Non ho mai dimenticato la lezione di John Maynard Keynes sul concetto di valore marginale: come varia, per esempio, il prezzo di una bottiglia d'acqua in un deserto o della stessa bottiglia vicino a una cascata. Quell'estate, quindi, l'impresa italiana porgeva bottiglie vicino alle fonti, mentre l'imprenditoria cinese edificava sorgenti nel deserto.

Dopo i primi giorni di lavoro nel palazzo, Xian venne a dormire da noi. Parlava un perfetto italiano, con una leggera *r* mutata in *v*. Come i nobili decaduti imitati da Totò nei suoi film. Xian Zhu era stato ribattezzato Nino. A Napoli, quasi tutti i cinesi che hanno relazione con gli indigeni si danno un nome partenopeo. È prassi così diffusa che non desta più stupore sentire un cinese che si presenta come Tonino, Nino, Pino, Pasquale. Xian Nino invece di dormire passò la notte al tavolo in cucina, telefonando e sbirciando la televisione. Ero sdraiato sul letto, ma dormire risultava impossibile. La voce di Xian non si interrompeva mai. La sua lingua veniva sparata fuori dai denti come una mitraglietta. Parlava senza neanche prendere respiro dalle narici, come in un'apnea di parole. E poi le flatulenze dei suoi guardaspalle che saturavano la casa di un odore dolciastro avevano appestato anche la mia stanza. Non era solo la puzza a disgustare, ma anche le immagini che quella puzza ti sprigionava in mente. Involtini primavera in putrefazione nei loro stomaci e riso alla cantonese macerato nei succhi gastrici. Gli altri inquilini erano abituati. Chiusa la porta non esisteva altro che il loro sonno. Per me invece non esisteva altro che quello che stava accadendo oltre la mia porta. Così mi piazzai in cucina. Spazio comune. E quindi anche in parte mio. O così avrebbe dovuto essere. Xian smise di parlare e iniziò a cucinare. Friggeva del pollo. Mi venivano in mente decine di domande da porgli, di curiosità, di luoghi comuni che volevo scrostare. Mi misi a parlare della Triade. La mafia cinese. Xian continuava a friggere. Volevo chiedergli dettagli. Anche soltanto simbolici, non pretendevo certo confessioni sulla sua affiliazione. Mostravo di conoscere i tratti generici del mondo mafioso cinese, con la presunzione che conoscere gli atti d'indagine fosse un modo maestro per possedere il calco della realtà. Xian portò il suo pollo fritto in tavola, prese posto e non disse nulla. Non so se ritenesse interessante quanto dicevo. Non so e non ho mai saputo se fosse parte di quell'organizzazione. Bevve della birra e poi alzò metà sedere dalla sedia, tirò il portafogli dalla tasca dei pantaloni, frugò con le dita senza guardare e poi cacciò tre monete. Le stese sul tavolo fermandole sulla tovaglia con un bicchiere rovesciato.

«Euro, dollaro, yüan. Ecco la mia triade.»

Xian sembrava sincero. Nessun'altra ideologia, nessuna sorta di simbolo e passione gerarchica. Profitto, business, capitale. Null'altro. Si tende a considerare oscuro il potere che determina certe dinamiche e allora lo si ascrive a un'entità oscura: mafia cinese. Una sintesi che tende a scacciare tutti i termini intermedi, tutti i passaggi finanziari, tutte le qualità d'investimento, tutto ciò che fa la forza di un gruppo economico criminale. Da almeno cinque anni ogni relazione della Commissione Antimafia segnalava "il pericolo crescente della mafia cinese" ma in dieci anni di indagini la polizia aveva sequestrato vicino a Firenze, a Campi Bisenzio, appena seicentomila euro. Qualche moto e una porzione di fabbrica. Nulla, rispetto a una forza economica che riusciva a spostare capitali di centinaia di milioni di euro, secondo quanto scrivevano quotidianamente gli analisti americani. L'imprenditore mi sorrideva.

«L'economia ha un sopra e un sotto. Noi siamo entrati sotto, e usciamo sopra.»

Nino Xian prima di andare a dormire mi fece una proposta per l'indomani.

«Ti alzi presto?»

«Dipende...»

«Se domani riesci a stare in piedi per le cinque, vieni con noi al porto. Ci dai una mano.»

«A fare che?»

«Se hai una maglia col cappuccio, indossala, è meglio.»

Non mi fu detto altro, né io tentai, troppo curioso di partecipare alla cosa, di insistere. Fare altre domande avrebbe potuto compromettere la proposta di Xian. Mi rimanevano poche ore per dormire. E l'ansia era troppa per riposare.

Alle cinque in punto mi feci trovare pronto, nell'androne del palazzo ci raggiunsero altri ragazzi. Oltre me e un mio coinquilino, c'erano due maghrebini con i capelli brizzolati. Ci ficcammo nel furgoncino ed entrammo nel porto. Non so quanta strada avremo fatto e per quali anfratti d'angiporto ci siamo infilati. Mi addormentai poggiato al finestrino del furgone. Scendemmo vicino a degli scogli, un piccolo molo si estendeva nell'anfratto. Lì c'era attraccato uno scafo con un enorme motore che pareva una coda pesantissima rispetto alla struttura esile e allungata. Con i cappucci tirati su sembravamo tutti una ridicola band di cantanti rap. Il cappuccio che credevo fosse necessario per non farsi riconoscere invece serviva solo per proteggerti dagli schizzi di acqua gelida e per tentare di scongiurare l'emicrania che in mare aperto a primo mattino si inchioda tra le tempie. Un giovane napoletano accese il motore e un altro iniziò a guidare lo scafo. Sembravano fratelli. O almeno avevano visi identici. Xian non venne con noi. Dopo circa mezz'ora di viaggio ci avvicinammo a una nave. Pareva che ci andassimo a impattare contro. Enorme. Facevo fatica a tirare su il collo per vedere dove terminava la murata. In mare le navi lanciano delle grida di ferro, come l'urlo degli alberi quando vengono abbattuti, e dei suoni cupi di vuoto che ti fanno deglutire almeno due volte un muco al sapore di sale.

Dalla nave una carrucola faceva calare a scatti una rete colma di scatoloni. Ogni volta che il fagotto sbatteva sui legni dell'imbarcazione, lo scafo beccheggiava al punto che mi preparavo già a galleggiare. Invece non finii in mare. Le scatole non erano pesantissime. Ma dopo averne sistemate a poppa una trentina, avevo i polsi indolenziti e gli avambracci rossi per il continuo sfregare con gli spigoli dei cartoni. Il motoscafo poi virò verso la costa, dietro di noi altri due scafi fiancheggiarono la nave per raccogliere altri pacchi. Non erano partiti dal nostro molo. Ma d'improvviso si erano accodati alla nostra scia. Sentivo la bocca dello stomaco ricevere schiaffi continui ogni qual volta lo scafo faceva battere la prua sul pelo dell'acqua. Poggiai la testa su alcune scatole. Tentavo di intuire dall'odore cosa contenessero, attaccai l'orecchio per cercare di capire dal rumore cosa ci fosse lì dentro. Iniziò a subentrare un senso di colpa. Chissà a cosa avevo partecipato, senza decisione, senza una vera scelta. Dannarmi sì, ma almeno con coscienza. Invece ero finito per curiosità a scaricare merce clandestina. Si crede stupidamente che un atto criminale per qualche ragione debba essere maggiormente pensato e voluto rispetto a un atto innocuo. In realtà non c'è differenza. I gesti conoscono un'elasticità che i giudizi etici ignorano. Arrivati al molo, i maghrebini riuscivano a scendere dallo scafo con due scatolone sulle spalle. Per farmi barcollare mi bastavano solo le mie gambe. Sugli scogli ci aspettava Xian. Si avvicinò a un'enorme scatola, aveva già in mano una taglierina, solcò una fascia larghissima di scotch che chiudeva due ali di carta. Erano scarpe. Scarpe da ginnastica, originali, delle marche più celebri. Modelli nuovi, nuovissimi, ancora non in circolazione nei negozi italiani. Temendo un controllo della Finanza, aveva preferito scaricare in mare aperto. Una parte della merce poteva così essere immessa senza la zavorra delle tasse, i grossisti le avrebbero prese senza le spese doganali. La concorrenza si vinceva sugli sconti. Stessa qualità di merce, ma quattro, sei, dieci per cento di sconto. Percentuali che nessun agente commerciale avrebbe potuto proporre e le percentuali di sconto fanno crescere o morire un negozio, permettono di aprire centri commerciali, di avere entrate sicure e con le entrate sicure le fideiussioni bancarie. I prezzi devono abbassarsi. Tutto deve arrivare, muoversi velocemente, di nascosto. Schiacciarsi sempre di più nella dimensione della vendita e dell'acquisto. Un ossigeno inaspettato per i commercianti italiani ed europei. Questo ossigeno entrava dal porto di Napoli.

Stipammo tutti i pacchi in diversi furgoni. Arrivarono anche gli altri scafi. I furgoni andavano verso Roma, Viterbo, Latina, Formia. Xian ci fece riaccompagnare a casa.

Tutto era cambiato negli ultimi anni. Tutto. D'improvviso. Repentinamente. Qualcuno intuisce il cambiamento, ma ancora non lo comprende. Il golfo fino a dieci anni fa era solcato da scafi di contrabbandieri, le mattine erano cariche di dettaglianti che si andavano a rifornire di sigarette. Strade affollate, macchine piene di stecche, angoli con sedia e banco per la vendita. Si giocavano le battaglie tra guardie costiere, finanzieri, e contrabbandieri. Si scambiavano quintali di sigarette in cambio di un arresto mancato, o ci si faceva arrestare per salvare quintali di sigarette stipate in qualche doppio fondo di scafo in fuga. Nottate, pali e fischi per avvertire strani movimenti di auto, walkie talkie accesi per segnalare allarmi, e file di uomini lungo la costa che si passavano velomente le scatole. Macchine che sfrecciavano dalla costa pugliese all'entroterra e dall'entroterra verso la Campania. Napoli-Brindisi era un asse fondamentale, la strada dell'economia florida delle sigarette a buon mercato. Il contrabbando, la FIAT del sud, il welfare dei senza Stato, ventimila persone che lavoravano esclusivamente nel contrabbando tra Puglia e Campania. Il contrabbando innescò la grande guerra di camorra dei primi anni '80.

I clan pugliesi e campani reintroducevano in Europa le sigarette non più soggette ai Monopoli di Stato. Importavano migliaia di casse al mese dal Montenegro, fatturando cinquecento milioni di lire a carico. Ora tutto si è spaccato e trasformato. Ai clan non conviene più. Ma in realtà ha verità di dogma la massima di Lavoisier: niente si crea, niente si distrugge, tutto si trasforma. In natura, ma soprattutto nelle dinamiche del capitalismo. I prodotti del quotidiano, e non più il vizio della nicotina, sono il soggetto nuovo del contrabbando. Sta nascendo la guerra dei prezzi, terribilmente spietata. Le percentuali di sconto degli agenti, dei grossisti, e dei commercianti, determinano la vita e la morte di ognuno di questi soggetti economici. Le tasse, l'IVA, il carico massimo di ogni Tir sono zavorre al profitto, vere e proprie dogane di cemento armato alla circolazione di merci e danaro. Le grandi aziende allora dislocano la produzione a est, Romania, Moldavia, in Oriente, Cina, per avere manodopera a basso costo. Ma non basta. La merce prodotta a basso costo dovrà essere venduta su un mercato dove sempre più persone accedono con stipendi precari, risparmi minimi, attenzione maniacale ai centesimi. L'invenduto aumenta e allora le merci, originali, false, semifalse, parzialmente vere, arrivano in silenzio. Senza lasciare traccia. Con meno visibilità delle sigarette, poiché non avranno una distribuzione parallela. Come se non fossero mai state trasportate, come se spuntassero dai campi e qualche mano anonima le avesse raccolte. Se il danaro non puzza la merce invece profuma. Ma non del mare attraversato, non riporta l'odore delle mani che l'hanno prodotta, né butta il grasso delle braccia meccaniche che l'hanno assemblata. La merce sa di quello che sa. Questo odore non ha origine che sul bancone del negoziante, non ha fine che nella casa dell'acquirente.

Lasciandoci dietro il mare, arrivammo a casa. Il furgone ci diede appena il tempo di scendere. Poi tornò al porto a raccogliere, raccogliere, raccogliere ancora pacchi e merce. Salii ormai semisvenuto sull'ascensore-montacarichi. Mi tolsi la maglietta zuppa d'acqua e sudore prima di gettarmi sul letto. Non so quante scatole avevo sistemato e trasportato. Ma la sensazione era di aver scaricato le scarpe per i piedi di mezz'Italia. Ero stanco come fosse stata la fine di una giornata faticosa e pienissima. A casa, gli altri ragazzi si svegliavano. Era soltanto prima mattina.

Angelina Jolie

Nei giorni successivi accompagnai Xian nei suoi incontri d'affari. In realtà mi aveva scelto per fargli compagnia durante gli spostamenti e i pranzi. Parlavo troppo o troppo poco. Le due attitudini gli piacevano entrambe. Seguivo come si seminava e coltivava la *semenza* del danaro, come veniva messo a maggese il terreno dell'economia. Arrivammo a Las Vegas. A nord di Napoli. Qui chiamano Las Vegas questa zona per diverse ragioni. Come Las Vegas del Nevada è edificata in mezzo al deserto, così anche questi agglomerati sembrano spuntare dal nulla. Si arriva qui da un deserto di strade. Chilometri di catrame, di strade enormi che in pochi minuti ti portano fuori da questo territorio per spingerti sull'autostrada verso Roma, dritto verso il nord. Strade fatte non per auto ma per camion, non per spostare cittadini ma per trasportare vestiti, scarpe, borse. Venendo da Napoli questi paesi spuntano d'improvviso, ficcati nella terra uno accanto all'altro. Grumi di cemento. Le strade che si annodano ai lati di una retta su cui si avvicendano senza soluzione di continuità Casavatore, Caivano, Sant'Antimo, Melito, Arzano, Piscinola, San Pietro a Patierno, Frattamaggiore, Frattaminore, Grumo Nevano. Grovigli di strade. Paesi senza differenze che sembrano un'unica grande città. Strade che per metà sono un paese e per l'altra metà ne sono un altro.

Avrò sentito centinaia di volte chiamare la zona del foggiano ı a *Califoggıa*, oppure il sud della Calabria *Calafrıca* o *Calabria Saudita*, o magari *Sahara Consilina* per Sala Consilina, *Terzo Mondo* per indicare una zona di Secondigliano. Ma qui Las Vegas è *davvero* Las Vegas. Qualsiasi persona avesse voluto tentare una scalata imprenditoriale in questo territorio, per anni avrebbe potuto farlo. Realizzare il sogno. Con un prestito, una liquidazione, un forte risparmio, metteva su la sua fabbrica. Puntava su un'azienda: se vinceva riceveva efficienza, produttività, velocità, silenzi, e lavoro a basso costo. Vinceva come si vince puntando sul rosso o sul nero. Se perdeva chiudeva in pochi mesi. Las Vegas. Perché nulla era dato da precise pianificazioni amministrative ed economiche. Scarpe, vestiti, confezioni erano produzioni che si imponevano al buio sul mercato internazionale. Le città non si facevano fregio di questa produzione preziosa. I prodotti erano tanto più riusciti quanto assemblati in silenzio e clandestinamente. Territori che da decenni producevano i migliori capi della moda italiana. E quindi i migliori capi di moda del mondo. Non avevano club di imprenditori, non avevano centri di formazione, non avevano nulla che potesse essere altro dal lavoro, dalla macchina per cucire, dalla piccola fabbrica, dal pacco imballato, dalla merce spedita. Null'altro che un rimbalzare di queste fasi. Ogni altra cosa era superflua. La formazione la facevi al tavolo da lavoro, la qualità imprenditoriale la mostravi vincendo o perdendo. Niente finanziamenti, niente progetti, niente stage. Tutto e subito nell'arena del mercato. O vendi o perdi. Col crescere dei salari le case sono migliorate, le auto acquistate tra le più care. Tutto senza una ricchezza definibile collettiva. Una ricchezza saccheggiata, presa con fatica da qualcuno e portata nel proprio buco. Arrivavano da ogni parte per investire, indotti che producevano confezioni, camicie, gonne, giacche, giubbotti, guanti, cappelli, scarpe, borse, portafogli per aziende italiane, tedesche, francesi. In queste zone dagli anni '50 non v'era necessità di avere permessi, contratti, spazi. Garage, sottoscala, stanzini diventavano fabbriche. Negli ultimi anni la concorrenza ci-

27

nese ha distrutto quelle che fabbricavano prodotti di qualità media. Non ha più dato spazio di crescita alla manualità degli operai. O lavori nel migliore dei modi subito o qualcuno saprà lavorare a un livello medio in maniera più veloce. Un numero elevato di persone si sono trovate senza lavoro. I proprietari delle fabbriche sono finiti stritolati dai debiti, dall'usura. Molti si sono dati alla latitanza.

C'è un luogo che con la fine di questi indotti di bassa qualità ha esaurito il respiro, la crescita, la sopravvivenza. Della fine della periferia sembra l'emblema. Con le case sempre illuminate e piene di gente, con i cortili affollati. Le macchine sempre parcheggiate. Nessuno che esce mai di là. Qualcuno che entra. Pochi che si fermano. In nessun momento della giornata ci sono i vuoti condominiali, quelli che si sentono al mattino quando tutti vanno al lavoro o a scuola. Qui invece c'è sempre folla, un rumore continuo di abitato. Parco Verde a Caivano.

Parco Verde spunta appena si esce dall'asse mediano, una lama di catrame che taglia di netto tutti i paesi del napoletano. Sembra, piuttosto che un quartiere, una paccottiglia di cemento, verande di alluminio che si gonfiano come bubboni su ogni balcone. Sembra uno di quei posti che l'architetto ha progettato ispirandosi alle costruzioni sulla spiaggia, come se avesse pensato quei palazzi come le torri di sabbia che vengono fuori rovesciando il secchiello. Palazzi essenziali, bigi. Qui c'è in un angolo una cappelletta minuscola. Quasi impercettibile. Non è però sempre stata così. Prima c'era una cappella. Grande, bianca. Un vero e proprio mausoleo dedicato a un ragazzo, Emanuele, morto sul lavoro. Un lavoro che in certe zone è persino peggio del lavoro nero in fabbrica. Ma è un mestiere. Emanuele faceva rapine. E le faceva sempre di sabato, tutti i sabati, da un po' di tempo. E sempre sulla stessa strada. Stessa ora, stessa strada, stesso giorno. Perché il sabato era il giorno delle sue vittime. Il giorno delle coppiette. E la Statale 87 era il luogo dove tutte le coppie della zona si appartano. Una strada di merda, tra catrame rattoppato e microdiscariche. Ogni volta che ci passo e vedo le coppiette penso che sia necessario dare fondo a tutta la propria passione per riuscire a star bene in mezzo a tanto schifo. Proprio qui Emanuele e due suoi amici si nascondevano, attendevano l'auto della coppia che parcheggiava, la luce che si spegneva. Aspettavano qualche minuto dopo che la luce s'era spenta per farli svestire, e nel momento di massima vulnerabilità arrivavano. Con il calcio della pistola rompevano il finestrino e poi la puntavano sotto il naso del ragazzo. Ripulivano le coppiette e se ne andavano nei week-end con decine di rapine fatte e cinquecento euro in tasca: un bottino minuscolo che può avere il sapore del tesoro.

Capita però che una notte una pattuglia di carabinieri li intercetti. Sono così imbecilli, Emanuele e i suoi compari, che non prevedono che fare sempre le stesse mosse e rapinare sempre nelle stesse zone è il miglior modo per essere arrestati. Le due auto si inseguono, si speronano, partono gli spari. Poi tutto si ferma. In auto c'è Emanuele, colpito a morte. Aveva in mano una pistola, e aveva fatto il gesto di puntarla contro i carabinieri. Lo ammazzarono con undici colpi sparati in pochi secondi. Sparare undici colpi a bruciapelo significa avere la pistola puntata ed esser pronti al minimo segnale a sparare. Sparare per uccidere e poi pensare di farlo per non essere uccisi. Gli altri due avevano fermato la macchina. I proiettili erano entrati passando nell'auto come un vento. Tutti calamitati dal corpo di Emanuele. I suoi amici avevano tentato di aprire gli sportelli, ma appena avevano capito che Emanuele era morto si erano fermati. Avevano aperto le portiere senza fare resistenza ai pugni in faccia che precedono ogni arresto. Emanuele era incartocciato su se stesso, aveva in mano una pistola finta. Una di quelle riproduzioni che una volta chiamavano scacciacani, usate in campagna per cacciare i branchi di randagi dai pollai. Un giocattolo che veniva usato come fosse vero; del resto Emanuele era un ragazzino che agiva come fosse un uomo maturo, sguardo spaventato che fingeva d'essere spietato, la voglia di qualche spicciolo che fingeva essere brama di ricchezza. Emanuele aveva quindici anni. Tutti lo chiamavano semplicemente Manù. Aveva una faccia asciutta, scura e spigolosa, uno di quelli che ti im magini come archetipo di ragazzino da non frequentare. Emanuele era un ragazzo su questo angolo di territorio dove onore e rispetto non ti sono dati da pochi spiccioli, ma da come li ottieni. Emanuele era parte di Parco Verde. E non c'è errore o crimine che possa cancellare la priorità dell'appartenenza a certi luoghi che ti marchiano a fuoco. Avevano fatto una colletta tutte le famiglie di Parco Verde. E avevano tirato su un piccolo mausoleo. Dentro ci avevano messo una fotografia della Madonna dell'Arco e una cornice con il volto sorridente di Manù. Comparve anche la cappella di Emanuele, tra le oltre venti che i fedeli avevano edificato a tutte le madonne possibili, una per ogni anno di disoccupazione. Il sindaco però non poteva sopportare che si edificasse un altare a un mariuolo, e mandò una ruspa ad abbatterlo. In un attimo il cemento tirato su si sbriciolò come un lavoretto di Das. In pochi minuti si sparse la voce nel Parco, i ragazzi arrivarono con motorini e moto vicino alle ruspe. Nessuno pronunciava parola. Ma tutti fissavano l'operaio che stava muovendo le leve. Con il carico di sguardi l'operaio si fermò, e fece cenno di guardare il maresciallo. Era lui che gli aveva dato l'ordine. Come un gesto per mostrare l'obiettivo della rabbia, per togliere il bersaglio dal suo petto. Era impaurito. Si chiuse dentro. Assediato. In un attimo iniziò la guerriglia. L'operaio riuscì a scappare nella macchina della polizia. Presero a pugni e calci la ruspa, svuotarono le bottiglie di birra e le riempirono con la benzina. Inclinarono i motorini facendo colare il carburante nelle bottiglie direttamente dai serbatoi. E presero a sassate i vetri di una scuola, vicino al Parco. Cade la cappella di Emanuele, deve cadere tutto il resto. Dai palazzi lanciavano piatti, vasi, posate. Poi le bottiglie incendiarie contro la polizia. Misero in fila i cassonetti come barricate. Diedero fuoco a tutto quanto potesse prenderlo e diffonderlo. Si prepararono alla guerriglia. Erano centinaia, potevano resistere a lungo. La rivolta si stava diffondendo, stava arrivando nei quartieri napoletani.

Ma poi giunse qualcuno, da non troppo lontano. Tutto era circondato da auto della polizia e dei carabinieri, ma un fuoristrada nero riuscì a superare le barricate. L'autista fece un cenno, qualcuno aprì la portiera e un gruppetto di rivoltosi entrò. In poco più di due ore tutto venne smantellato. Si tolsero i fazzoletti dalla faccia, lasciarono spegnere le barricate di spazzatura. I clan erano intervenuti, ma chissà quale. Parco Verde è una miniera per la manovalanza camorristica. Qui tutti quelli che vogliono raccolgono le leve più basse, la manovalanza da pagare persino meno dei pusher nigeriani o albanesi. Tutti cercano i ragazzi di Parco Verde: i Casalesi, i Mallardo di Giugliano, i "tigrotti" di Crispano. Divengono spacciatori con stipendi senza percentuali sulle vendite. E poi autisti e pali, a presidiare territori anche a chilometri di distanza da casa loro. E pur di lavorare non chiedono il rimborso della benzina. Ragazzi fidati, scrupolosi nel loro mestiere. A volte finiscono nell'eroina. La droga dei miserabili. Qualcuno si salva, si arruola, entra nell'esercito e va lontano, qualche ragazza riesce ad andare via per non mettere più piede in questi luoghi. Quasi nessuno delle nuove generazioni viene affiliato. La parte maggiore lavora per i clan, ma non saranno mai camorristi. I clan non li vogliono, non li affiliano, li fanno lavorare sfruttando questa grande offerta. Non hanno competenze, talento commerciale. Molti fanno i corrieri. Portano zaini pieni di hashish a Roma. I muscoli dei motori tirati al massimo, un'ora e mezza e già sono alle porte della capitale. Non prendono nulla in cambio di questi viaggi, ma dopo circa una ventina di spedizioni gli regalano la moto. Lo sentono un guadagno prezioso, ineguagliabile quasi, certamente irraggiungibile con qualsiasi altro mestiere rintracciabile in questo luogo. Ma hanno trasportato merce capace di fatturare dieci volte il costo della moto. Non lo sanno e non riescono a immaginarlo. Se un posto di blocco li intercetta subiranno condanne sotto i dieci anni, e non essendo affiliati non avranno le spese legali pagate né l'assistenza familiare garantita dai clan. Ma in testa c'è il rombo dello scappamento e Roma da raggiungere.

Qualche barricata continuò ancora a sfogarsi ma lentamente, a seconda della quantità di rabbia nella pancia. Poi tutto sfiatò. I clan non avevano timore della rivolta, né del clamore. Potevano uccidersi e bruciare per giorni, nulla sarebbe accaduto. Ma la rivolta non li avrebbe fatti lavorare. Non avrebbe fatto di Parco Verde il serbatoio d'emergenza da cui attingere sempre manovalanza a prezzo bassissimo. Tutto, e subito, doveva rientrare. Tutti dovevano tornare al lavoro, o meglio, disponibili al lavoro eventuale. Il gioco della rivolta doveva finire.

Al funerale di Emanuele c'ero stato. Quindici anni in certi meridiani di mondo sono solo una somma. Crepare a quindici anni in questa periferia sembra scontare una condanna a morte piuttosto che essere privati della vita. In chiesa c'erano molti, moltissimi ragazzi tutti scuri in volto, ogni tanto lanciavano qualche urlo e addirittura un coretto ritmato fuori dalla chiesa: «Sem-pre con noi, rim-arrai sem-pre con noi... sempre con noi...». Gli ultrà lo scandiscono solitamente quando qualche vecchia gloria abbandona la maglia. Sembravano allo stadio, ma c'erano solo cori di rabbia. C'erano poliziotti in borghese che cercavano di stare lontano dalle navate. Tutti li avevano riconosciuti, ma non c'era spazio per scaramucce. In chiesa riuscii subito a individuarli; o meglio loro individuarono me, non trovando sul mio viso traccia del loro archivio mentale. Come per venire incontro alla mia cupezza uno di questi mi si avvicinò dicendomi: «Questi qua sono tutti pregiudicati. Spaccio, furto, ricettazione, rapina... qualcuno fa pure le marchette. Non c'è nessuno pulito. Qua più ne muoiono, meglio è per tutti...».
Parole a cui si risponde con un gancio, o una testata sul setto nasale. Ma era in realtà il pensiero di tutti. E forse persino

un pensiero saggio. Quei ragazzi che si faranno l'ergastolo per una rapina da 200 euro – feccia, surrogati d'uomini, spacciatori – li guardavo, uno per uno. Nessuno di loro superava i vent'anni. Padre Mauro, il parroco che celebrava la funzione, sapeva chi aveva di fronte. Sapeva anche che i ragazzini che gli stavano intorno non avevano il timbro dell'innocenza.

«Oggi non è morto un eroe...»

Non aveva le mani aperte, come i preti quando leggono le parabole alla domenica. Aveva i pugni chiusi. Assente qualsiasi tono d'omelia. Quando iniziò a parlare la sua voce era rovinata da una raucedine strana, come quella che viene quando ti parli dentro per troppo tempo. Parlava con un tono rabbioso, nessuna pena molle per la creatura, non delegava niente.

Sembrava uno di quei preti sudamericani durante i moti di guerriglia in Salvador, quando non ne potevano più di celebrare funerali di massacri e smettevano di compatire, e iniziavano a urlare. Ma qui Romero nessuno lo conosce. Padre Mauro ha un'energia rara. «Per quante responsabilità possiamo attribuire a Emanuele, restano i suoi quindici anni. I figli delle famiglie che nascono in altri luoghi d'Italia a quell'età vanno in piscina, a fare scuola di ballo. Qui non è così. Il Padreterno terrà conto del fatto che l'errore è stato commesso da un ragazzo di quindici anni. Se quindici anni nel sud Italia sono abbastanza per lavorare, decidere di rapinare, uccidere ed essere uccisi, sono anche abbastanza per prendere responsabilità di tali cose.»

Poi tirò forte col naso l'aria viziata della chiesa: «Ma quindici anni sono così pochi che ci fanno vedere meglio cosa c'è dietro, e ci obbligano a distribuire la responsabilità. Quindici anni è un'età che bussa alla coscienza di chi ciancia di legalità, lavoro, impegno. Non bussa con le nocche, ma con le unghie».

Il parroco finì l'omelia. Nessuno capì fino in fondo cosa voleva dire, né c'erano autorità o istituzioni. Il trambusto dei ragazzi divenne enorme. La bara uscì dalla chiesa, quattro uomini la sorreggevano ma d'improvviso smise di poggiare sulle loro spalle e iniziò a galleggiare sulla folla. Tutti la mantenevano con il palmo delle mani, come si fa con le rockstar quando si catapultano dal palco sugli spettatori. Il feretro ondeggiava nel lago di dita. Un corteo di ragazzi in moto si schierò vicino alla macchina, la macchina lunga dei morti, pronta a trasportare Manù al cimitero. Acceleravano. Col freno premuto. Il rombo dei motori fece da coro all'ultimo percorso di Emanuele. Sgommando, lasciando ululare le marmitte. Sembrava volessero scortarlo con quelle moto sino alle porte dell'oltretomba. In poco tempo un fumo denso e un puzzo di benzina riempì ogni cosa e impregnò i vestiti. Tentai di entrare in sacrestia. Volevo parlare a quel prete che aveva avuto parole roventi. Mi anticipò una donna. Voleva dirgli che in fondo il ragazzo se l'era cercata, che la famiglia non gli aveva insegnato nulla. Poi, orgogliosa, confessò: «I miei nipoti anche se disoccupati non avrebbero mai fatto rapine...».

E continuando nervosa:

«Ma cosa aveva imparato questo ragazzo? Niente?»

Il prete guardò per terra. Era in tuta. Non tentò di rispondere, non la guardò neanche in viso e continuando a fissarsi le scarpe da ginnastica bisbigliò: «Il fatto è che qui si impara solo a morire».

«Cosa padre?»

«Niente signora, niente.»

Ma non tutti qui sono sotto terra. Non tutti sono finiti nel pantano della sconfitta. Per ora. Esistono ancora fabbriche vincenti. La forza di queste imprese è tale che riescono a far fronte al mercato della manodopera cinese perché lavorano sulle grandi griffe. Velocità e qualità. Altissima qualità. Il monopolio della bellezza dei capi d'eccellenza è ancora loro. Il made in Italy si costruisce qui. Caivano, Sant'Antimo, Arzano, e via via tutta la Las Vegas campana. "Il volto dell'Italia nel mondo" ha i lineamenti di stoffa adagiati sul cranio nudo della provincia napoletana. Le griffe non si fidano a mandare

34

tutto a est, ad appaltare in Oriente. Le fabbriche si ammonticchiano nei sottoscala, al piano terra delle villette a schiera. Nei capannoni alla periferia di questi paesi di periferia. Si lavora cucendo, tagliando pelle, assemblando scarpe. In fila. La schiena del collega davanti agli occhi e la propria dinanzi agli occhi di chi ti è dietro. Un operaio del settore tessile lavora circa dieci ore al giorno. Gli stipendi variano da cinquecento a novecento euro. Gli straordinari sono spesso pagati bene. Anche quindici euro in più rispetto al normale valore di un'ora di lavoro. Raramente le aziende superano i dieci dipendenti. Nelle stanze dove si lavora campeggia su una mensola una radio o una televisione. La radio si ascolta per la musica e al massimo qualcuno canticchia. Ma nei momenti di massima produzione tutto tace e battono soltanto gli aghi. Più della metà dei dipendenti di queste aziende sono donne. Abili, nate dinanzi alle macchine per cucire. Qui le fabbriche formalmente non esistono e non esistono nemmeno i lavoratori. Se lo stesso lavoro di alta qualità fosse inquadrato, i prezzi lieviterebbero e non ci sarebbe più mercato, e il lavoro volerebbe via dall'Italia. Gli imprenditori di queste parti conoscono a memoria questa logica. In queste fabbriche spesso non c'è astio tra operai e proprietari. Qui il conflitto di classe è molle come un biscotto spugnato. Il padrone spesso è un ex operaio, condivide le ore di lavoro dei suoi dipendenti, nella stessa stanza, sullo stesso scranno. Quando sbaglia paga direttamente con ipoteche e prestiti. La sua autorità è paternalistica. Si litiga per un giorno di ferie e per qualche centesimo di aumento. Non c'è contratto, non c'è burocrazia. Volto contro volto. E si tracciano così gli spazi delle concessioni e degli obblighi che hanno il sapore dei diritti e delle competenze. La famiglia dell'imprenditore vive al piano di sopra dove si lavora. In queste fabbriche spesso le operaie affidano i loro bambini alle figlie del proprietario, che diventano babysitter, o alle madri che si trasformano in nonne vicarie. I bambini delle operaie crescono con le famiglie dei proprietari. Tutto questo crea una vita comune, realizza il sogno orizzontale del postfordismo –

far condividere il pranzo a operai e dirigenti, farli frequentare nella vita privata, farli sentire parte di una stessa comunità.

In queste fabbriche non ci sono sguardi che fissano il terreno. Sanno di lavorare sull'eccellenza, e sanno di avere stipendi infimi. Ma senza l'uno non c'è l'altro. Si lavora per prendere ciò di cui hai bisogno, nel miglior modo possibile, così nessuno troverà motivo per cacciarti. Non c'è rete di protezione. Diritti, giuste cause, permessi, ferie. Il diritto te lo costruisci. Le ferie le implori. Non c'è da lagnarsi. Tutto accade come deve accadere. Qui c'è solo un corpo, un'abilità, una macchina e uno stipendio. Non si conoscono dati precisi su quanti siano i lavoratori in nero di queste zone. Né quanti invece siano regolarizzati, ma costretti ogni mese a firmare buste paga che indicano somme mai percepite.

Xian doveva partecipare a un'asta. Entrammo nell'aula di una scuola elementare, nessun bambino, nessuna maestra. Solo i fogli bristol attaccati alle pareti con enormi letterone disegnate. In aula aspettavano una ventina di persone che rappresentavano le loro aziende, Xian era l'unico straniero. Salutò soltanto due dei presenti e senza neanche troppa confidenza. Un'auto si fermò nel cortile della scuola. Entrarono tre persone. Due uomini e una donna. La donna aveva una gonna di pelle, tacchi alti, scarpe di vernice. Si alzarono tutti a salutarla. I tre presero posto e iniziarono l'asta. Uno degli uomini tirò tre linee verticali sulla lavagna. Iniziò a scrivere sotto dettatura della donna. La prima colonna:

"800"

Era il numero di vestiti da produrre. La donna elencò tipi di stoffa e qualità dei capi. Un imprenditore di Sant'Antimo si avvicinò alla finestra e dando le spalle a tutti propose il suo prezzo e i suoi tempi:

«Quaranta euro a capo in due mesi...»

Venne tracciata sulla lavagna la sua proposta.

"800 / 40 / 2"

I visi degli altri imprenditori non sembravano preoccupati. Non aveva osato con la sua proposta entrare nelle dimensioni dell'impossibile. E questa cosa evidentemente faceva piacere a tutti. Ma i committenti non erano soddisfatti. L'asta continuò.

Le aste che le grandi griffe italiane fanno in questi luoghi sono strane. Nessuno perde e nessuno vince l'appalto. Il gioco sta nel partecipare o meno alla corsa. Qualcuno si lancia con una proposta, dettando il tempo e il prezzo che può sostenere. Ma se le sue condizioni saranno accettate non sarà l'unico vincitore. La sua proposta è come una rincorsa che gli altri imprenditori possono tentare di seguire. Quando un prezzo viene accettato dai mediatori gli imprenditori presenti possono decidere se partecipare o meno; chi accetta riceve il materiale. Le stoffe. Le fanno inviare direttamente al porto di Napoli e da lì ogni imprenditore le va a prendere. Ma uno soltanto verrà pagato a lavoro ultimato. Quello che consegnerà per primo i capi confezionati con elevatissima qualità di fattura. Gli altri imprenditori che hanno partecipato all'asta potranno tenersi i materiali, ma non avranno un centesimo. Le aziende di moda ci guadagnano così tanto che sacrificare stoffa non è una perdita rilevante. Se un imprenditore per più volte non consegna, sfruttando l'asta per avere materiale gratuito, viene escluso da quelle successive. Con quest'asta, i mediatori delle griffe si assicurano la velocità di produzione, perché se qualcuno tenta di rimandare qualcun altro ne prenderà il posto. Nessuna proroga è possibile per i tempi dell'alta moda.

Un altro braccio si alzò per la gioia della donna dietro la scrivania. Un imprenditore ben vestito, elegantissimo.

«Venti euro in venticinque giorni.»

Alla fine accettarono quest'ultima proposta. Si accodarono a lui nove su venti. Neanche Xian osò dirsi disponibile. Non poteva coordinare velocità e qualità in tempi così brevi e con prezzi così bassi. Finita l'asta la donna scrisse in un file i nomi degli imprenditori, l'indirizzo delle fabbriche, i numeri di telefono. Il vincitore offrì un pranzo a casa sua. Aveva la fabbrica al piano terra; al primo piano viveva con la moglie, e al secondo piano c'era suo figlio. Orgogliosamente raccontava:

«Ora sto chiedendo il permesso per tirare su un altro piano. Il mio secondo figlio si sta per sposare.»

Salendo continuava a raccontarci della sua famiglia, in costruzione come la sua villetta.

«Non mettete mai maschi a controllare le operaie, fanno solo guai. Due figli maschi ho, e tutte e due si sono sposati con nostre dipendenti. Mettete i ricchioni. Mettete i ricchioni a gestire turni e controllare il lavoro, come si faceva una volta...»

Le operaie e gli operai salirono a brindare per l'appalto. Avrebbero dovuto fare turnazioni molto rigide: dalle sei alle ventuno, con uno stacco di un'ora a pranzo e un secondo turno dalle ventuno alle sei del mattino. Le operaie erano tutte truccate, con gli orecchini e il grembiule per proteggersi dalle colle, dalla polvere, dal grasso dei macchinari. Come Superman che si toglie la camicia e sotto ha già la sua tuta azzurra, queste ragazze tolto il grembiule erano pronte per una cena fuori. Gli operai invece erano abbastanza trasandati, con felpacce e pantaloni da lavoro. Dopo il brindisi il padrone di casa si appartò con un invitato. Si defilò insieme agli altri che avevano accettato il prezzo d'asta. Non stavano nascondendosi, ma rispettavano l'antica usanza di non parlare di danaro a tavola. Xian mi spiegò sin nel dettaglio chi fosse quella persona. Era identico a come nell'immaginario appaiono i cassieri di banca. Doveva anticipare liquidità e stava discutendo i tassi d'interesse. Ma non rappresentava una banca. Le griffe italiane pagano solo a lavoro ultimato. Anzi, solo dopo aver approvato il lavoro. Stipendi, costi di produzione, e persino di spedizione: tutto viene anticipato dai produttori. I clan, a seconda della loro influenza territoriale, danno liquidità in prestito alle fabbriche. Ad Arzano i Di Lauro, a Sant'Antimo i Verde, i Cennamo a Crispano, e così in ogni territorio. Queste aziende ricevono liquidità dalla camorra con tassi bassi. Dal 2 al 4 per cento. Nessuna azienda più delle loro potrebbe accedere ai crediti bancari: producono per l'eccellenza italiana, per il mercato dei mercati. Ma sono fabbriche buie, e gli spettri non vengono ricevuti dai direttori di banca. La liquidità della camorra è anche l'unica possibilità per i dipendenti di accedere a un mutuo. Così, in comuni dove oltre il 40 per cento dei residenti vive di lavoro nero, sei famiglie su dieci riescono ugualmente a comprare una casa. Anche gli imprenditori che non soddisfano le esigenze delle griffe troveranno un acquirente. Venderanno tutto ai clan per farlo entrare nel mercato del falso. Tutta la moda delle passerelle, tutta la luce delle prime più mondane proviene da qui. Dal napoletano e dal Salento. I centri principali del tessile in nero. I paesi di Las Vegas e quelli "dintra lu Capu". Casarano, Tricase, Taviano, Melissano ossia Capo di Leuca, il basso Salento. Da qui partono. Da questo buco. Tutte le merci hanno origine oscura. È la legge del capitalismo. Ma osservare il buco, tenerlo davanti insomma, dà una sensazione strana. Una pesantezza ansiosa. Come avere la verità sullo stomaco.

Tra gli operai dell'imprenditore vincente ne incontrai uno particolarmente abile. Pasquale. Aveva una figura allampanata. Alto, magrissimo e un po' "scuffato": la sua altezza si piegava sulle spalle, dietro il collo. Un fisico a uncino. Lavorava su capi e disegni spediti direttamente dagli stilisti. Modelli inviati solo per le sue mani. Il suo stipendio non fluttuava ma variavano gli incarichi. In qualche modo aveva una certa aria di soddisfazione. Pasquale mi divenne simpatico subito. Appena fissai il suo nasone. Aveva una faccia anziana, anche se era un ragazzone. Una faccia ficcata sempre tra forbici, tagli di stoffe, polpastrelli strusciati sulle cuciture. Pasquale era uno dei pochi che poteva comprare direttamente la stoffa. Alcune griffe – fidandosi della sua capacità – gli facevano ordinare direttamente i materiali dalla Cina, e lui stesso poi ne verificava la qualità. Per questo motivo Xian e Pasquale si erano conosciuti. Al porto dove una volta ci trovammo a mangiare insieme. Finito il pranzo Xian e Pasquale si salutarono e noi subito salimmo in macchina. Stavamo andando verso il Vesuvio. Di solito si rappresentano i vulcani con colori scuri. Il Vesuvio è verde. Un manto infinito di muschio sembra, a vederlo da lontano. Prima però di prendere la strada per i paesi vesuviani, l'auto entrò nell'androne di una casa. Lì c'era Pasquale ad aspettarci. Non capivo cosa stesse accadendo. Uscì dalla sua auto e direttamente si ficcò nel portabagagli dell'auto di Xian. Tentai di chiedere spiegazioni:

«Cosa succede? Perché nel cofano?»

«Non preoccuparti. Adesso andiamo a Terzigno, alla fabbrica.»

Alla guida si mise una specie di Minotauro. Era uscito dall'auto di Pasquale e sembrava sapesse a memoria cosa fare. Fece marcia indietro, uscì dal cancello, e prima di immettersi sulla strada cacciò una pistola. Una semiautomatica. Scarrellò e se la mise tra le gambe. Io non fiatai, ma il Minotauro, guardando nello specchietto retrovisore, vedeva che lo fissavo preoccupato:

«Una volta ci stavano facendo la pelle.»

«Ma chi?»

Cercavo di farmi spiegare tutto dall'inizio.

«Sono quelli che non vogliono che i cinesi imparino a lavorare sull'alta moda. Quelli che dalla Cina vogliono le stoffe, punto e basta.»

Non capivo. Continuavo a non capire. Intervenne Xian col suo solito tono tranquillizzante.

«Pasquale ci aiuta a imparare. A imparare a lavorare sui capi di qualità che ancora non ci affidano. Impariamo da lui come fare i vestiti...»

Il Minotauro, dopo la sintesi di Xian, cercò di motivare la pistola:

«Allora... una volta uno è sbucato lì, proprio lì vedi, in mezzo alla piazza, e ha sparato contro la macchina. Hanno colpito il motore e il tergicristalli. Se volevano farci fuori ci facevano fuori. Ma era un avvertimento. Se lo rifanno questa volta però sono pronto.»

Il Minotauro poi mi spiegò che quando si guida tenere la pistola tra le cosce è la tecnica migliore, poggiarla sul cru scotto rallenterebbe i gesti, i movimenti per prenderla. Per arrivare a Terzigno la strada era in salita, la frizione gettava un odore puzzolentissimo. Piuttosto che temere per qualche sventagliata di mitra temevo che il rinculo dell'auto potesse far sparare la pistola nello scroto dell'autista. Arrivammo tranquillamente. Appena ferma la macchina Xian andò ad aprire il cofano. Pasquale uscì. Sembrava un kleenex appallottolato che tentava di stiracchiarsi. Mi si avvicinò e disse:

«Ogni volta questa storia, manco fossi un latitante. Però meglio che non mi vedono in macchina. Altrimenti...»

E fece il gesto della lama sulla gola. Il capannone era grande. Non enorme. Xian me lo descriveva orgoglioso. Era di sua proprietà, ma all'interno c'erano nove microfabbriche affidate a nove imprenditori cinesi. Entrando infatti sembrava di vedere una scacchiera. Ogni singola fabbrica aveva i propri operai e i propri banchi da lavoro ben circoscritti nei quadrati. A ogni fabbrica Xian aveva concesso lo stesso spazio delle fabbriche di Las Vegas. Ogni appalto lo concedeva per asta. Il metodo era lo stesso. Aveva deciso di non far stare i bambini nella zona di lavorazione, e i turni li aveva organizzati come facevano le fabbriche italiane. In più, quando lavoravano per altre aziende, non chiedevano liquidità anticipata. Xian insomma stava diventando un vero e proprio imprenditore della moda italiana.

Le fabbriche cinesi in Cina stavano facendo concorrenza alle fabbriche cinesi in Italia. E così Prato, Roma, e le Chinatown di mezza Italia stavano crollando miseramente: avevano avuto un boom di crescita così veloce da rendere la caduta ancora più repentina. In un unico modo si sarebbero potute salvare le fabbriche cinesi: fare diventare gli operai esperti dell'alta moda, capaci di lavorare in Italia sull'eccellenza. Imparare dagli italiani, dai padroncini sparsi per Las Vegas, divenire non più produttori di paccottiglia ma referenti nel sud Italia delle griffe. Prendere il posto, le logiche, gli spazi, i linguaggi delle fabbriche in nero italiane e cercare di fare lo stesso lavoro. Solo a un po' di meno e a qualche ora in più.

Pasquale cacciò della stoffa da una valigetta. Era un vestito che avrebbe dovuto tagliare e lavorare nella sua fabbrica. Invece fece l'operazione su una scrivania davanti a una telecamera, che lo riprendeva rimandando l'immagine su un enorme telone appeso alle sue spalle. Una ragazza con un microfono traduceva in cinese ciò che diceva. Era la sua quinta lezione.

«Dovete avere massima cura delle cuciture. La cucitura dev'essere leggera, ma non inesistente.»

Il triangolo cinese. San Giuseppe Vesuviano, Terzigno, Ottaviano. È il fulcro dell'imprenditoria tessile cinese. Tutto quello che accade nelle comunità cinesi d'Italia è accaduto prima a Terzigno. Le prime lavorazioni, le qualità di produzione, e anche i primi assassinii. Qui è stato ammazzato Wang Dingjm, un immigrato quarantenne arrivato in auto da Roma per partecipare a una festa tra connazionali. Lo invitarono e poi gli spararono in testa. Wang era una testa di serpente, ovvero una guida. Legato ai cartelli criminali pechinesi che organizzano l'entrata clandestina di cittadini cinesi. Spesso le diverse teste di serpente si scontrano con i committenti di merce-uomo. Promettono agli imprenditori un quantitativo di persone che poi in realtà non portano. Come si uccide uno spacciatore quando ha tenuto per sé una parte del guadagno, così si uccide una testa di serpente perché ha barato sulla sua merce, sugli esseri umani. Ma a crepare non sono solo mafiosi. Fuori della fabbrica c'era una foto appesa su una porta. La foto di una ragazza piccola. Un bel viso, zigomi rosa, occhi neri che sembravano truccati. Era proprio posta nel punto in cui, nell'iconografia tradizionale, ci si aspetta il volto giallo di Mao. Era Zhang Xiangbi, una ragazza incinta uccisa e gettata in un pozzo qualche anno fa. Lei lavorava qui. Un meccanico di queste zone l'aveva adocchiata; lei passava davanti alla sua officina, a lui era piaciuta e questo credeva fosse condizione sufficiente per averla. I cinesi lavorano come bestie, strisciano come bisce, sono più silenziosi dei sordomuti, non possono avere forme di resistenza e di volontà. L'assioma nella mente di tutti, o quasi tutti, è questo. Zhang invece aveva resistito, aveva tentato di scappare quando il meccanico l'aveva avvicinata, ma non poteva denunciarlo. Era cinese, ogni gesto di visibilità è negato. Quando c'ha riprovato, questa volta l'uomo non ha sopportato il rifiuto. L'ha massacrata di calci sino a farla svenire e poi le ha squarciato la gola gettando il suo cadavere in fondo a un pozzo artesiano, lasciandolo gonfiare di umido e acqua per giorni. Pasquale conosceva questa storia, ne era rimasto sconvolto; ogni volta che teneva la sua lezione aveva infatti l'accortezza di andare dal fratello di Zhang e chiedere come stava, se aveva bisogno di qualcosa e si sentiva perennemente rispondere: «Niente, grazie».

Io e Pasquale legammo molto. Quando parlava dei tessuti sembrava un profeta. Nei negozi era pignolissimo, non era possibile neanche passeggiare, si piantava davanti a ogni vetrina insultando il taglio di una giacca, vergognandosi al posto del sarto per il disegno di una gonna. Era capace di prevedere la durata della vita di un pantalone, di una giacca, di un vestito. Il numero esatto di lavaggi che avrebbero sopportato quei tessuti prima di ammosciarsi addosso. Pasquale mi iniziò al complicato mondo dei tessuti. Avevo cominciato anche a frequentare casa sua. La sua famiglia, i suoi tre bambini, sua moglie, mi davano allegria. Erano sempre attivi ma mai frenetici. Anche quella sera i bambini più piccoli correvano per la casa scalzi. Ma senza fare chiasso. Pasquale aveva acceso la televisione, cambiando i vari canali era rimasto immobile davanti allo schermo, aveva strizzato gli occhi sull'immagine come un miope, anche se ci vedeva benissimo. Nessuno stava parlando ma il silenzio sembrò farsi più denso. Luisa, la moglie, intuì qualcosa, perché si avvicinò alla televisione e si mise le mani sulla bocca, come quando si assiste a una cosa grave e si tappa un urlo. In tv Angelina Jolie calpestava la passerella della notte degli Oscar indossando un completo di raso bianco, bellissimo. Uno di quelli su misura, di quelli che gli stilisti italiani, contendendosele, offrono alle star. Quel vestito l'aveva cucito Pasquale in una fabbrica in nero ad Arzano. Gli avevano detto solo: «Questo va in America». Pasquale aveva lavorato su centinaia di vestiti andati negli USA. Si ricordava bene quel tailleur bianco. Si ricordava ancora le misure, tutte le misure. Il taglio del collo, i millimetri dei polsi. E il pantalone. Aveva passato le mani nei tubi delle gambe e ricordava ancora il corpo nudo che ogni sarto immagina. Un nudo senza erotismo, disegnato nelle sue fasce muscolari, nelle sue ceramiche d'ossa. Un nudo da vestire, una mediazione tra muscolo, ossa e portamento. Era andato a prendersi la stoffa al porto, lo ricordava ancora bene quel giorno. Gliene avevano commissionati tre, di vestiti, senza dirgli altro. Sapevano a chi erano destinati, ma nessuno l'aveva avvertito.

In Giappone il sarto della sposa dell'erede al trono aveva ricevuto un rinfresco di Stato; un giornale berlinese aveva dedicato sei pagine al sarto del primo cancelliere donna tedesco. Pagine in cui si parlava di qualità artigianale, di fantasia, di eleganza. Pasquale aveva una rabbia, ma una rabbia impossibile da cacciare fuori. Eppure la soddisfazione è un diritto, se esiste un merito questo dev'essere riconosciuto. Sentiva in fondo, in qualche parte del fegato o dello stomaco, di aver fatto un ottimo lavoro e voleva poterlo dire. Sapeva di meritarsi qualcos'altro. Ma non gli era stato detto niente. Se n'era accorto per caso, per errore. Una rabbia fine a se stessa, che spunta carica di ragioni ma di queste non può far nulla. Non avrebbe potuto dirlo a nessuno. Neanche bisbigliarlo davanti al giornale del giorno dopo. Non poteva dire "Questo vestito l'ho fatto io". Nessuno avrebbe creduto a una cosa del genere. La notte degli Oscar, Angelina Jolie indossa un vestito fatto ad Arzano, da Pasquale. Il massimo e il minimo. Milioni di dollari e seicento euro al mese. Quando tutto ciò che è possibile è stato fatto, quando talento, bravura, maestria, impegno, vengono fusi in un'azione, in una prassi, quando tutto questo non serve a mutare nulla, allora viene voglia di stendersi a pancia sotto sul nulla, nel nulla. Sparire lentamente, farsi passare i minuti sopra, affondarci dentro come fossero sabbie mobili. Smettere di fare qualsiasi cosa. E tirare, tirare a respirare. Nient'altro. Tanto nulla può mutare condizione: nemmeno un vestito fatto ad Angelina Jolie e indossato la notte degli Oscar.

Pasquale uscì di casa, non si curò neanche di chiudere la porta. Luisa sapeva dove andava, sapeva che sarebbe andato a Secondigliano e sapeva chi andava a incontrare. Poi si buttò sul divano e immerse la faccia nel cuscino come una bambina. Non so perché, ma quando Luisa si mise a piangere mi vennero in mente i versi di Vittorio Bodini. Una poesia che raccontava delle strategie che usavano i contadini del sud per non partire soldati, per non riempire le trincee della Prima guerra, alla difesa di confini di cui ignoravano l'esistenza. Faceva così:

Al tempo dell'altra guerra contadini e contrabbandieri / si mettevano foglie di Xanti-Yaca sotto le ascelle / per cadere ammalati. / Le febbri artificiali, la malaria presunta / di cui tremavano e battevano i denti, / erano il loro giudizio / sui governi e la storia.

Il pianto di Luisa mi sembrò anch'esso un giudizio sul governo e sulla storia. Non uno sfogo. Non un dispiacere per una soddisfazione non celebrata. Mi è sembrato un capitolo emendato del *Capitale* di Marx, un paragrafo della *Ricchezza delle Nazioni* di Adam Smith, un capoverso della *Teoria generale dell'occupazione* di John Maynard Keynes, una nota dell'*Etica protestante e lo spirito del capitalismo* di Max Weber. Una pagina aggiunta o sottratta. Dimenticata di scrivere o forse scritta continuamente ma non nello spazio della pagina. Non era un atto disperato ma un'analisi. Severa, dettagliata, precisa, argomentata. Mi immaginavo Pasquale per strada, a battere i piedi per terra come quando ci si toglie la neve dagli scarponi. Come un bambino che si stupisce del perché la vita dev'essere tanto dolorosa. Sino ad allora ci era riuscito. Era riuscito a trattenersi, a fare il suo mestiere, a volerlo fare. E a farlo come nessun altro. Ma in quel momento, quando ha visto quel vestito, quel corpo muoversi dentro alle stoffe da lui carezzate, si è sentito solo. Solissimo. Perché quando qualcuno conosce una cosa solo nel perimetro della propria carne e del proprio cranio è come se non la sapesse. E così il lavoro quando serve solo a galleggiare, a sopravvivere, solo a se stessi, allora è la peggiore delle solitudini.

Rividi Pasquale due mesi dopo. L'avevano messo sui camion. Trasportava ogni tipo di merce – legale e illegale – per conto delle imprese legate alla famiglia Licciardi di Secondigliano. O almeno così dicevano. Il miglior sarto sulla terra guidava i camion della camorra tra Secondigliano e il Lago di Garda. Mi offrì un pranzo, mi fece fare un giro nel suo enorme camion. Aveva le mani rosse e le nocche spaccate. Come a tutti i camionisti che per ore reggono i volanti, le mani gelano e la circolazione si ingolfa. Non aveva un viso sereno, aveva scelto quel lavoro per dispetto, per dispetto al suo destino, un calcio in culo alla sua vita. Ma non si poteva sempre sopportare, anche se mandare tutto al diavolo significava vivere peggio. Mentre mangiavamo si alzò per andare a salutare qualche suo compare. Lasciò il portafogli sul tavolo. Vidi uscire dal fagotto di cuoio una pagina di giornale piegata in quattro parti. Aprii. Era una foto, una copertina di Angelina Jolie vestita di bianco. Il completo cucito da Pasquale. La giacca portata direttamente sulla pelle. Bisognava avere il talento di vestirla senza nasconderla. Il tessuto doveva accompagnare il corpo, disegnarlo facendosi tracciare dai movimenti.

Sono sicuro che Pasquale, da solo, qualche volta, magari quando ha finito di mangiare, quando a casa i bambini si addormentano sfiancati dal gioco a pancia sotto sul divano, quando la moglie prima di lavare i piatti si mette al telefono con la madre, proprio in quel momento gli viene in mente di aprire il portafogli e fissare quella pagina di giornale. E sono sicuro che, guardando quel capolavoro che ha creato con le sue mani, Pasquale è felice. Una felicità rabbiosa. Ma questo non lo saprà mai nessuno.

Il Sistema

Era il Sistema ad aver alimentato il grande mercato interna
zionale dei vestiti, l'enorme arcipelago dell'eleganza italia
na. Ogni angolo del globo era stato raggiunto dalle aziende,
dagli uomini, dai prodotti del Sistema. Sistema, un termine
qui a tutti noto, ma che altrove resta ancora da decifrare, uno
sconosciuto riferimento per chi non conosce le dinamiche
del potere dell'economia criminale. Camorra è una parola
inesistente, da sbirro. Usata dai magistrati e dai giornalisti,
dagli sceneggiatori. È una parola che fa sorridere gli affiliati,
è un'indicazione generica, un termine da studiosi, relegato
alla dimensione storica. Il termine con cui si definiscono gli
appartenenti a un clan è Sistema· «Appartengo al Sistema di
Secondigliano». Un termine eloquente, un meccanismo piut
tosto che una struttura. L'organizzazione criminale coincide
direttamente con l'economia, la dialettica commerciale è l'os
satura del clan.

Il Sistema di Secondigliano governava ormai tutta la filie·
ra dei tessuti, la periferia di Napoli era il vero territorio pro·
duttivo, il vero centro imprenditoriale. Tutto quanto altrove
non era possibile pretendere per via delle rigidità dei con
tratti, della legge, del copyright, a nord di Napoli si otteneva.
La periferia strutturandosi intorno al potere imprenditoriale
del clan permetteva di macinare capitali astronomici, inim-
maginabili per qualsiasi agglomerato industriale legale. I

clan avevano creato interi indotti industriali di produzione tessile e di lavorazione di scarpe e di pelletteria in grado di produrre vestiti, giacche, scarpe e camicie, identiche a quelle delle grandi case di moda italiane.

Godevano sul territorio di una manodopera di elevatissima qualità formatasi in decenni di lavoro sui grandi capi dell'alta moda, sui più importanti disegni degli stilisti italiani ed europei. Le stesse maestranze che avevano lavorato in nero per le più importanti griffe venivano assunte dai clan. Non solo la lavorazione era perfetta ma persino i materiali erano i medesimi, venivano comprati direttamente sul mercato cinese o erano quelli inviati dalle griffe alle fabbriche in nero che partecipavano alle aste. Gli abiti contraffatti dei clan secondiglianesi quindi non erano la classica merce tarocca, la pessima imitazione, il simile spacciato per autentico. Era una sorta di falso-vero. Al capo mancava solo l'ultimo passaggio, l'autorizzazione della casa madre, il suo marchio, ma quell'autorizzazione i clan se la prendevano senza chiedere niente a nessuno. Il cliente, del resto, in ogni parte del mondo era interessato alla qualità e al modello. La marca c'era, la qualità pure. Nulla di differente quindi. I clan secondiglianesi avevano creato una rete commerciale diffusa in tutto il mondo, in grado di acquistare intere filiere di negozi e così di dominare il mercato dell'abbigliamento internazionale. La loro organizzazione economica prevedeva anche il mercato dell'outlet. Produzioni di qualità appena più bassa avevano un altro mercato, quello dei distributori ambulanti africani, le bancarelle per le strade. Della produzione nulla veniva scartato. Dalla fabbrica al negozio, dal dettagliante alla distribuzione, partecipavano centinaia di ditte e di lavoratori, migliaia di braccia e di imprenditori che premevano per entrare nel grande affare tessile dei secondiglianesi.

Tutto era coordinato e gestito dal Direttorio. Sentivo continuamente citato questo termine. In ogni discussione da bar che vertesse su qualche affare o sul semplice e solito lamento per la mancanza di lavoro: "È il Direttorio che ha voluto così". "È il Direttorio che dovrebbe muoversi e fare le cose ancora più in grande." Sembravano frammenti di un discorso d'epoca napoleonica. Direttorio era il nome che i magistrati della DDA di Napoli avevano dato a una struttura economica, finanziaria e operativa composta da imprenditori e boss rappresentanti di diverse famiglie camorristiche dell'area nord di Napoli. Una struttura con compiti squisitamente economici. Il Direttorio – come l'organo collegiale del Termidoro francese – rappresentava il reale potere dell'organizzazione più delle batterie di fuoco e dei settori militari.

Facevano parte del Direttorio i clan afferenti all'Alleanza di Secondigliano, il cartello camorristico che raccoglieva diverse famiglie: Licciardi, Contini, Mallardo, Lo Russo, Bocchetti, Stabile, Prestieri, Bosti, e poi, a un livello di maggiore autonomia, i Sarno e i Di Lauro. Un territorio egemonizzato da Secondigliano, Scampia, Piscinola, Chiaiano, Miano, San Pietro a Paterno sino a Giugliano e Ponticelli. Una struttura federativa di clan che progressivamente si sono resi sempre più autonomi lasciando sfaldare definitivamente la struttura organica dell'Alleanza. Per la parte produttiva, nel Direttorio sedevano imprenditori di diverse aziende come la Valent, la Vip Moda, la Vocos, la Vitec, che confezionavano a Casoria, Arzano, Melito, i falsi prodotti di Valentino, Ferré, Versace, Armani poi rivenduti in ogni angolo della terra. L'inchiesta del 2004, coordinata dal pm Filippo Beatrice della DDA di Napoli, aveva portato a scoprire l'intero impero economico della camorra napoletana. Tutto era partito da un dettaglio, uno di quelli che possono passare inosservati. Un boss di Secondigliano era stato assunto in un negozio di abbigliamento in Germania, il Nenentz Fashion di Dresdner Strasse 46, a Chemnitz. Un evento strano, insolito. In realtà il negozio, intestato a un prestanome, era di sua proprietà. Seguendo questa traccia venne fuori l'intera rete produttiva e commerciale dei clan secondiglianesi. Le indagini della DDA di Napoli erano riuscite, attraverso i pentiti e le intercettazioni, a ricostruire tutte le catene commerciali dei clan dai magazzini ai negozi.

Non c'era luogo in cui non avessero impiantato i loro affari. In Germania negozi e magazzini erano presenti ad Amburgo, Dortmund, Francoforte. A Berlino c'erano i negozi Laudano, Gneisenaustrasse 800 e Witzlebenstrasse 15, in Spagna al Paseo de la Ermita del Santo 30, a Madrid, e anche a Barcellona; in Belgio a Bruxelles, in Portogallo a Oporto e Boavista; in Austria a Vienna, in Inghilterra un negozio di giacche a Londra, in Irlanda a Dublino. In Olanda ad Amsterdam, e poi in Finlandia e Danimarca, a Sarajevo e a Belgrado. Attraversando l'Atlantico i clan secondiglianesi avevano investito sia in Canada, che negli Stati Uniti, arrivando in Sud America. Al 253 Jevlan Drive, a Montreal e a Woodbridge, Ontario; la rete USA era immensa, milioni di jeans erano stati venduti nei negozi di New York, Miami Beach, New Jersey, Chicago, monopolizzando, quasi totalmente, il mercato in Florida. I negozianti americani, i proprietari dei centri commerciali volevano trattare esclusivamente con mediatori secondiglianesi. Capi d'abbigliamento dell'alta moda, dei grandi stilisti a prezzi accessibili, permettevano che i loro centri commerciali, le loro shopping mall si gonfiassero di persone. I marchi impressi sui tessuti erano perfetti.

In un laboratorio nella periferia di Napoli è stata scoperta una matrice per poter stampare la gorgone di Versace. A Secondigliano si era sparsa la voce che il mercato americano era dominato dai vestiti del Direttorio, e questo avrebbe reso le cose più facili per i ragazzi che volevano andare in USA a fare gli agenti commerciali, seguendo il successo dei jeans della Vip moda che riempivano i negozi in Texas dove venivano venduti come jeans Valentino.

Gli affari si espandevano anche sull'altro emisfero. In Australia il Moda Italiana Emporio a New South Wales, 28 Ramsay Road, Five Dock, era divenuto uno dei più ricercati luoghi per comprare abiti eleganti, e anche a Sydney avevano magazzini e negozi. In Brasile, a Rio de Janeiro e São Paulo i secondiglianesi egemonizzavano il mercato dell'abbigliamento. A Cuba avevano in progetto di aprire un negozio per i turisti europei e americani, e in Arabia Saudita e nel Maghreb avevano iniziato a investire da tempo. Il meccanismo di distribuzione che il Direttorio attuava era quello dei magazzini. Così li chiamavano nelle intercettazioni telefoniche: sono veri e propri centri di smistamento di uomini e merci. Depositi dove arrivavano ogni tipo di abiti. I magazzini erano il centro della raggiera commerciale dove giungevano gli agenti che prelevavano la merce da distribuire ai negozi dei clan o ad altri dettaglianti. La logica veniva da lontano. Dai magliari: i venditori napoletani che dopo la Seconda guerra avevano invaso mezzo mondo macinando chilometri, portando in borse stracariche calzini, camicie, giacche. Applicando su scala più vasta la loro antica esperienza mercantile, i magliari si sono trasformati in veri e propri agenti commerciali in grado di vendere ovunque: dai mercati rionali ai centri commerciali, dai parcheggi alle stazioni di servizio. I magliari più capaci potevano fare il salto di qualità e tentare di vendere grosse partite di vestiti direttamente ai dettaglianti. Alcuni imprenditori, secondo le indagini, organizzavano la distribuzione dei falsi, offrendo assistenza logistica agli agenti, ai "magliari". Anticipavano le spese di viaggio e di soggiorno, fornivano furgoni e vetture, in caso di arresto o sequestro dei capi garantivano l'assistenza legale. E ovviamente incassavano il danaro delle vendite. Affari che fatturavano per ogni famiglia giri annuali di circa trecento milioni di euro.

Le griffe della moda italiana hanno cominciato a protestare contro il grande mercato del falso gestito dai cartelli dei secondiglianesi soltanto dopo che l'Antimafia ha scoperto l'intero meccanismo. Prima di allora non avevano progettato una campagna pubblicitaria contro i clan, non avevano mai fatto denunce, né avevano informato la stampa rivelando i meccanismi di produzione parallela che subivano. È difficile comprendere perché le griffe non si siano mai esposte contro i clan. I motivi potrebbero essere molteplici. Denunciare il grande mercato significava rinunciare per sempre alla manodopera a basso costo che utilizzavano in Campania e Puglia. I clan avrebbero chiuso i canali d'accesso al bacino delle fabbriche tessili del napoletano e ostacolato i rapporti con le fabbriche nell'est Europa e in Oriente. Denunciare avrebbe compromesso migliaia di contatti di vendita nei negozi, siccome moltissimi punti commerciali erano direttamente gestiti dai clan. La distribuzione, gli agenti, e i trasporti in molte parti sono dirette emanazioni delle famiglie. Denunciando avrebbero subìto impennate dei prezzi nella distribuzione. I clan del resto non commettevano un crimine che andava a rovinare l'immagine delle griffe, ma ne sfruttavano semplicemente il carisma pubblicitario e simbolico. Producevano i capi non storpiandoli, non infangavano qualità o modelli. Riuscivano a non far concorrenza simbolica alle griffe, ma a diffondere sempre di più prodotti i cui prezzi di mercato li avevano resi proibitivi al grande pubblico. Diffondevano il marchio. Se quasi nessuno indossa più i capi, se finiscono per essere visibili solo addosso ai manichini di carne delle passerelle, il mercato si spegne lentamente e anche il prestigio si indebolisce. Del resto nelle fabbriche napoletane venivano prodotti abiti e pantaloni falsi di taglie che le griffe, per questioni d'immagine, non producono. I clan invece non si ponevano questioni d'immagine dinanzi alla possibilità di profitto. I clan secondiglianesi attraverso il falso-vero e il danaro del narcotraffico erano riusciti a comprare negozi e centri commerciali, dove sempre più spesso i prodotti autentici e quelli vero-falsi venivano mischiati, impedendo ogni distinzione. Il Sistema aveva in qualche modo sostenuto l'impero della moda legale, nonostante l'impennata dei prezzi, anzi sfruttando la crisi del mercato. Il Sistema, guadagnandoci cifre esponenziali, aveva continuato a diffondere ovunque nel mondo il made in Italy.

A Secondigliano avevano compreso che la capillare rete internazionale di punti vendita era il loro business più esclusivo, non secondario a quello della droga. Attraverso i canali dello smercio di abiti in molti casi si muovevano anche i percorsi del narcotraffico. La forza imprenditoriale del Sistema non si è fermata all'abbigliamento, ha investito anche nella tecnologia. Dalla Cina, secondo quanto emerge dall'inchiesta del 2004, i clan spostano e distribuiscono in Europa attraverso la loro rete commerciale diversi prodotti high-tech. L'Europa aveva il contenitore, la marca, la fama, la pubblicità; la Cina aveva il contenuto, il prodotto in sé, la produzione a basso costo, i materiali a prezzi irrisori. Il Sistema camorra ha unito le due cose risultando vincente su ogni mercato. I clan avevano compreso che il sistema economico era allo spasmo e, seguendo i percorsi delle imprese che prima investivano nelle periferie del Mezzogiorno e poi lentamente si spostavano in Cina, erano riusciti a individuare i distretti industriali cinesi che producevano per le grandi case di produzione occidentali. Avevano così pensato di ordinare partite di prodotti ad alta tecnologia per rivenderli in Europa con ovviamente un marchio falso che li avrebbe resi più appetibili. Ma non si sono fidati nell'immediato: come per una partita di coca, hanno prima provato la qualità dei prodotti che gli vendevano le fabbriche cinesi a cui si erano rivolti. Soltanto dopo aver testato sul mercato la validità dei prodotti, diedero vita a uno dei traffici intercontinentali più floridi che la storia criminale abbia mai conosciuto. Macchine fotografiche digitali e videocamere, ma anche utensili per i cantieri: trapani, flex, martelli pneumatici, smerigliatrici, levigatrici. Tutti prodotti commercializzati con i marchi Bosch, Hammer, Hilti. Il boss di Secondigliano Paolo Di Lauro aveva deciso di investire in macchine fotografiche arrivando in Cina dieci anni prima che la Confindustria stringesse rapporti commerciali con l'Oriente. Sul mercato dell'est Europa, migliaia di modelli Canon e Hitachi vennero venduti dal clan Di Lauro. Prodotti che prima erano appannaggio della borghesia medio-alta divennero, attraverso l'importazione della camorra napoletana, accessibili a un pubblico più vasto. I clan si appropriavano solo del marchio finale, per meglio introdursi nel mercato, ma il prodotto era praticamente il medesimo.

54

L'investimento in Cina dei clan Di Lauro e Contini – messo a fuoco nell'inchiesta del 2004 della DDA di Napoli – dimostra la lungimiranza imprenditoriale dei boss. La grande impresa era terminata e così si erano sfaldati gli agglomerati criminali. La Nuova Camorra Organizzata di Raffaele Cutolo degli anni '80 era una sorta di azienda enorme, un agglomerato centralizzato. Poi venne la Nuova Famiglia di Carmine Alfieri e Antonio Bardellino, strutturata in maniera federativa, con famiglie economicamente autonome e unite da interessi operativi congiunti, ma anch'essa elefantiaca.

Ora invece la flessibilità dell'economia ha determinato che piccoli gruppi di boss manager con centinaia di indotti, ognuno con compiti precisi, si siano imposti sull'arena economica e sociale. Una struttura orizzontale, molto più flessibile di Cosa Nostra, molto più permeabile a nuove alleanze della 'ndrangheta, capace di alimentarsi continuamente di nuovi clan, di nuove strategie, gettandosi sui mercati d'avanguardia. Decine di operazioni di polizia negli ultimi anni hanno dimostrato che sia la mafia siciliana che la 'ndrangheta hanno avuto necessità di mediare con i clan napoletani per l'acquisto di grandi partite di droga. I cartelli napoletani e campani fornivano cocaina ed eroina a prezzi convenienti, risultando in molti casi più comodi ed economici del contatto diretto con trafficanti sudamericani e albanesi.

Nonostante la ristrutturazione dei clan, per numero di affiliati la camorra è l'organizzazione criminale più corposa d'Europa. Per ogni affiliato siciliano ce ne sono cinque campani, per ogni 'ndranghetista addirittura otto. Il triplo, il quadruplo delle altre organizzazioni. Nel cono d'ombra dell'attenzione data perennemente a Cosa Nostra, nell'attenzione ossessiva riservata alle bombe della mafia, la camorra ha trovato la giusta distrazione mediatica per risultare praticamente sconosciuta. Con la ristrutturazione postfordista dei gruppi criminali, i clan di Napoli hanno tagliato le elargizioni di massa. L'aumento della pressione microcriminale sulla città trova ragione in quest'interruzione di stipendi data dalla progressiva ristrutturazione dei cartelli criminali avvenuta negli ultimi anni. I clan non hanno più necessità di un controllo capillare militarizzato, o quantomeno non ne hanno sempre bisogno. Gli affari principali dei gruppi camorristici avvengono fuori Napoli.

Come dimostrano le indagini della Procura Antimafia di Napoli, la struttura federale e flessibile dei gruppi camorristici ha trasformato completamente il tessuto delle famiglie: oggi piuttosto che di alleanze diplomatiche, di patti stabili, bisognerebbe riferirsi ai clan come a comitati d'affari. La flessibilità della camorra è la risposta alla necessità delle imprese di far muovere capitale, di fondare e chiudere società, di far circolare danaro e di investire con agilità in immobili senza l'eccessivo peso della scelta territoriale o della mediazione politica. Ora i clan non hanno bisogno di costituirsi in macrocorpi. Un gruppo di persone oggi può decidere di mettersi insieme, rapinare, sfondare vetrine, rubare senza subire come in passato o il massacro o l'inglobamento nel clan. Le bande che imperversano per Napoli non sono composte esclusivamente da individui che fanno crimine per aumentare il volume della propria borsa, per arrivare a comprare l'auto di lusso o riuscire a vivere comodamente. Sono spesso coscienti che riunendosi e aumentando la quantità e la violenza delle proprie azioni, possono migliorare la propria capacità economica divenendo interlocutori dei clan o loro indotti. Il tessuto della camorra si compone sia di gruppi che iniziano a succhiare come pidocchi voraci frenando ogni percorso economico e altri che invece come avanguardie velocissime spingono il proprio business verso il massimo grado di sviluppo e commercio. Tra queste due cinetiche opposte, eppure complementari, si slabbra e lacera l'epidermide della città. A Napoli la ferocia è la prassi più complicata e conveniente per cercare di diventare imprenditore vincente, l'aria da città in guerra che si assorbe da ogni poro ha l'odore rancido del sudore, come se le strade fossero delle palestre a cielo aperto dove esercitare la possibilità di saccheggiare, rubare, rapinare, provare la ginnastica del potere, lo spinning della crescita economica.

Il Sistema è cresciuto come una pasta messa a lievitare nei cassoni di legno della periferia. La politica comunale e regionale ha creduto di contrastarla nella misura in cui non faceva affari con i clan. Ma non è bastato. Ha trascurato l'attenzione al fenomeno, sottovalutato il potere delle famiglie considerandolo come un degrado di periferia, e così la Campania ha raggiunto il primato di comuni sotto osservazione per infiltrazione camorristica. Ben settantuno comuni in Campania sono stati sciolti dal 1991 a oggi. Solo nella provincia di Napoli sono stati sciolti i consigli comunali di: Pozzuoli, Quarto, Marano, Melito, Portici, Ottaviano, San Giuseppe Vesuviano, San Gennaro Vesuviano, Terzigno, Calandrino, Sant'Antimo, Tufino, Crispano, Casamarciano, Nola, Liveri, Boscoreale, Poggiomarino, Pompei, Ercolano, Pimonte, Casola di Napoli, Sant'Antonio Abate, Santa Maria la Carità, Torre Annunziata, Torre del Greco, Volla, Brusciano, Acerra, Casoria, Pomigliano d'Arco, Frattamaggiore. Un numero elevatissimo che supera di molto i comuni sciolti nelle altre regioni italiane: quarantaquattro in Sicilia, trentaquattro in Calabria, sette in Puglia. Soltanto nove comuni su novantadue della provincia di Napoli non hanno mai avuto commissariamenti, inchieste, monitoraggi. Le aziende dei clan hanno determinato piani regolatori, si sono infiltrate nelle ASL, hanno acquistato terreni un attimo prima che fossero resi edificabili e poi costruito in subappalto centri commerciali, hanno imposto feste patronali e le proprie imprese multiservice, dalle mense alle ditte di pulizia, dai trasporti alla raccolta dei rifiuti.

Mai si era avuta una così grande e schiacciante presenza degli affari criminali nella vita economica di un territorio come negli ultimi dieci anni in Campania. I clan di camorra non hanno bisogno dei politici come i gruppi mafiosi siciliani, sono i politici che hanno necessità estrema del Sistema. Si è innescata in Campania una strategia che ha lasciato le strutture politiche più visibili e mediaticamente più esposte immuni formalmente da connivenze e attiguità, ma in provincia, nei paesi dove i clan hanno bisogno di sostegni militari, di coperture alla latitanza, di manovre economiche più esposte, le alleanze tra politici e famiglie camorriste sono più strette. Al potere i clan di camorra giungono attraverso l'impero dei loro affari. E questa è condizione sufficiente per dominare su tutto il resto.

Gli artefici della trasformazione imprenditorial-criminale della periferia di Secondigliano e Scampia erano stati i Licciardi, la famiglia che ha la sua centrale operativa alla Masseria Cardone, un vero e proprio feudo inespugnabile. Gennaro Licciardi, "'a scigna": è stato lui il primo boss che ha determinato la metamorfosi di Secondigliano. Fisicamente somigliava davvero a un gorilla o a un orango. Licciardi, alla fine degli anni '80, era luogotenente a Secondigliano di Luigi Giuliano, il boss di Forcella, nel cuore di Napoli. La periferia era considerata zona infame, dove non ci sono negozi, non nascono centri commerciali, un territorio ai margini d'ogni ricchezza dove le sanguisughe delle bande estorsive non potevano alimentarsi di percentuali. Ma Licciardi comprese che poteva divenire uno snodo per le piazze di spaccio, un porto franco per i trasporti, una raccolta di manovalanza a prezzo bassissimo. Un territorio dove presto sarebbero spuntate le impalcature dei nuovi agglomerati urbani della città in espansione. Gennaro Licciardi non riuscì ad attuare pienamente la sua strategia. Morì a trentotto anni, in carcere, per una banalissima ernia ombelicale, una fine impietosa per un boss. Ancor più perché quando era più giovane, nelle camere di sicurezza del Tribunale di Napoli, in attesa di un'udienza, era stato coinvolto in una rissa tra affiliati alla NCO di Cutolo e alla Nuova Famiglia, i due grandi fronti della camorra, e si era beccato ben sedici coltellate su tutto il corpo. Ma ne era uscito vivo.

La famiglia Licciardi aveva trasformato un luogo che era soltanto serbatoio di manovalanza in una macchina per narcotraffico: in imprenditoria criminale internazionale. Migliaia di persone vennero cooptate, affiliate, stritolate nel Sistema. Tessile e droga. Investimenti nel commercio prima d'ogni cosa. Dopo la morte di Gennaro "'a scigna", i fratelli Pietro e Vincenzo presero il potere militare, ma era Maria detta "'a piccerella" che deteneva il potere economico del clan.

Dopo la caduta del muro di Berlino, Pietro Licciardi trasferì la parte maggiore dei propri investimenti, legali e illegali, a Praga e Brno. La Repubblica Ceca fu completamente egemonizzata dai secondiglianesi che, utilizzando la logica della periferia produttiva, iniziarono a investire per conquistare i mercati in Germania. Pietro Licciardi aveva un profilo da manager, ed era chiamato dagli imprenditori suoi alleati "l'imperatore romano" per il suo atteggiamento autoritario e tracotante nel credere l'intero globo un'estensione di Secondigliano. Aveva aperto un negozio di vestiti in Cina, un pied-à-terre commerciale a Taiwan che gli avrebbe permesso di scalare anche il mercato interno cinese e non di sfruttare soltanto la manodopera. Venne arrestato a Praga nel giugno del 1999. Militarmente era stato spietato, fu accusato di aver ordinato di mettere l'autobomba in via Cristallini, alla Sanità, nel 1998 durante i conflitti tra i clan della periferia e quelli del centro storico. Una bomba che doveva punire l'intero quartiere e non soltanto i responsabili del clan. Quando l'auto saltò in aria, lamiere e vetri investirono come proiettili tredici persone. Mancarono però prove sufficienti per condannarlo e venne assolto. In Italia il clan Licciardi ha dislocato la parte maggiore delle proprie attività imprenditoriali nel settore tessile e commerciale a Castelnuovo del Garda in Veneto. Non lontano, a Portogruaro, venne arrestato Vincenzo Pernice, il cognato di Pietro Licciardi e con lui alcuni fiancheggiatori del clan, tra i quali Renato Peluso, residente proprio a Castelnuovo del Garda. Commercianti e imprenditori veneti legati ai clan hanno coperto la latitanza di Pietro Licciardi, non più in concorso esterno quindi ma pienamente inquadrati nell'organizzazione imprenditorial-criminale. I Licciardi avevano al fianco di una articolata capacità imprenditoriale anche una struttura militare. Dopo l'arresto di

Pietro e Maria, il clan attualmente è retto da Vincenzo, il boss latitante che coordina sia l'apparato militare che quello economico.

Il clan è sempre stato particolarmente vendicativo. Vendicarono pesantemente la morte di Vincenzo Esposito, nipote di Gennaro Licciardi, ucciso a ventuno anni nel 1991, al rione Monterosa, territorio dei Prestieri, una delle famiglie afferenti all'Alleanza. Esposito lo chiamavano "il principino" per il suo essere nipote dei sovrani di Secondigliano. Era andato in moto a chiedere spiegazione di una violenza su alcuni suoi amici. Indossava il casco, lo abbatterono scambiandolo per un killer. I Licciardi accusarono i Di Lauro, di cui i Prestieri erano stretti alleati, di aver fornito i killer per l'eliminazione e, secondo il pentito Luigi Giuliano, fu proprio Di Lauro a organizzare l'omicidio del "principino" che si stava ingerendo troppo in certi affari. Qualunque sia stato il movente, il potere dei Licciardi era così inattaccabile che obbligarono i clan coinvolti a purgarsi dei possibili responsabili della morte di Esposito. Fecero partire una mattanza che in pochi giorni uccise quattordici persone a vario titolo coinvolte, direttamente e indirettamente, nell'omicidio del loro giovane erede.

Il Sistema era riuscito anche a trasformare la classica estorsione e le logiche d'usura. Compresero che i commercianti avevano bisogno di liquidità, che le banche erano sempre più rigide e si inserirono nel rapporto tra fornitori e negozianti. I commercianti che devono acquistare i propri articoli possono pagarli in contanti, oppure con cambiali. Se pagano in contanti il prezzo è minore, dalla metà ai due terzi dell'importo che pagherebbero in cambiali. In questa situazione quindi il commerciante ha tutto l'interesse a pagare in contanti, e la ditta venditrice ha lo stesso interesse. Il contante viene offerto dal clan a tassi mediamente del 10 per cento. In questo modo si crea automaticamente un rapporto societario di fatto tra il commerciante acquirente, il venditore e il finanziatore occulto, ossia i clan. I proventi dell'attività vengono divisi al 50 per cento ma può accadere che l'indebitamento faccia entrare percentuali sempre più ampie nelle casse del clan e che alla fine il commerciante diventi un semplice prestanome che percepisce uno stipendio mensile. I clan non sono come le banche che rispondono al debito arraffando tutto, il bene lo utilizzano lasciando che ci lavorino le persone con esperienza che hanno perso la proprietà. Secondo quanto emerge dalle dichiarazioni di un pentito, nell'inchiesta della DDA del 2004, il 50 per cento dei negozi solo a Napoli è eterodiretto dalla camorra.

Ormai l'estorsione mensile, quella alla *Mi manda Picone*, il film di Nanni Loy, del porta a porta a Natale, Pasqua e Ferragosto è una prassi da clan straccione, usata da gruppi che cercano di sopravvivere, incapaci di fare impresa. Tutto è cambiato. I Nuvoletta di Marano, periferia a nord di Napoli, avevano innescato un meccanismo più articolato ed efficiente di racket fondato sul vantaggio reciproco e sull'imposizione delle forniture. Giuseppe Gala detto "showman" era diventato uno dei più apprezzati e richiesti agenti nel business alimentare. Era agente della Bauli e della Von Holten e attraverso la Vip Alimentari aveva conquistato un posto di esclusivista della Parmalat per la zona di Marano. In una conversazione telefonica depositata dai magistrati della DDA di Napoli nell'autunno del 2003, Gala si vantava della sua qualità di agente: «Li ho bruciati tutti, siamo i più forti sul mercato».

Le ditte che trattava infatti avevano la certezza di essere presenti su tutto il territorio da lui coperto e la garanzia di un elevato numero di ordinazioni. D'altro canto i commercianti e i supermarket erano ben felici di poter interloquire con Peppe Gala poiché forniva sconti assai più alti sulla merce, avendo possibilità di fare pressione sulle aziende e sui fornitori. Essendo un uomo del Sistema, "showman" poteva assicurare, controllando anche i trasporti, prezzi favorevoli e arrivi tempestivi.

Il clan non impone con l'intimidazione il prodotto che decide di "adottare" ma con la convenienza. Le aziende rappresentate da Gala dichiaravano di essere state vittime del racket della camorra, di aver subìto il diktat dei clan. Ma osservando i dati commerciali – rintracciabili nei dati di Confcommercio – era possibile osservare che le ditte che si erano rivolte a Gala nel lasso di tempo che va dal 1998 al 2003 hanno avuto un incremento di vendite annuale che va dal 40 all'80 per cento. Con le sue strategie economiche, Gala riusciva persino a risolvere i problemi di liquidità monetaria dei clan. Arrivò a imporre un sovrapprezzo sul panettone nel periodo natalizio per poter pagare la tredicesima alle famiglie dei detenuti affiliati ai Nuvoletta. Il successo però fu fatale a "showman". Tentò, secondo il racconto di alcuni pentiti, di diventare esclusivista anche nel mercato della droga. La famiglia Nuvoletta non ne volle sapere. Lo trovarono nel gennaio del 2003 bruciato vivo nella sua auto.

I Nuvoletta sono l'unica famiglia esterna alla Sicilia che siede nella cupola di Cosa Nostra, non semplici alleati o affiliati, ma strutturalmente legati ai Corleonesi, uno dei gruppi più potenti in seno alla mafia. Così potente che i siciliani – secondo le dichiarazioni del pentito Giovanni Brusca – quando iniziarono a organizzarsi per far esplodere bombe in mezza Italia alla fine degli anni '90, chiesero il parere dei maranesi e la loro collaborazione. I Nuvoletta ritennero l'idea di spargere bombe una strategia folle, legata piuttosto a favori politici, che a effettivi risultati militari. Rifiutarono di partecipare agli attentati e di dare sostegno logistico agli attentatori. Un rifiuto espresso senza subire alcun tipo di ritorsione. Lo stesso Totò Riina implorò il boss Angelo Nuvoletta di intervenire per corrompere i magistrati del suo primo maxiprocesso, ma anche in questo caso i maranesi non scesero in aiuto dell'ala militare dei corleonesi. Negli anni della guerra all'interno della Nuova Famiglia, dopo la vittoria su Cutolo, i Nuvoletta mandarono a chiamare l'assassino del giudice Falcone, Giovanni Brusca, il boss di San Giuseppe Jato, per fargli eliminare cinque persone in Campania e scioglierne due nell'acido. Lo chiamarono come si chiama un idraulico, lui stesso ha rivelato ai magistrati la strategia per sciogliere Luigi e Vittorio Vastarella:

> Impartimmo istruzioni affinché fossero acquistati cento litri di acido muriatico, servivano contenitori metallici da duecento litri, normalmente destinati alla conservazione dell'olio e tagliati nella parte superiore. Secondo la nostra esperienza era necessario che in ogni contenitore fossero versati cinquanta litri di acido, ed essendo prevista la soppressione di due persone facemmo preparare due bidoni.

I Nuvoletta, federati con i sottoclan dei Nettuno e dei Polverino, avevano anche rinnovato il meccanismo degli investimenti nel narcotraffico, creando un vero e proprio sistema di azionariato popolare della cocaina. La DDA di Napoli in un'indagine del 2004 aveva dimostrato che il clan attraverso degli intermediari aveva permesso a tutti di partecipare all'acquisto delle partite di coca. Pensionati, impiegati, piccoli imprenditori davano danaro ad alcuni agenti che poi lo reinvestivano per l'acquisto di partite di droga. Investire una pensione di seicento euro in coca significava ricevere dopo un mese il doppio. Non c'erano garanzie oltre la parola dei mediatori, ma l'investimento era sistematicamente vantaggioso. Il rischio di perdere dei soldi non era paragonabile al profitto ricevuto, soprattutto se comparato agli interessi che in alternativa avrebbero ricevuto se avessero versato il danaro in banca. Gli unici svantaggi erano organizzativi, i panetti di coca spesso venivano fatti custodire dai piccoli investitori, un modo per dislocare i depositi e rendere praticamente impossibile i sequestri. I clan camorristici erano così riusciti ad allargare il giro di capitali da investire, coinvolgendo anche una piccola borghesia lontana dai meccanismi criminali ma stanca di affidare alle banche i propri averi. Avevano anche metamorfizzato la distribuzione al dettaglio. I Nuvoletta-Polverino fecero dei barbieri e dei centri abbronzanti i nuovi dettaglianti della coca. I profitti del narcotraffico venivano poi reinvestiti, attraverso alcuni prestanome, nell'acquisto di appartamenti, alberghi, quote di società di servizi, scuole private e perfino gallerie d'arte.

La persona che coordinava i capitali più consistenti dei Nuvoletta era, secondo le accuse, Pietro Nocera. Un manager tra i più potenti del territorio, girava sistematicamente in Ferrari e disponeva di un aereo personale. Il Tribunale di Napoli nel 2005 ha disposto il sequestro di beni immobili e società per oltre trenta milioni di euro; in realtà soltanto il 5 per cento del suo impero economico. Il collaboratore di giustizia Salvatore Speranza ha rivelato che Nocera è l'amministratore di tutti i soldi del clan Nuvoletta e cura «l'investimento dei soldi dell'organizzazione nei terreni e nell'edilizia in genere». I Nuvoletta investono in Emilia Romagna, Veneto, Marche, e Lazio attraverso l'Enea, cooperativa di produzione e lavoro gestita da Nocera anche durante la latitanza. Fatturavano cifre elevatissime, dato che l'Enea aveva ottenuto appalti pubblici per milioni di euro a Bologna, Reggio Emilia, Modena, Venezia, Ascoli Piceno e Frosinone. Gli affari dei Nuvoletta da anni si erano dislocati anche in Spagna. Tenerife era la città dove Nocera si era recato per contestare ad Armando Orlando, considerato dagli investigatori ai vertici del clan, le spese sostenute nella costruzione di un imponente complesso edilizio, il Marina Palace. Nocera gli contestò di star spendendo troppo perché usavano materiali troppo costosi. Il Marina Palace l'ho visto soltanto sul web, il suo sito è eloquente, un enorme agglomerato turistico, piscine e cemento che i Nuvoletta avevano costruito per partecipare e alimentare il business del turismo in Spagna.

Paolo Di Lauro veniva dalla scuola dei maranesi, la sua carriera criminale iniziò come loro luogotenente. Lentamente Di Lauro si allontanò dai Nuvoletta divenendo, negli anni '90, braccio destro del boss di Castellammare Michele D'Alessandro, e occupandosi direttamente della sua latitanza. Il suo progetto era quello di poter coordinare le piazze di spaccio con la stessa logica con cui aveva gestito le catene di negozi e le fabbriche di giacche. Il boss comprese che, dopo la morte in carcere di Gennaro Licciardi, il territorio di Napoli nord poteva divenire il più grande mercato di droga a cielo aperto che si era mai visto in Italia e in Europa. Tutto gestito dai suoi uomini. Paolo Di Lauro aveva sempre agito silenziosamente con qualità più finanziarie che militari, non invadeva apparentemente i territori di altri boss, non veniva rintracciato da indagini e perquisizioni.

Tra i primi a svelare l'organigramma della sua organizzazione c'era stato il pentito Gaetano Conte. Un pentito dalla storia particolarmente interessante. Era un carabiniere, era stato in servizio a Roma, guardia del corpo di Francesco Cossiga. Le sue qualità di uomo della scorta di un Presidente della Repubblica l'avevano promosso a sodale del boss Di Lauro. Conte, dopo aver gestito per conto del clan estorsioni e narcotraffico, aveva deciso di collaborare con i magistrati con dovizia di informazioni e particolari che solo un carabiniere avrebbe saputo dare.

Paolo Di Lauro è conosciuto come "Ciruzzo 'o milionario": un contronome ridicolo, ma soprannomi e contronomi hanno una precisa logica, una sedimentazione calibrata. Ho sempre sentito chiamare gli appartenenti al Sistema con il soprannome, al punto che il nome e il cognome in molti casi arriva a diluirsi, a essere dimenticato. Non si sceglie un proprio contronome, spunta d'improvviso da qualcosa, per qualche motivo, e qualcuno lo riprende. Così per mero fato nascono i soprannomi di camorra. Paolo Di Lauro è stato ribattezzato "Ciruzzo 'o milionario" dal boss Luigi Giuliano che lo vide una sera presentarsi al tavolo da poker mentre lasciava cadere dalle tasche decine di biglietti da centomila lire. Giuliano esclamò: «E chi è venuto, Ciruzzo 'o milionario?». Un nome uscito in una serata brilla, un attimo, una trovata giusta.

Ma il florilegio di contronomi è infinito. Carmine Alfieri "'o 'ntufato", l'arrabbiato, il boss della Nuova Famiglia, venne chiamato così per il ghigno di insoddisfazione e rabbia sempre presente sul suo viso. Poi ci sono i contronomi che provengono dai soprannomi degli avi di famiglia e che si appiccicano anche agli eredi, come il boss Mario Fabbrocino detto "'o graunar'", il carbonaio: i suoi avi vendevano il carbone e tanto era bastato per definire così il boss che aveva colonizzato l'Argentina con i capitali della camorra vesuviana. Ci sono soprannomi dovuti alle passioni dei singoli camorristi come Nicola Luongo, detto "'o wrangler", un affiliato fissato con i fuoristrada Wrangler, divenuti veri e propri modelli prediletti dagli uomini di Sistema. Poi i contronomi nati sulla scorta di particolari tratti fisici, Giovanni Birra "'a mazza" per il suo corpo secco e lungo, Costantino Iacomino "capaianca" per i capelli bianchi che gli spuntarono prestissimo in testa, Ciro Mazzarella "'o scellone" dalle scapole visibili, Nicola Pianese chiamato "'o mussuto" ossia il baccalà per la sua pelle bianchissima, Rosario Privato "mignolino", Dario De Simone "'o nano", il nano. Contronomi inspiegabili come Antonio Di Fraia detto "'u urpacchiello", un termine che sta per frustino, di quelli ricavati essiccando il pene dell'asino. E poi Carmine Di Girolamo detto "'o sbirro" per la capacità di coinvolgere nelle sue operazioni poliziotti e carabinieri. Ciro Monteriso "'o mago" per chissà quale ragione. Pasquale Gallo di Torre Annunziata dal viso grazioso detto "'o bellillo", i Lo Russo definiti "i capitoni" come i Mallardo i "Carlantoni" e i Belforte i "Mazzacane" e i Piccolo i "Quaquaroni", vecchi nomi dei ceppi di famiglia. Vincenzo Mazzarella "'o pazzo" e Antonio Di Biasi, soprannominato "pavesino" perché quando usciva a fare operazioni militari si portava sempre dietro i biscotti pavesini da sgranocchiare. Domenico Russo, soprannominato "Mimì dei cani", boss dei Quartieri Spagnoli, chiamato così perché da ragazzino vendeva cuccioli di cane lungo via Toledo. E poi Antonio Carlo D'Onofrio "Carlucciello 'o mangiavatt'" ossia Carletto il mangiagatti, leggenda vuole che avesse imparato a sparare usando i gatti randagi come bersaglio. Gennaro Di Chiara che scattava violentemente ogni qual volta qualcuno gli toccava il viso era detto "file scupierto", filo scoperto. Poi ci sono contronomi dovuti a espressioni onomatopeiche intraducibili come Agostino Tardi detto "picc pocc" o Domenico di

Ronza "scipp scipp" o la famiglia De Simone detta "quaglia quaglia", gli Aversano detti "zig zag", Raffaele Giuliano "'o zuì", Antonio Bifone "zuzù".

Gli è bastato ordinare spesso la stessa bevanda e Antonio Di Vicino è divenuto "lemon", Vincenzo Benitozzi con un viso tondo veniva chiamato "Cicciobello", Gennaro Lauro, forse per il numero civico dove abitava, detto "'o diciassette", poi Giovanni Aprea "punt 'e curtiello" perché il nonno, nel 1974, partecipò al film di Pasquale Squitieri *I guappi*, interpretando il ruolo del vecchio camorrista che allenava i "guaglioni" a tirare di coltello.

Ci sono invece contronomi calibrati che possono fare la fortuna o sfortuna mediatica di un boss come quello celebre di Francesco Schiavone detto Sandokan, un contronome feroce scelto per la sua somiglianza con Kabir Bedi, l'attore che interpretò l'eroe salgariano. Pasquale Tavoletta detto Zorro per la somiglianza, a sua volta, con l'attore del telefilm televisivo, o quello di Luigi Giuliano "'o re", detto anche Lovigino, contronome ispirato dalle sue amanti americane che nell'intimità gli sussurravano "I love Luigino". Da qui Lovigino. Il contronome di suo fratello Carmine "'o lione", e quello di Francesco Verde alias "'o negus" come l'imperatore di Etiopia per la sua ieraticità e per il suo essere boss da lungo tempo. Mario Schiavone chiamato "Menelik" come il famoso imperatore etiope che si oppose alle truppe italiane, e Vincenzo Carobene detto "Gheddafi" per la sua straordinaria somiglianza con il figlio del generale libico. Il boss Francesco Bidognetti è conosciuto come "Cicciotto di Mezzanotte", un contronome nato dal fatto che chiunque si fosse frapposto tra lui e un suo affare avrebbe visto calare su di sé la mezzanotte anche all'alba. Qualcuno sostiene che il soprannome gli fu affibbiato perché da ragazzo aveva iniziato la scalata ai vertici del clan proteggendo le puttane. Tutto il suo clan veniva definito ormai "il clan dei Mezzanotte".

Quasi tutti i boss hanno un contronome: è in assoluto il tratto unico, identificatore. Il soprannome per il boss è come le stimmate per un santo. La dimostrazione dell'appartenenza al Sistema. Tutti possono essere Francesco Schiavone, ma solo uno sarà Sandokan, tutti possono chiamarsi Carmine Alfieri, ma uno solo si girerà quando verrà chiamato "'o 'ntufato", chiunque può chiamarsi Francesco Verde, solo uno risponderà al nome di "'o negus", tutti possono essere stati iscritti all'anagrafe come Paolo Di Lauro, uno solo sarà "Ciruzzo 'o milionario".

Ciruzzo aveva deciso per un'organizzazione silenziosa dei suoi affari, con un profilo militare capillare ma a bassa intensità. Era stato un boss sconosciuto per lungo tempo persino alle forze di polizia. L'unica volta, prima di darsi alla latitanza, che era stato convocato dai magistrati era stato a causa di suo figlio Nunzio che aveva aggredito un professore perché aveva osato rimproverarlo. Paolo Di Lauro era in grado di connettersi direttamente ai cartelli sudamericani e di creare reti di grossa distribuzione attraverso l'alleanza con i cartelli albanesi. La strada del narcotraffico negli ultimi anni ha rotte precise. La coca parte dal Sudamerica, giunge in Spagna e qui o viene direttamente prelevata, o viene smistata in Albania via terra. L'eroina invece parte dall'Afghanistan e prende le strade della Bulgaria, del Kosovo, dell'Albania; l'hashish e la marijuana partono dal Maghreb e hanno la mediazione dei turchi e degli albanesi nel Mediterraneo. Di Lauro era riuscito ad avere contatti diretti per ogni accesso ai mercati delle droghe, era riuscito dopo una strategia certosina a divenire a pieno titolo imprenditore delle pelli e del narcotraffico. Aveva fondato nel 1989 la celebre impresa Confezioni Valent di Paolo Di Lauro & C., che secondo lo statuto avrebbe dovuto terminare le sue attività nel 2002, ma nel novembre 2001 fu sequestrata dal Tribunale di Napoli. La Valent si era aggiudicata diversi appalti in tutt'Italia per l'installazione di *cash and carry*. Aveva come oggetto sociale un enorme potenziale di attività: dal commercio di mobili al settore tessile, dalle confezioni al commercio delle carni e alla distribuzione delle acque minerali. La Valent forniva pasti a diverse strutture pubbliche e private, e provvedeva alla macellazione di carni di qualsiasi specie. Inoltre, sempre secondo l'oggetto sociale, la Valent di Paolo Di Lauro si poneva l'obiettivo di costruire attività alberghiere, catene di ristorazione, ristoranti e quanto «opportuno per il tempo libero». Nello stesso tempo dichiarava che: «la società potrà acquistare terreni, costruire sia direttamente che indirettamente fabbricati, centri commerciali o case per civili abitazioni». La licenza commerciale fu rilasciata dal comune di Napoli nel '93, la società era amministrata dal figlio di Di Lauro, Cosimo. Paolo Di Lauro, per cause legate al clan, era uscito di scena nel '96, dando le sue quote alla moglie Luisa. I Di Lauro sono una dinastia, costruita con abnegazione. Luisa Di Lauro aveva generato dieci figli, e come le grandi matrone dell'industria italiana aveva aumentato progressivamente la prole in base al successo industriale. Tutti inseriti nel clan, Cosimo, Vincenzo, Ciro, Marco, Nunzio, Salvatore, e poi i piccoli, quelli ancora minorenni. Paolo Di Lauro aveva una sorta di predilezione per gli investimenti in Francia, suoi negozi si trovavano a Nizza, ma anche a Parigi, a rue Charenton 129 e a Lione al 22 di Quai Perrache. Voleva che la moda italiana in Francia fosse veicolata dai suoi negozi, trasportata dai suoi camion, che gli Champs Elysées emanassero l'odore del potere di Scampia.

Ma a Secondigliano l'enorme azienda dei Di Lauro scricchiolava. Era cresciuta in fretta e in grande autonomia in ogni sua parte, nelle piazze dello spaccio l'aria iniziava ad appesantirsi. A Scampia invece c'era la speranza che tutto si sarebbe risolto come l'ultima volta. Quando, con una bevuta, ogni crisi trovò soluzione. Una bevuta particolare, che avvenne mentre Domenico, uno dei figli di Di Lauro, dopo un gravissimo incidente stradale, agonizzava in ospedale. Domenico era un ragazzo inquieto. Spesso i figli dei boss cadono in una sorta di delirio d'onnipotenza e ritengono di poter disporre di intere città e delle persone che le abitano. Secondo le indagini della polizia, nell'ottobre 2003, Domenico assieme alla sua scorta e un gruppo di amici, assaltò di notte un'intera cittadina, Casoria, sfasciando finestre, garage, auto, bruciando cassonetti, inzaccherando portoni con lo spray e squagliando con gli accendini i pulsanti di plastica dei citofoni. Danni che il padre seppe rimborsare in silenzio, con la diplomazia delle famiglie che devono rimediare ai disastri dei rampolli senza pregiudicare la propria autorevolezza. Domenico stava correndo in moto quando a una curva perse il controllo, cadde e per le gravi ferite morì dopo alcuni giorni trascorsi in coma all'ospedale. Quest'episodio tragico generò un incontro di vertice, una punizione e al contempo un'amnistia. A Scampia tutti conoscono questa storia, una storia leggendaria, forse inventata, ma importante per comprendere come i conflitti trovano mediazione all'interno delle dinamiche di camorra.

Si racconta che Gennaro Marino, detto McKay, delfino di Paolo Di Lauro, andò in ospedale dove si trovava il ragazzo morente, per confortare il boss. Il suo conforto venne accolto. Di Lauro poi lo tirò in disparte e gli offrì da bere. Pisciò in un bicchiere e glielo porse. Al boss erano giunte all'orecchio notizie circa alcuni comportamenti del suo prediletto che non poteva avallare in nessun modo. McKay aveva fatto alcune scelte economiche senza discuterne, alcune somme di danaro erano state sottratte senza renderne conto. Il boss si era accorto della volontà del suo delfino di rendersi autonomo ma lo volle perdonare, come un eccesso di esuberanza di chi è troppo bravo nel proprio mestiere. Si racconta che McKay bevve tutto, sino alla posa. Un lungo sorso di piscio risolse il primo sisma avvenuto all'interno delle dirigenze del cartello del clan Di Lauro. Una tregua labile, che nessun rene successivamente avrebbe potuto drenare.

La guerra di Secondigliano

McKay e Angioletto avevano deciso. Volevano ufficializzare la formazione di un proprio gruppo, erano d'accordo tutti i dirigenti più anziani, avevano chiaramente detto di non voler entrare in conflitto con l'organizzazione ma di volerne diventare concorrenti. Leali concorrenti sul vasto mercato. Fianco a fianco, ma in autonomia. E così – secondo le dichiarazioni del pentito Pietro Esposito – mandarono il messaggio a Cosimo Di Lauro, il reggente del cartello. Volevano incontrare Paolo, il padre, il dirigente massimo, il vertice, il referente primo del sodalizio. Parlargli di persona, dirgli che non condividevano le scelte di ristrutturazione che avevano fatto i figli, volevano fissarlo negli occhi smettendola di far passare parola su parola da gola a gola, facendo impastare i messaggi dalla saliva di molte lingue, visto che i cellulari non erano utilizzabili per non far risalire al percorso della sua latitanza. Genny McKay voleva incontrare Paolo Di Lauro, il boss che aveva permesso la sua ascesa imprenditoriale.

Cosimo accetta formalmente la richiesta dell'incontro, si tratta del resto di riunire tutti i vertici dell'organizzazione, capi, dirigenti, capizona. Non si può rifiutare. Ma Cosimo ha già tutto in mente, o così sembra. Pare davvero che sappia verso cosa sta orientando la sua gestione degli affari, e come deve organizzarne la difesa. E così, ascoltando quanto dicono indagini e dichiarazioni di collaboratori di giustizia, Cosi-

71

mo all'appuntamento non manda sottoposti. Non manda il "cavallaro", Giovanni Cortese il portavoce ufficiale, colui che ha sempre curato i rapporti della famiglia Di Lauro con l'esterno. Cosimo manda i suoi fratelli, Marco e Ciro, a perlustrare il luogo dell'incontro. Loro vanno a vedere, controllano che aria tira, non avvertono nessuno del loro passaggio. Passano senza scorta, forse in auto. Veloci, ma non troppo. Osservano le vie di fuga preparate, le sentinelle appostate, senza dare nell'occhio. Riferiscono a Cosimo, gli raccontano i dettagli. Cosimo comprende. Avevano preparato tutto per un agguato. Per ammazzare Paolo e chiunque l'avesse accompagnato. L'incontro era un tranello, era un modo per uccidere e sancire una nuova era nella gestione del cartello. Del resto un impero non si scinde allentando una stretta di mano, ma tagliandola con una lama. Questo si racconta, questo raccontano indagini e pentiti.

Cosimo, il figlio a cui Paolo ha dato in gestione il controllo del narcotraffico con ruolo di massima responsabilità, deve decidere. Sarà guerra, ma non la dichiara, conserva tutto in mente, aspetta di comprendere le mosse, non vuole allarmare i rivali. Sa che a breve gli salteranno addosso, che deve aspettarsi gli artigli sulla carne, ma deve temporeggiare, decidere una strategia precisa, infallibile, vincente. Capire su chi può contare, quali forze può gestire. Chi è con lui e chi è contro di lui. Non c'è altro spazio sulla scacchiera.

I Di Lauro giustificano l'assenza del padre con la difficoltà di muoversi a causa delle ricerche della polizia. Latitante, ricercato da oltre dieci anni. Saltare un incontro non è grave per uno inserito fra i trenta latitanti più pericolosi d'Italia. La più grande holding imprenditoriale del narcotraffico, una delle più forti sul piano nazionale e internazionale, sta per attraversare la più letale delle crisi, dopo decenni di perfetto funzionamento.

Il clan Di Lauro è stato sempre un'impresa perfettamente organizzata. Il boss lo ha strutturato con un disegno d'azienda multilevel. L'organizzazione è composta da un primo livello di promotori e finanziatori, costituito dai dirigenti del clan che provvedono a controllare l'attività di traffico e spaccio tramite i loro affiliati diretti, e formato, secondo la Procura Antimafia di Napoli, da Rosario Pariante, Raffaele Abbinante, Enrico D'Avanzo e Arcangelo Valentino. Il secondo livello comprende chi materialmente tratta la droga, l'acquista e la confeziona e gestisce i rapporti con gli spacciatori, ai quali garantisce difesa legale in caso di arresto. Gli elementi di maggiore spicco sono Gennaro Marino, Lucio De Lucia, Pasquale Gargiulo. Il terzo livello è rappresentato dai capipiazza, ossia membri del clan che sono a diretto contatto con gli spacciatori, che coordinano i pali e le vie di fuga e curano anche l'incolumità dei magazzini dove viene stoccata la merce e i luoghi dove viene tagliata. Il quarto livello, il più esposto, è costituito dagli spacciatori. Ogni livello ha in sé dei sottolivelli che si relazionano esclusivamente con il proprio dirigente di riferimento e non con l'intera struttura. Quest'organizzazione permette di avere un profitto pari al 500 per cento dell'investimento iniziale.

Dinanzi al modello dell'impresa dei Di Lauro mi è sempre venuto in mente il concetto matematico di frattale, come lo spiegano nei manuali, ovvero un casco di banane cui ogni banana è a sua volta un casco di banane le cui banane sono caschi di banane e così all'infinito. Il clan Di Lauro solo col narcotraffico fattura cinquecentomila euro al giorno. Spacciatori, gestori dei magazzini, staffette, spesso non sono parte dell'organizzazione ma semplici stipendiati. L'indotto dello spaccio è enorme, migliaia di persone ci lavorano ma non sanno da chi sono dirette. Intuiscono genericamente per quale famiglia camorristica lavorano, ma nulla di più. Qualora qualche arrestato decidesse di pentirsi, la conoscenza della struttura sarà limitata a un perimetro specifico, minimo, senza riuscire a comprendere e conoscere l'intero organigramma, l'enorme periplo del potere economico e militare dell'organizzazione.

Tutto l'assetto economico finanziario ha il suo team militare: un feroce gruppo di fuoco e una capillare rete di fiancheggiatori. Nel manipolo di killer figuravano Emanuele D'Ambra, Ugo De Lucia, detto "Ugariello", Nando Emolo, detto "'o schizzato", Antonio Ferrara, detto "'o tavano", Salvatore Tamburino, Salvatore Petriccione, Umberto La Monica, Antonio Mennetta. Al di sotto, i fiancheggiatori, cioè i capizona: Gennaro Aruta, Ciro Saggese, Fulvio Montanino, Antonio Galeota, Giuseppe Prezioso, guardaspalle personale di Cosimo, e Costantino Sorrentino. Un'organizzazione che complessivamente contava su almeno trecento persone, tutte tenute a stipendio. Una struttura complessa, dove tutto era inserito in un ordine preciso. C'era il parco macchine e moto, enorme, sempre disponibile, come una struttura d'emergenza. C'era l'armeria, nascosta e collegata a una rete di fabbri pronti a distruggere le armi appena usate per gli omicidi. C'era una rete logistica che consentiva ai killer di andare, subito dopo l'agguato, ad allenarsi in un regolare poligono di tiro dove venivano registrati gli ingressi, in modo da confondere le tracce di polvere da sparo e costruirsi un alibi per eventuali prove da stub. Lo stub è ciò che ogni killer teme di più; la polvere da sparo che non viene mai via e che è la prova più schiacciante. C'era addirittura una rete che forniva l'abbigliamento ai gruppi di fuoco: tute da ginnastica anonime e casco integrale da motociclista, da distruggere subito dopo. Un'azienda inattaccabile, dai congegni perfetti o quasi. Non si tenta di occultare un'azione, un omicidio, un investimento ma semplicemente di non renderlo dimostrabile in tribunale.

Frequentavo Secondigliano da tempo. Da quando aveva smesso di fare il sarto, Pasquale mi aggiornava sull'aria che tirava nella zona, un'aria che andava mutandosi velocemente, alla stessa velocità con cui si trasformano i capitali e le direzioni finanziarie.

Giravo nell'area nord di Napoli in Vespa. È la luce quello che più mi piace quando giro per Secondigliano e Scampia.

Le strade enormi, larghe, ossigenate rispetto ai grovigli del centro storico di Napoli, come se sotto il catrame, a fianco dei palazzoni, ci fosse ancora viva la campagna aperta. D'altronde Scampia possiede nel nome il suo spazio. Scampia, parola di un dialetto napoletano scomparso, definiva la terra aperta, zona d'erbacce, su cui poi a metà degli anni '60 hanno tirato su il quartiere e le famose Vele. Il simbolo marcio del delirio architettonico o forse più semplicemente un'utopia di cemento che nulla ha potuto opporre alla costruzione della macchina del narcotraffico che si è innervata sul tessuto sociale di questa parte di terra. Una disoccupazione cronica e un'assenza totale di progetti di crescita sociale hanno fatto sì che divenisse luogo capace di stoccare quintali di droga, e laboratorio per la trasformazione del danaro fatturato con lo spaccio in economia viva e legale. Secondigliano è lo scalino in discesa che dal gradino del mercato illegale porta forze ossigenate all'imprenditoria legittima. Nel 1989 l'Osservatorio sulla Camorra scriveva in una sua pubblicazione che nell'area nord di Napoli si registrava uno dei rapporti spacciatori-numero abitanti più alto d'Italia. Quindici anni dopo questo rapporto è divenuto il più alto d'Europa e tra i primi cinque al mondo.

La mia faccia era diventata conosciuta col tempo, una conoscenza che per le sentinelle del clan, i pali, significava valore neutro. In un territorio controllato a vista ogni secondo v'è un valore negativo – poliziotti, carabinieri, infiltrati di famiglie rivali – e un valore positivo: gli acquirenti. Tutto ciò che non è sgradito, che non è intralcio è neutro, inutile. Entrare in questa categoria significa non esistere. Le piazze dello spaccio mi hanno sempre affascinato per la perfetta organizzazione che contraddice una lettura di puro degrado. Il meccanismo di spaccio è quello di un orologio. È come se gli individui si muovessero identici agli ingranaggi che mettono in moto il tempo. Non c'è movimento di qualcuno che non faccia scattare qualcun altro. Ogni volta che lo osservavo ne rimanevo incantato. Gli stipendi sono distribuiti settimanalmente, cento

75

euro per le vedette, cinquecento al coordinatore e cassiere degli spacciatori di una piazza, ottocento ai singoli pusher e mille a chi si occupa dei magazzini e nasconde la droga in casa. I turni vanno dalle tre del pomeriggio a mezzanotte e da mezzanotte alle quattro del mattino, la mattina difficilmente si spaccia perché c'è in giro troppa polizia. Tutti hanno un giorno di riposo e se si presentano in ritardo sulla piazza di spaccio per ogni ora gli vengono sottratti cinquanta euro dalla paga settimanale.

Via Baku è un ininterrotto via vai di commerci. I clienti arrivano, pagano, prelevano e vanno via. A volte ci sono persino file di auto in coda dietro la schiena degli spacciatori. Il sabato sera soprattutto. E allora da altre piazze vengono dislocati nuovi pusher in questa zona. In via Baku si fattura mezzo milione di euro al mese, la Narcotici segnala che mediamente si smerciano quattrocento dosi di marijuana e quattrocento di cocaina, ogni giorno. Quando arrivano i poliziotti gli spacciatori sanno in quali case andare e in che posti nascondere la merce. Dinanzi alle auto della polizia, quando stanno per entrare in una piazza di spaccio, si posiziona quasi sempre una macchina o un motorino per rallentare la corsa e permettere ai pali di caricarsi gli spacciatori in moto e portarli via. Spesso i pali sono incensurati e disarmati, così anche se fermati corrono un bassissimo rischio di incriminazione. Quando scattano gli arresti dei pusher vengono chiamate le riserve, ossia persone spesso tossicodipendenti o consumatori abituali della zona che danno la loro disponibilità a lavorare come spacciatori in casi di emergenza. Per un pusher arrestato un altro viene avvertito e si farà trovare sul posto. Il commercio deve continuare. Anche nei momenti critici.

Via Dante è un'altra zona di fatturazione di grossi capitali. Qui i pusher sono tutti ragazzi giovanissimi, è una piazza florida di distribuzione, una delle più recenti piazze messe su dai Di Lauro e poi viale della Resistenza, vecchia piazza di eroina ma anche di kobret e cocaina. I responsabili della piazza hanno vere e proprie sedi operative in cui organizzano il presidio del territorio. I pali comunicano con i cellulari quello che sta accadendo. Il coordinatore della piazza, ascoltandoli tutti in viva voce con dinanzi la cartina, riesce ad avere sotto i suoi occhi in tempo reale gli spostamenti della polizia e i movimenti dei clienti.

Una delle novità che il clan Di Lauro ha introdotto a Secondigliano è la tutela dell'acquirente. Prima della loro gestione come organizzatori di piazze, i pali proteggevano solo i pusher da arresti e identificazioni. Negli anni passati, gli acquirenti potevano essere fermati, identificati, portati in commissariato. Di Lauro invece ha messo i pali per proteggere anche gli acquirenti, così chiunque avrebbe potuto accedere con sicurezza alle piazze gestite dai suoi uomini. Il massimo grado di comodità per i piccoli consumatori che sono una delle anime prime del commercio di droga secondiglianese. Nella zona del rione Berlingieri, se telefoni, ti fanno trovare direttamente la merce pronta. E poi via Ghisleri, Parco Ises, tutto il rione don Guanella, il comparto H di via Labriola, i Sette Palazzi. Territori trasformati in mercati redditizi, in strade presidiate, in luoghi dove le persone che ci abitano hanno imparato ad avere uno sguardo selettivo, come se gli occhi, quando capitano su qualcosa d'orrendo, oscurassero l'oggetto o la situazione. Un'abitudine a prescegliere cosa vedere, un modo per continuare a vivere. Il supermarket immenso della droga. Tutta, ogni tipo. Non c'è stupefacente che venga introdotto in Europa che non passi prima dalla piazza di Secondigliano. Se la droga fosse solo per i napoletani e i campani, le statistiche darebbero risultati deliranti. Praticamente in ogni famiglia napoletana almeno due membri dovrebbero essere cocainomani e uno eroinomane. Senza contare l'hashish e la marijuana. Eroina, kobret, le droghe leggere e poi le pasticche, quelle che qualcuno chiama ancora ecstasy quando in realtà dell'ecstasy esistono centosettantanove varianti. Qui a Secondigliano sono stravendute, le chiamano X file, o il gettone o la caramella. Sulle pasticche c'è un guadagno enorme. Un euro per produrle, tre-cinque euro il costo all'ingrosso, poi rivendute a Milano, Roma o altre zone di Napoli a cinquanta-sessanta euro. A Scampia a quindici euro.

Il mercato secondiglianese ha superato le vecchie rigidità dello smèrcio di droga; riconoscendo nella cocaina la nuova frontiera. In passato droga d'élite, oggi grazie alle nuove politiche economiche dei clan è divenuta assolutamente accessibile al consumo di massa, con diversi gradi di qualità ma capace di soddisfare ogni esigenza. Il 90 per cento dei consumatori di cocaina secondo le analisi del gruppo Abele sono lavoratori o studenti. La coca si è emancipata dalla categoria di sballo, diviene sostanza usata durante ogni fase del quotidiano, dopo le ore di straordinario, viene presa per rilassarsi, per avere ancora la forza di fare qualcosa che somigli a un gesto umano e vivo e non solo un surrogato di fatica. La coca viene presa dai camionisti per guidare di notte, per resistere ore davanti al computer, per andare avanti senza sosta a lavorare per settimane senza nessun tipo di pausa. Un solvente della fatica, un anestetico del dolore, una protesi alla felicità. Per soddisfare un mercato che ha necessità di droga come risorsa e non soltanto come stordimento bisognava trasformare lo spaccio, renderlo flessibile, slegato dalle rigidità criminali. È questo il salto di qualità compiuto dal clan Di Lauro. La liberalizzazione dello spaccio e dell'approvvigionamento di droga. Per i cartelli criminali italiani la vendita di grosse partite viene tradizionalmente preferita alla vendita di partite medie, e piccole. Per Di Lauro invece la vendita di partite medie è stata scelta per far diffondere una piccola imprenditoria dello spaccio capace di creare nuovi clienti. Una piccola imprenditoria libera, autonoma, in grado di far ciò che vuole con la merce, metterci il prezzo che vuole, diffonderla come e dove vuole. Chiunque può accedere al mercato, per ogni tipo di quantità. Senza necessità di trovare mediatori del clan. Cosa Nostra e la 'ndrangheta irradiano ovunque i loro traffici di droga ma la filiera la devono conoscere, per comprare droga da spacciare attraverso la loro mediazione è necessario essere presentati da affiliati e alleati al clan. Per loro è fondamentale sapere in che zona si andrà a spacciare, con che organizzazione verrà articolata la distribuzione. Non così il Sistema di Secondigliano. L'ordine è laissez faire, laissez passer. Liberismo totale e assoluto. La teoria è che il mercato si autoregola. E così in pochissimo tempo vengono attirati a Secondigliano tutti coloro che vogliono mettere su un piccolo smercio tra amici, che vogliono comprare a quindici e vendere a cento e così pagarsi una vacanza, un master, aiutare il pagamento di un mutuo. La liberalizzazione assoluta del mercato della droga ha portato a un inabissamento dei prezzi.

Lo smercio al dettaglio al di fuori di certe piazze può scomparire. Ora esistono i cosiddetti giri. Il giro dei medici, il giro dei piloti, dei giornalisti, degli impiegati statali. La piccola borghesia sembra il guanto adatto per questa distribuzione informale e iperliberista della merce droga. Uno scambio che sembra amicale, la vendita completamente lontana da strutture criminali, simile a quella delle casalinghe che propongono creme e aspirapolvere alle amiche. Ottimo anche per emancipare da responsabilità morali eccessive. Nessun pusher in tuta acetata schiattato agli angoli delle piazze per intere giornate difeso dai pali. Nulla se non prodotto e danaro. Spazio bastante per la dialettica del commercio. Dai dati, forniti dalle più importanti questure d'Italia, un arrestato su tre per traffico di droga è incensurato e completamente estraneo ai percorsi criminali. Il consumo di cocaina, secondo i dati dell'Istituto Superiore di Sanità, è schizzato ai massimi storici: +80 per cento (1999-2002). Il numero delle persone dipendenti che si rivolgono al SERT raddoppia ogni anno. L'espansione del mercato è immensa, le coltivazioni transgeniche consentono ormai quattro raccolti l'anno, dunque non ci sono problemi di approvvigionamento di materia prima, e l'assenza di un'organizzazione egemone favorisce la libera iniziativa. Robin Williams, un famoso attore cocainomane, per anni disse che «la cocaina è il modo che Dio ha inventato per dirti che hai troppi soldi». Questa frase, che ho letto su qualche giornale, mi tornò in mente quando alle Case Celesti avevo incontrato dei ragazzi che osannavano il prodotto e il luogo: «Se esiste la coca delle Case Celesti significa che Dio non ha dato nessun valore ai soldi».

Le Case Celesti, chiamate così per il colore azzurrino pallido che in origine avevano, costeggiano via Limitone d'Arzano e sono divenute una delle migliori piazze della cocaina in Europa. Un tempo non era così. A rendere questa piazza così conveniente è stato, secondo le indagini, Gennaro Marino McKay. È lui il referente del clan in questo territorio. Non solo referente; il boss Paolo Di Lauro, che stima la sua gestione, gli ha dato la piazza in franchising. Può fare tutto in autonomia, deve solo versare una quota mensile alla cassa del clan. Gennaro e suo fratello Gaetano sono detti i McKay. Tutto è dovuto alla somiglianza che il padre aveva con un personaggio del telefilm *Alla conquista del West*, il cowboy Zeb Macahan (pronunciato "Mechein", da cui McKay). Tutta la famiglia così è divenuta non più Marino ma McKay. Gaetano non ha le mani. Ha due protesi di legno. Di quelle rigide. Laccate di nero. Le ha perse combattendo nel 1991. La guerra contro i Puca, una vecchia famiglia cutoliana. Stava maneggiando una bomba a mano, e gli esplose tra le mani facendo saltare in aria le dita. Gaetano McKay ha sempre un accompagnatore, una sorta di maggiordomo, che prende il posto delle sue mani, ma quando deve firmare, riesce a farlo bloccando la penna con le protesi, rendendola un perno, un chiodo fisso sulla pagina, e poi si aggroviglia con il collo e i polsi, riuscendo a tracciare con grafia impercettibilmente sghemba la sua firma.

Genny McKay, secondo le indagini della Procura Antimafia di Napoli, era riuscito a creare una piazza capace di stoccare e smerciare. D'altronde il buon prezzo ricevuto dai fornitori è dovuto proprio alla capacità di accumulare e in questo la giungla di cemento di Secondigliano, con i suoi centomila abitanti, aiuta. Il corpo delle persone, le loro case, la loro vita quotidiana divengono la grande muraglia che circoscrive i depositi di droga. Proprio la piazza delle Case Celesti ha permesso un inabissamento dei costi della coca. Solitamente si parte da cinquantasettanta euro al grammo e si arriva sui cento-duecento euro. Qui è scesa a venticinque-cinquanta continuando ad avere una qualità molto alta. Leggendo le indagini della DDA, emerge che Genny McKay è uno degli imprenditori italiani più capaci nel ramo della coca, essendo riuscito a imporsi su un mercato in crescita esponenziale pari a nessun altro. L'organizzazione delle piazze di spaccio poteva avvenire anche a Posillipo, ai Parioli, a Brera, ma è avvenuta a Secondigliano. La manodopera in qualsiasi altro luogo avrebbe avuto un costo elevatissimo. Qui la totale assenza di lavoro, l'impossibilità di trovare altra soluzione di vita che non sia l'emigrazione, rende i salari bassi, bassissimi. Non c'è altro arcano, non c'è da fare appello a nessuna sociologia della miseria, a nessuna metafisica del ghetto. Non potrebbe essere ghetto un territorio capace di fatturare trecento milioni di euro l'anno solo con l'indotto di una singola famiglia. Un territorio dove agiscono decine di clan e le cifre di profitto raggiungono quelle paragonabili solo a una manovra finanziaria. Il lavoro è meticoloso, e i passaggi produttivi costano moltissimo. Un chilo di coca al produttore costa mille euro, quando va al grossista già costa trentamila euro. Trenta chili diventano centocinquanta dopo il primo taglio: un valore di mercato di circa quindici milioni di euro. E se il taglio è maggiore a tre chili ne puoi tirare anche duecento di chili. Il taglio è fondamentale, quello da caffeina, glucosio, mannitolo, paracetamolo, lidocaina, benzocaina, anfetamina. Ma anche talco e calcio per i cani quando le emergenze lo impongono. Il taglio determina la qualità, e il taglio fatto male attira morte, polizia, arresti. Occlude le arterie del commercio.

Anche qui i clan di Secondigliano sono in anticipo su tutti e il vantaggio è prezioso. Qui ci sono i Visitors: gli eroinomani. Li chiamano come i personaggi del telefilm degli anni '80 che divoravano topi e sotto un'apparente epidermide umana nascondevano squame verdastre e viscide. I Visitors li usano come cavie, cavie umane, per poter sperimentare i tagli. Provare se un taglio è dannoso, che reazioni genera, sin dove possono spingersi ad allungare la polvere. Quando i "tagliatori" hanno bisogno di molte cavie, abbassano i prezzi. Da venti euro a dose, scendono anche a dieci. La voce circola e gli eroinomani vengono persino dalle Marche, dalla Lucania, per poche dosi. L'eroina è un mercato in totale collasso. Gli eroinomani, i tossici, sono in diminuzione. Disperati. Prendono i bus barcollando, scendono e risalgono sui treni, viaggiano di notte, prendono passaggi, camminano a piedi per chilometri. Ma l'eroina meno costosa del continente merita qualsiasi sforzo. I "tagliatori" dei clan raccolgono i Visitors, gli regalano una dose e poi attendono. In una telefonata riportata nell'ordinanza di custodia cautelare in carcere del marzo 2005, emessa dal Tribunale di Napoli, due parlano tra loro dell'organizzazione di un provino, un test su cavie umane per provare il taglio della sostanza. Prima si chiamano per organizzarlo:

«Le levi cinque magliette... per le prove allergiche?»

Dopo un po' si risentono:

«Hai provato la macchina?»

«Sì...»

Intendendo ovviamente, se aveva testato:

«Sì, mamma mia, troppo bello, compa' siamo number one, devono chiudere tutti.»

Esultavano, felici del fatto che le cavie non erano morte, anzi, avevano gradito molto. Un taglio ben riuscito raddoppia la vendita, se di ottima qualità viene subito richiesto sul mercato nazionale e la concorrenza viene sbaragliata.

Solo dopo aver letto questo scambio di commenti telefonici capii la scena a cui avevo assistito qualche tempo prima. Non riuscivo davvero a comprendere cosa in realtà mi si muoveva davanti agli occhi. Dalle parti di Miano, poco distante da Scampia, c'erano una decina di Visitors. Erano stati chiamati a raccolta. Uno spiazzo davanti a dei capannoni. C'ero finito non per caso ma con la presunzione che sentendo l'alito del reale, quello caldo, quello più vero possibile, si possa arrivare a comprendere il fondo delle cose. Non sono certo sia fondamentale osservare ed esserci per conoscere le cose, ma è fondamentale esserci perché le cose ti conoscano. C'era un tizio vestito bene, anzi direi benissimo, con un completo bianco, una camicia bluastra, scarpe sportive nuovissime. Aprì un panno di daino sul cofano dell'auto. Aveva dentro un po' di siringhe. I Visitors si avvicinarono spingendosi, sembrava una di quelle scene – identiche, medesime, sempre uguali da anni – che mostrano i telegiornali quando in Africa giunge un camion con i sacchi di farina. Un Visitors però si mise a urlare:

«No, non la prendo, se la regalate non la prendo... ci volete ammazzare...»

Bastò il sospetto di uno, che gli altri si allontanarono immediatamente. Il tizio sembrava non aver voglia di convincere nessuno e aspettava. Ogni tanto sputava per terra la polvere che i Visitors camminando alzavano e che gli si posava sui denti. Uno si fece avanti lo stesso, anzi si fece avanti una coppia. Tremavano, erano davvero al limite. In rota, come si dice solitamente. Lui aveva le vene delle braccia inutilizzabili, si tolse le scarpe, e anche le piante dei piedi erano rovinate. La ragazza prese la siringa dallo straccio e se la mise in bocca per reggerla, intanto gli aprì la camicia, lentamente, come se avesse avuto cento bottoni, e poi lanciò l'ago sotto il collo. La siringa conteneva coca. Farla scorrere nel sangue permette di vedere in breve tempo se il taglio funziona o se è sbagliato, pesante, scadente. Dopo un po' il ragazzo iniziò a barcollare, schiumò appena all'angolo della bocca e cadde. Per terra iniziò a muoversi a scatti. Poi si stese supino e chiuse gli occhi, rigido. Il tizio vestito di bianco iniziò a telefonare al cellulare:

«A me pare morto... sì, vabbè, mo gli faccio il massaggio...»

Iniziò a pestare con lo stivaletto il petto del ragazzo. Alzava il ginocchio e poi lasciava cadere la gamba con violenza. Il massaggio cardiaco lo faceva con i calci. La ragazza al suo fianco blaterava qualcosa, lasciando le parole ancora attaccate alle labbra: «Lo fai male, lo fai male. Gli stai facendo male...».

Cercando con la forza di un grissino di allontanarlo dal corpo del suo ragazzo. Ma il tizio era disgustato, quasi impaurito da lei e dai Visitors in genere:

«Non mi toccare... fai schifo... non ti azzardare a starmi vicino... non mi toccare che ti sparo!»

Continuò a tirare calci in petto al ragazzo; poi con il piede poggiato sullo sterno ritelefonò:

«Questo è schiattato. Ah, il fazzolettino... aspetta che mo vedo...»

Prese un fazzolettino di carta dalla tasca, lo bagnò con una bottiglietta d'acqua e lo stese aperto sulle labbra del ragazzo. Se soltanto avesse avuto un flebile fiato avrebbe forato il kleenex, dimostrando di essere ancora vivo. Precauzione che aveva usato perché non voleva neanche sfiorare quel corpo. Richiamò per l'ultima volta:

«È morto. Dobbiamo fare tutto più leggero...»

Il tizio rientrò in auto dove l'autista non aveva neanche per un secondo smesso di zompettare sul sedile ballando una musica di cui non riuscivo a sentire neanche un rumore, nonostante si muovesse come se fosse stata al massimo volume. In pochi minuti tutti si allontanarono dal corpo, passeggiando per questo frammento di polvere. Rimase il ragazzo steso a terra. E la fidanzata, piagnucolante. Anche il suo lamento rimaneva attaccato alle labbra, come se l'eroina permettesse una cantilena rauca come unica forma di espressione vocale.

Non riuscii a capire perché la ragazza lo fece, ma si calò il pantalone della tuta e accovacciandosi proprio sul viso del ragazzo gli pisciò in faccia. Il fazzolettino gli si attaccò sulle labbra e sul naso. Dopo un po' il ragazzo sembrò riprendere i sensi, si passò una mano sul naso e la bocca, come quando ci si toglie l'acqua dal viso dopo essere usciti dal mare. Questo Lazzaro di Miano resuscitato da chissà quali sostanze contenute nell'urina, lentamente si alzò. Giuro che se non fossi stato stordito dalla situazione, avrei gridato al miracolo. Invece camminavo avanti e indietro. Lo faccio sempre quando sento di non capire, di non sapere cosa fare. Occupo spazio, nervosamente. Facendo così devo aver attirato l'attenzione, poiché i Visitors iniziarono ad avvicinarmi, a urlarmi contro. Pensavano fossi un uomo legato al tizio che stava quasi uccidendo quel ragazzo. Mi gridavano contro: «Tu... tu... volevi ammazzarlo...».

Mi si fecero intorno, mi bastò allungare il passo per seminarli, ma continuavano a seguirmi, a racimolare da terra schifezze varie e lanciarmele. Non avevo fatto niente. Se non sei un tossico, sarai uno spacciatore. Spuntò d'improvviso un camion. Dai depositi ne uscivano a decine tutte le mattine. Frenò vicino ai piedi, e sentii una voce che mi chiamava. Era Pasquale. Aprì lo sportello e mi fece salire. Non un angelo custode che salva il suo protetto, ma piuttosto due topi che percorrono la stessa fogna e si tirano per la coda.

Pasquale mi guardò con la severità di un padre che tutto aveva previsto. Quel ghigno che basta a sé, e non deve neanche perdere tempo a pronunciarsi per rimproverare. Io invece gli fissavo le mani. Sempre più rosse, screpolate, spaccate sulle nocche e anemiche nel palmo. Difficile che i polpastrelli abituati alle sete e ai velluti dell'alta moda possano accomodarsi per dieci ore sui manubri di un camion. Pasquale parlava ma continuavano a distrarmi le immagini dei Visitors. Scimmie. Anzi meno che scimmie. Cavie. A testare il taglio di una droga che girerà mezza Europa e non può rischiare di ammazzare qualcuno. Cavie umane che permetteranno a romani, napoletani, abruzzesi, lucani, bolognesi, di non finire male, di non colare sangue dal naso e schiuma dai denti. Un Visitors morto a Secondigliano è solo un ennesimo disperato su cui nessuno farà indagini. Già tanto sarà raccoglierlo da terra, pulirgli il viso dal vomito e dal piscio e sotterrarlo. Altrove ci sarebbero analisi, ricerche, congetture sulla morte. Qui solo: overdose.

Il camion di Pasquale attraversava le strade statali che annodano il territorio nord di Napoli. Capannoni, depositi, luoghi dove raccogliere detriti, e roba sparsa, arrugginita, gettata ovunque. Non ci sono agglomerati industriali. C'è puzza di ciminiere ma mancano le fabbriche. Le case si seminano lungo

85

le strade, e le piazze si fanno intorno a un bar. Un deserto confuso, complicato. Pasquale aveva capito che non lo stavo ascoltando così frenò di botto. Senza accostare, giusto per farmi dare una frustata con la schiena e scuotermi. Poi mi fissò e disse: «A Secondigliano le cose stanno per andare male... "'a vicchiarella" è in Spagna, con i soldi di tutti. Devi smettere di girare da queste parti, sento la tensione ovunque. Pure il catrame mo si stacca da terra per andare via di qua...».

Avevo deciso di seguire quello che stava per accadere a Secondigliano. Più Pasquale segnalava la pericolosità della situazione, più mi convincevo che non era possibile non tentare di comprendere gli elementi del disastro. E comprendere significava almeno farne parte. Non c'è scelta, e non credo vi fosse altro modo per capire le cose. La neutralità e la distanza oggettiva sono luoghi che non sono mai riuscito a trovare. Raffaele Amato "'a vicchiarella", il responsabile delle piazze spagnole, un dirigente del secondo livello del clan, era fuggito a Barcellona con i soldi della cassa dei Di Lauro. Questo si diceva. In realtà non aveva versato la sua quota al clan mostrando in tal modo di non avere più alcun tipo di sudditanza con chi lo voleva mettere a stipendio. Aveva ufficializzato la scissione. Per ora trattava solo in Spagna, territorio da sempre egemonizzato dai clan. In Andalusia i Casalesi del casertano, sulle isole i Nuvoletta di Marano, e a Barcellona gli "scissionisti". Questo il nome che qualcuno comincia a dare agli uomini dei Di Lauro che si sono allontanati. I primi cronisti che seguono la cosa. I cronisti di nera. Per tutti a Secondigliano sono invece gli Spagnoli. Così chiamati proprio perché in Spagna hanno il loro leader e hanno iniziato a controllare non solo le piazze ma anche i traffici; siccome Madrid è uno degli snodi fondamentali per il traffico di cocaina proveniente dalla Colombia e dal Perù. Gli uomini legati ad Amato per anni, secondo le indagini, avevano fatto circolare quintali di droga attraverso uno stratagemma geniale. Usavano i camion della spazzatura. Sopra rifiuti, e sotto droga. Un metodo infallibile per evitare controlli. Nessuno fermerebbe un camion della spazzatura di notte mentre carica e scarica immondizia e al contempo trasporta quintali di droga.

Cosimo Di Lauro aveva intuito – secondo quanto emerge dalle indagini – che i dirigenti stavano versando nella cassa del clan sempre meno capitale. Le puntate erano state fatte con capitale dei Di Lauro, ma una grossa parte del profitto che doveva essere ripartito era stato trattenuto. Le puntate sono gli investimenti che ogni dirigente fa nell'acquisto di una partita di droga con capitale dei Di Lauro. Puntata. Il nome deriva dall'economia irregolare e iperliberista della coca e delle pasticche per cui non c'è elemento di certezza e calibro. Si punta, anche in questo caso, come su una roulette. Se punti centomila euro e le cose ti vanno bene, in quattordici giorni divengono trecentomila. Quando mi imbatto in questi dati di accelerazione economica, ricordo sempre quando Giovanni Falcone trovandosi in una scuola fece un esempio finito poi su centinaia di quaderni di scolari: «Per capire che la droga è un'economia florida, pensate che mille lire investite il 1° settembre nella droga diventano cento milioni il 1° agosto dell'anno successivo».

Le cifre che i dirigenti versavano nelle casse dei Di Lauro continuavano a essere astronomiche, ma progressivamente minori. Sul lungo periodo una prassi del genere avrebbe rafforzato alcuni a scapito di altri e lentamente, appena il gruppo ne avrebbe avuto la forza organizzativa e militare, avrebbe dato una spallata a Paolo Di Lauro. La spallata finale, quella che non conosce rimedio. Quella che avviene col piombo e non con la concorrenza. Così Cosimo ordina di mettere tutti a stipendio. Li vuole tutti strettamente alle sue dipendenze. Una scelta in controtendenza con le decisioni che sino ad allora aveva preso suo padre, ma necessaria per proteggere i propri affari, la propria autorità, la propria famiglia. Non più imprenditori consorziati, liberi di decidere le quantità di danaro da investire, le qualità e i tipi di droghe da immettere nel mercato. Non più liberi livelli autonomi all'interno di una impresa multilevel, ma dipendenti. Messi a stipendio. Cinquantamila euro al mese, qualcuno dice. Una cifra enorme. Ma pur sempre uno stipendio. Pur sempre un ruolo di sottoposto. Pur sempre la fine del sogno imprenditoriale a scapito di un lavoro da dirigente. E poi la rivoluzione amministrativa non terminava qui. I pentiti raccontano che Cosimo aveva imposto una trasformazione generazionale. I dirigenti non dovevano avere più di trent'anni. Ringiovanire, subito, nell'immediato i vertici. Il mercato non permette concessioni a plusvalori umani. Non concede nulla. Devi vincere, commerciare. Ogni vincolo, fosse affetto, legge, diritto, amore, emozione, religione, ogni vincolo è una concessione alla concorrenza, un inciampo per la sconfitta. Tutto può esserci, ma solo dopo la priorità della vittoria economica, dopo la certezza del dominio. Per una sorta di residuo rispetto, i vecchi boss venivano ascoltati anche quando proponevano idee vetuste, ordini inefficaci e le loro decisioni erano prese spesso in considerazione esclusivamente in nome della loro età. E soprattutto l'età poteva mettere a repentaglio la leadership dei figli di Paolo Di Lauro.

Ora invece erano tutti sullo stesso piano: nessuno può fare appello a passati mitici, esperienze pregresse, rispetto dovuto. Tutti devono confrontarsi con la qualità delle proprie proposte, la capacità di gestione, la forza del proprio carisma. Quando i gruppi di fuoco secondiglianesi iniziarono a mostrare la propria forza militare, la scissione non era ancora avvenuta. Stava maturando. Uno dei primi obiettivi fu Ferdinando Bizzarro, "bacchetella" o anche "zio Fester" come il personaggio calvo, basso e viscido della Famiglia Addams. Bizzarro era il ras di Melito. Ras è espressione che intende definire chi possiede un'autorità forte ma non totale, pur sempre sottoposta al boss, alla massima carica. Bizzarro aveva smesso di essere un diligente capozona dei Di Lauro. Il danaro voleva gestirlo da solo. E anche le decisioni cardine, non solo quelle amministrative, voleva prenderle lui. La sua non era una rivolta classica, voleva soltanto promuoversi come interlocutore nuovo, autonomo. Ma si era autopromosso. I clan a Melito sono feroci. Territorio di fabbriche in nero, di produzione di scarpe di altissima qualità per i negozi di mezzo mondo. Queste fabbriche sono fondamentali per la liquidità da prestare a usura. Il proprietario di una fabbrica in nero appoggia quasi sempre il politico, o il capozona del clan che farà eleggere il politico, che gli farà ottenere meno controlli sulla sua attività. I clan camorristici secondiglianesi non sono mai stati schiavi dei politici, non hanno mai avuto piacere nello stabilire patti programmatici, ma da queste parti è fondamentale avere amici.

E proprio colui che era stato riferimento di Bizzarro nelle istituzioni divenne il suo angelo della morte. Per ammazzare Bizzarro il clan aveva chiesto l'aiuto di un politico: Alfredo Cicala. A dare precise indicazioni su dove poter rintracciare Bizzarro, secondo le indagini della DDA di Napoli, fu proprio Cicala, l'ex sindaco di Melito, nonché ex dirigente locale del partito della Margherita. A leggere le intercettazioni non sembra si stia organizzando un omicidio, ma semplicemente avvicendando dei capi. Non c'è differenza. Gli affari devono andare avanti, la decisione di Bizzarro di rendersi autonomo rischiava di ingolfare il business. Bisogna farlo con ogni mezzo, con ogni potenza. Quando muore la madre di Bizzarro, gli affiliati di Di Lauro pensano di andare al funerale e sparare, sparare su tutto e tutti. Fare fuori lui, il figlio, i cugini. Tutti. Erano pronti. Ma Bizzarro e suo figlio non si fecero vedere al funerale. L'organizzazione dell'agguato però continua. Capillare al punto che il clan comunica con un fax ai propri affiliati cosa sta accadendo e le cose da fare:

«Non c'è più nessuno di Secondigliano, lui ha cacciato via tutti... sta uscendo solo il martedì e il sabato con quattro auto... a voi vi hanno raccomandato di non muovervi per nessuna ragione. Zio Fester ha mandato il messaggio che per

Pasqua vuole duecentocinquanta euro a negozio e non ha paura di nessuno. In settimana dovranno torturare Siviero.»

E così, via fax si concerta una strategia. Si mette in agenda una tortura come una fattura commerciale, un'ordinazione, una prenotazione d'aereo. E si denunciano le azioni di un traditore. Bizzarro usciva con una scorta di quattro auto, aveva imposto un racket di 250 euro mensili. Siviero, uomo di Bizzarro, suo autista fedele, andava torturato magari per fargli uscire di bocca i percorsi che il suo capozona avrebbe fatto in futuro. Ma l'almanacco di ipotesi per massacrare Bizzarro non termina qui. Pensano di andare a casa del figlio e «non risparmiare nessuno». E poi una telefonata: un killer è quasi disperato per l'occasione persa, poiché viene a sapere che Bizzarro ha messo il naso fuori, in piazza, di nuovo a mostrare il suo potere e la sua incolumità. E sbraita per l'occasione persa:

«Mannaggia la madonna che ci stiamo perdendo, quello è stato tutta la mattina in piazza...»

Nulla è nascosto. Tutto sembra chiaro, ovvio, suturato alla pelle del quotidiano. Ma l'ex sindaco di Melito segnala in quale albergo Bizzarro si rintana con la sua amante, dove va a consumare tensione e sperma. A tutto ci si può ridurre. A vivere con le luci spente così da non dare segnale di presenza in casa, a uscire con quattro auto di scorta, a non telefonare e ricevere telefonate, a non andare al funerale della propria madre. Ma ridursi a non incontrare la propria amante ha il gusto della beffa, della fine di ogni potere.

È in albergo Bizzarro il 26 aprile 2004, all'hotel Villa Giulia, al terzo piano. A letto con la sua amante. Il commando arriva. Hanno la pettorina della polizia. Nella hall dell'albergo si fanno dare la carta magnetica per aprire, il portiere non chiede neanche il tesserino di riconoscimento ai presunti poliziotti. Battono alla sua porta. Bizzarro è ancora in mutande ma lo sentono avvicinarsi alla porta. Iniziano a sparare. Due raffiche di pistola. La scardinano, la trapassano e colpiscono il suo corpo. I colpi poi sfondano la porta e lo finiscono sparandogli alla testa. Proiettili e schegge di legno conficcati nella carne. Il percorso della mattanza si è ormai configurato. Bizzarro è stato il primo. O uno dei primi. O quantomeno il primo su cui si è testata la forza del clan Di Lauro. Una forza capace di catapultarsi su chiunque osi rompere l'alleanza, distruggere il patto d'affari. L'organigramma degli scissionisti non è ancora certo, non si comprende d'immediato. L'aria che si respira è tesa, ma sembra che si attenda ancora qualcosa. Ma a fare chiarezza, a dare origine al conflitto, arriva qualche mese dopo l'omicidio di Bizzarro qualcosa come una dichiarazione di guerra. Il 20 ottobre 2004 Fulvio Montanino e Claudio Salerno – secondo le indagini, fedelissimi di Cosimo e responsabili di alcune piazze di spaccio – vengono ammazzati con quattordici colpi. Sfumata la riunione trappola, in cui Cosimo e suo padre avrebbero dovuto essere fatti fuori, quest'agguato è l'inizio delle ostilità. Quando arrivano i morti non c'è altro da fare che combattere. Tutti i capi hanno deciso di ribellarsi ai figli di Di Lauro: Rosario Pariante, Raffaele Abbinante, e poi i nuovi dirigenti Raffaele Amato, Gennaro McKay Marino, Arcangelo Abate, Giacomo Migliaccio. Fedeli a Di Lauro rimangono i De Lucia, Giovanni Cortese, Enrico D'Avanzo e un nutrito gruppo di gregari. Assai nutrito. Ragazzi a cui è promessa la scalata al potere, il bottino, la crescita economica e sociale nel clan. La dirigenza del gruppo viene assunta dai figli di Paolo Di Lauro. Cosimo, Marco e Ciro. Cosimo, con grande probabilità, ha intuito che rischierà la morte o il carcere. Arresti e crisi economica. Ma la scelta è obbligata: o attendere lentamente di essere sconfitti dalla crescita di un clan nel proprio seno, o tentare di salvare gli affari, o almeno la propria pelle. Sconfitti nel potere economico significa immediatamente sconfitti anche nella carne.

È guerra. Nessuno comprende come si combatterà, ma tutti sanno con certezza che sarà terribile e lunga. La più spietata che il sud Italia abbia mai visto negli ultimi dieci anni. I Di Lauro hanno meno uomini, sono molto meno forti, molto meno organizzati. In passato hanno sempre reagito con forza a scissioni interne. Scissioni date dalla gestione liberista che ad alcuni sembrava un lasciapassare per l'autonomia, per mettere su il proprio centro imprenditoriale. Una libertà invece quella del clan Di Lauro che viene concessa e non si può pretendere di possedere. Nel 1992 il vecchio gruppo dirigente risolse la scissione di Antonio Rocco, capozona di Mugnano, al bar Fulmine, entrando armato di mitra e bombe a mano. Massacrarono cinque persone. Per salvarsi Rocco si pentì, e lo Stato accogliendo la sua collaborazione mise sotto protezione quasi duecento persone, tutte pronte a entrare nel mirino dei Di Lauro. Ma non servì a nulla il pentimento. Le dirigenze del sodalizio non furono scalfite dalle dichiarazioni del pentito.

Questa volta invece gli uomini di Cosimo Di Lauro iniziano a essere preoccupati, come mostra l'ordinanza di custodia cautelare in carcere emessa dal Tribunale di Napoli il 7 dicembre 2004. Due affiliati, Luigi Petrone e Salvatore Tamburino, si telefonano e commentano la dichiarazione di guerra avvenuta con l'uccisione di Montanino e Salerno.

Petrone: «Hanno ucciso a Fulvio».

Tamburino: «Ah...».

Petrone: «Hai capito?».

Inizia a prendere forma la strategia di lotta, quella dettata secondo Tamburino da Cosimo Di Lauro. Prenderli uno per uno, e massacrarli, se fosse stato necessario anche con le bombe.

Tamburino: «Proprio le bombe, proprio, o no? Questo ha detto Cosimino mo li mando a prendere a uno alla volta... li faccio... malamente, ha detto... tutti quanti...».

Petrone: «Quelli là... L'importante che ci sta la gente, che "faticano"...».

Tamburino: «Gino, ce ne sono a milioni qua. Sono tutti guaglioni... tutti guaglioni... mo ti faccio vedere che combina quello...».

La strategia è nuova. Prendere nella guerra ragazzini, elevarli a rango di soldati, trasformare la macchina perfetta dello spaccio, dell'investimento, del controllo del territorio in un congegno militare. Garzoni di salumieri e macellai, meccanici, camerieri, ragazzini disoccupati. Tutti dovevano divenire la forza nuova e inaspettata del clan. Dalla morte di Montanino comincia un lungo e sanguinoso botta e risposta, con morti su morti: uno, due agguati al giorno, prima i gregari dei due clan, poi i parenti, l'incendio delle case, i pestaggi, i sospetti.

Tamburino: «Cosimino è proprio freddo, ha detto "Mangiamo, beviamo, chiaviamo". Che dobbiamo fare... è successo, andiamo avanti».

Petrone: «Ma io non ce la faccio a mangiare. Ho mangiato per mangiare...».

L'ordine di combattere non dev'essere disperato. L'importante è mostrarsi vincenti. Per un esercito come per un'azienda. Chi si mostra in crisi, chi fugge, chi scompare, chi si rannicchia in sé ha già perso. Mangiare, bere, chiavare. Come se non fosse accaduto nulla, come se nulla stesse accadendo. Ma i due personaggi sono pieni di timore, non sanno quanti affiliati sono passati con gli Spagnoli e quanti sono rimasti con la loro parte.

Tamburino: «E che ne sappiamo quanti di loro si sono buttati con quelli là... non lo sappiamo!».

Petrone: «Ah! quanti di loro si sono portati? Ne sono rimasti un sacco di loro qua Totore! Non ho capito... a questi qua... non gli piacciono i Di Lauro?».

Tamburino: «Io se fossi Cosimino sai che farei? Comincerei a uccidere a tutti quanti. Pure se tenessi il dubbio... a tutti quanti. Inizierei a togliere... hai capito! La prima melma da mezzo...».

Uccidere tutti. Tutti quanti. Anche col dubbio. Anche se non sai da che parte stanno, anche se non sai se hanno una parte. Spara! È melma. Melma, solo melma. Dinanzi alla guerra, al pericolo della sconfitta, alleati e nemici sono ruoli interscambiabili. Piuttosto che individui divengono elementi su cui testare la propria forza e oggettivarla. Solo dopo si creeranno d'intorno le parti, gli alleati, i nemici. Ma prima di allora, bisogna iniziare a sparare.

Il 30 ottobre 2004 si presentano a casa di Salvatore de Magistris: un signore sessantenne che ha sposato la madre di Biagio Esposito, uno scissionista, uno Spagnolo. Vogliono sapere dove si è nascosto. I Di Lauro devono prenderli tutti: prima che si organizzino, prima che possano rendersi conto di essere in maggioranza. Gli spezzano braccia e gambe con un bastone, gli maciullano il naso. Per ogni colpo gli chiedono informazioni sul figlio di sua moglie. Lui non risponde, e a ogni silenzio fanno cadere un altro colpo. Lo riempiono di calci, deve confessare. Ma non lo fa. O forse non sa davvero il luogo del nascondiglio. Morirà dopo un mese di agonia.

Il 2 novembre viene ucciso Massimo Galdiero in un parcheggio. Dovevano colpire il fratello Gennaro, presunto amico di Raffaele Amato. Il 6 novembre viene ammazzato in via Labriola Antonio Landieri, per beccarlo sparano su tutto il gruppo che gli era vicino. Rimarranno ferite in modo grave altre cinque persone. Tutte gestivano una piazza di coca e pare fossero dipendenti di Gennaro McKay. Gli Spagnoli però rispondono e il 9 novembre fanno trovare una Fiat Punto bianca in mezzo a una strada. Dribblano posti di blocco e lasciano l'auto in via Cupa Perrillo. È pieno pomeriggio quando la polizia trova tre cadaveri. Stefano Maisto, Mario Maisto e Stefano Mauriello. I poliziotti, qualsiasi portiera aprano, trovano un corpo. Davanti, dietro, nel portabagagli. A Mugnano, il 20 novembre, ammazzano Biagio Migliaccio. Lo vanno a uccidere nella concessionaria dove lavorava. Gli dicono: «Questa è una rapina» e poi sparano al petto. L'obiettivo era suo zio Giacomo. Lo stesso giorno rispondono gli Spagnoli ammazzando Gennaro Emolo, padre di un fedelissimo dei Di Lauro accusato di far parte del braccio militare. Il 21 novembre i Di Lauro fanno fuori, mentre si trovano in una tabaccheria, Domenico Riccio e Salvatore Gagliardi, persone vicine a Raffaele Abbinante. Un'ora dopo viene ammazzato Francesco Tortora. I killer non vanno in moto ma in auto. Si avvicinano, gli sparano, poi lo raccolgono come un sacco. Lo caricano e lo portano alla periferia di Casavatore dove danno fuoco all'auto e al corpo. Due cose utili in una. A mezzanotte del 22 i carabinieri trovano un'auto bruciata. Un'altra.

Per seguire la faida ero riuscito a procurarmi una radio capace di sintonizzarsi sulle frequenze della polizia. Arrivavo così con la mia Vespa più o meno in sincrono con le volanti. Ma quella sera mi ero addormentato. Il vociare gracchiante e cadenzato delle centrali per me era divenuto una sorta di melodia cullante. Così quella volta fu una telefonata in piena notte che mi avvertì dell'accaduto. Arrivato sul luogo, trovai una macchina completamente bruciata. L'avevano cosparsa di benzina. Litri di benzina. Ovunque. Benzina sui sedili anteriori, benzina su quelli posteriori, benzina sulle gomme, sul volante. Le fiamme erano già consumate, i vetri esplosi, quando sono arrivati i pompieri. Non so bene perché mi sono precipitato davanti a quella carcassa d'auto. C'era un puzzo terribile, di plastica bruciata. Poche persone d'intorno, un vigile urbano con una torcia guarda dentro le lamiere. C'è un corpo, o qualcosa che gli somiglia. I pompieri aprono le portiere prendendo il cadavere, hanno una smorfia di disgusto. Un carabiniere si sente male, appoggiandosi al muro vomita la pasta e patate mangiata poche ore prima. Il corpo era solo un tronco irrigidito, tutto nero, il volto solo un teschio annerito, le gambe scuoiate dalle fiamme. Presero il corpo per le braccia e lo posarono a terra aspettando la macchina mortuaria.

Il furgoncino acchiappamorti gira continuamente, lo si vede da Scampia a Torre Annunziata. Raccoglie, accumula, preleva cadaveri di gente morta sparata. La Campania è il territorio con più morti ammazzati d'Italia, tra i primi posti al mondo. Le gomme della macchina mortuaria sono liscissime, basterebbe fotografare i cerchioni mangiucchiati e il grigiore dell'interno dei pneumatici per avere l'immagine simbolo di questa terra. I tizi uscirono dal furgoncino con i guanti in lattice, sporchissimi, usati e riusati mille volte, e si misero all'opera. Infilarono il cadavere in una busta, quella nera, i *body bag* in cui solitamente si chiudono i corpi dei soldati morti. Il cadavere sembrava uno di quelli trovati sotto la cenere del Vesuvio dopo che gli archeologi avevano versato il gesso nel vuoto lasciato dal corpo. Le persone intorno all'auto erano diventate decine e decine, ma tutte in silenzio. Sembrava non ci fosse nessuno. Neanche le narici azzardavano a respirare troppo forte. Da quando è scoppiata la guerra di camorra molti hanno smesso di porre limite alla propria sopportazione. E sono lì a vedere cos'altro accadrà. Ogni giorno apprendono cos'altro è possibile, cos'altro dovranno subire. Apprendono, portano a casa, e continuano a campare. I carabinieri iniziano a fare le foto, parte il furgoncino col cadavere. Vado in Questura. Qualcosa diranno su questa morte. In sala stampa ci sono i soliti giornalisti e qualche poliziotto. Dopo un po' si alzano i commenti: «Si ammazzano tra loro, meglio così!». «Se fai il camorrista ecco cosa ti accade.» «Ti è piaciuto guadagnare e ora goditi la morte, munnezza.» I soliti commenti, ma sempre più schifati, esasperati. Come se il cadavere fosse stato lì e tutti avessero qualcosa da rinfacciargli, questa notte rovinata, questa guerra che non finisce più, questi presidi militari che gonfiano ogni spigolo di Napoli. I medici abbisognano di lunghe ore per identificare il cadavere. Qualcuno gli trova il nome di un capozona scomparso qualche giorno prima. Uno dei tanti, uno dei corpi accatastati in attesa del peggior nome possibile nelle celle frigo all'ospedale Cardarelli. Poi giunge la smentita.

Qualcuno si mette le mani sulle labbra, i giornalisti deglutiscono tutta la saliva al punto da seccare la bocca. I poliziotti scuotono la testa guardandosi le punte delle scarpe. I commenti s'interrompono colpevoli. Quel corpo era di Gelsomina Verde, una ragazza di ventidue anni. Sequestrata, torturata, ammazzata con un colpo alla nuca sparato da vicino che le era uscito dalla fronte. Poi l'avevano gettata in una macchina, la sua macchina, e l'avevano bruciata. Aveva frequentato un ragazzo, Gennaro Notturno, che aveva scelto di stare con i clan e poi si era avvicinato agli Spagnoli. Era stata con lui qualche mese, tempo prima. Ma qualcuno li aveva visti abbracciati, magari sulla stessa Vespa. In auto assieme. Gennaro era stato condannato a morte, ma era riuscito a imboscarsi, chissà dove, magari in qualche garage vicino alla strada dove hanno ammazzato Gelsomina. Non ha sentito la necessità di proteggerla perché non aveva più rapporti con lei. Ma i clan devono colpire e gli individui, attraverso le loro conoscenze, parentele, persino gli affetti, divengono mappe. Mappe su cui iscrivere un messaggio. Il peggiore dei messaggi. Bisogna punire. Se qualcuno rimane impunito è un rischio troppo grande che legittima la possibilità di tradimento, nuove ipotesi di scissioni. Colpire e nel modo più duro. Questo è l'ordine. Il resto vale zero. Allora i fedelissimi di Di Lauro vanno da Gelsomina, la incontrano con una scusa. La sequestrano, la picchiano a sangue, la torturano, le chiedono dov'è Gennaro. Lei non risponde. Forse non sa dove si trova, o preferisce subire lei quello che avrebbero fatto a lui. E così la massacrano. I camorristi mandati a fare il "servizio" forse erano carichi di coca o forse dovevano essere sobri per cercare di intuire il più microscopico dettaglio. Ma è risaputo quali metodi usano per eliminare ogni sorta di resistenza, per annullare il più minuscolo afflato di umanità. Il fatto che il corpo fosse bruciato mi è sembrato un modo per cancellare le torture. Il corpo di una ragazza seviziata avrebbe generato una rabbia cupa in tutti, e dal quartiere non si pretende consenso, ma certamente non ostilità. E allora bruciare, bruciare tutto. Le prove della morte non sono gravi. Non più gravi di qualsiasi altra morte in guerra. Ma non è sostenibile immaginare come è avvenuta quella morte, come è stata compiuta quella tortura. Così tirando con il naso il muco dal petto e sputando riuscii a bloccare le immagini nella mia mente.

Gelsomina Verde, Mina: il diminutivo con cui veniva chiamata nel quartiere. La chiamano così anche i giornali quando cominciano a vezzeggiarla col senso di colpa del giorno dopo. Sarebbe stato facile non distinguerla dalla carne di quelli che si ammazzano fra di loro. O, se fosse stata viva, continuare a considerarla la ragazza di un camorrista, una delle tante che accettano per i soldi o per il senso di importanza che ti dà. Nulla più che l'ennesima "signora" che gode della ricchezza del marito camorrista. Ma il "Saracino", come chiamano Gennaro Notturno, è agli inizi. Poi se diventa capozona e controlla gli spacciatori, arriva a mille-duemila euro. Ma è una carriera lunga. Duemilacinquecento euro pare sia il prezzo per l'indennizzo di un omicidio. E poi se hai bisogno di togliere le tende perché i carabinieri ti stanno beccando, il clan ti paga un mese al nord Italia o all'estero. Anche lui forse sognava di diventare boss, di dominare su mezza Napoli e di investire in tutt'Europa.

Se mi fermo e prendo fiato riesco facilmente a immaginare il loro incontro, anche se non conosco neanche il tratto dei visi. Si saranno conosciuti nel solito bar, i maledetti bar meridionali di periferia intorno a cui circola come un vortice l'esistenza di tutti, ragazzini e vecchi novantenni catarrosi. O forse si saranno incontrati in qualche discoteca. Un giro a piazza Plebiscito, un bacio prima di tornare a casa. Poi i sabati trascorsi assieme, qualche pizza in compagnia, la porta della stanza chiusa a chiave la domenica dopo pranzo quando gli altri si addormentano sfiniti dalla mangiata. E così via. Come si fa sempre, come accade per tutti e per fortuna. Poi Gennaro entra nel Sistema. Sarà andato da qualche amico camorrista, si sarà fatto presentare e poi avrà iniziato a faticare per Di Lauro. Immagino che forse la ragazza avrà saputo, avrà tentato di cercargli qualcos'altro da fare, come spesso accade a molte ragazze di queste parti, di sbattersi per i propri fidanzati. Ma forse alla fine si sarà dimenticata del mestiere di Gennaro. Insomma, è un lavoro come un altro. Guidare un'auto, trasportare qualche pacco, si inizia con piccole cose. Da niente. Ma che ti fanno vivere, ti fanno lavorare e a volte provare anche la sensazione di essere realizzato, stimato, gratificato. Poi la storia tra loro è finita.

Quei pochi mesi però sono bastati. Sono bastati per associare Gelsomina alla persona di Gennaro. Renderla "tracciata" dalla sua persona, appartenente ai suoi affetti. Anche se la loro relazione era terminata, forse mai realmente nata. Non importa. Sono solo congetture e immaginazioni. Ciò che resta è che una ragazza è stata torturata e uccisa perché l'hanno vista mentre dava una carezza e un bacio a qualcuno, qualche mese prima, in qualche parte di Napoli. Mi sembra impossibile crederci. Gelsomina sgobbava molto, come tutti da queste parti. Spesso le ragazze, le mogli devono da sole mantenere le famiglie perché moltissimi uomini cadono in depressione per anni. Anche chi vive a Secondigliano, anche chi vive nel "Terzo Mondo", riesce a avere una psiche. Non lavorare per anni ti trasforma, essere trattati come mezze merde dai propri superiori, niente contratto, niente rispetto, niente danaro, ti uccide. O divieni un animale o sei sull'orlo della fine. Gelsomina quindi faticava come tutti quelli che devono fare almeno tre lavori per riuscire ad accaparrarsi uno stipendio che passava per metà alla famiglia. Faceva anche del volontariato con gli anziani di queste parti, cosa su cui si sono sprecate le lodi dei giornali che parevano fare a gara nel riabilitarla. A fianco ai servizi su Mina Verde capitò anche un'intervista alla moglie di Raffaele Cutolo. Donna Immacolata vi sostiene che la camorra, quella vera, quella di suo marito, non uccideva mai le donne. Aveva una forte etica, fatta da uomini d'onore. Bisognava forse ricordarle che negli anni '80 Cutolo fece sparare in faccia a una bambina di pochi anni, figlia del magistrato Lamberti, davanti al padre. Ma i quotidiani l'ascoltano, le concedono fiducia, le danno credito e autorevolezza sperando che il potere della camorra possa ritornare come un tempo. La camorra del passato è sempre migliore rispetto a quella che è o che sarà.

In guerra non è possibile più avere rapporti d'amore, legami, relazioni, tutto può divenire elemento di debolezza. Il terremoto emozionale che avviene negli affiliati ragazzini è registrato nelle intercettazioni fatte dai carabinieri, come quella tra Francesco Venosa e Anna, la sua ragazza, trascritta nel decreto di fermo emesso dalla Procura Antimafia di Napoli nel febbraio 2006. È l'ultima telefonata prima di cambiare numero, Francesco fugge nel Lazio, avverte suo fratello Giovanni con un sms di non osare scendere per strada, è sotto tiro:

"Ciao fratello t.v.t.b. ti racc non scendere per nessun motivo. Ok?"

Francesco deve spiegare alla sua ragazza che deve andare via, e che la vita di uomo di Sistema è complicata:

«Io ormai ho diciotto anni... non si scherza... questi ti buttano... ti ammazzano, Anna!»

Anna però è ostinata, vorrebbe fare il concorso per diventare maresciallo dei carabinieri, cambiare la sua vita e farla cambiare a Francesco. Al ragazzo non dispiace affatto che Anna voglia entrare nei carabinieri, ma si sente ormai troppo vecchio per mutare vita:

Francesco: «Te l'ho detto, mi fa piacere per te... Però la mia vita è un'altra... E io non la cambio la mia vita».

Anna: «Ah, bravo, mi fa piacere... Continua sempre così, hai capito?».

Francesco: «Anna, Anna... non fare così...».

Anna: «Ma tu tieni diciotto anni, puoi cambiare benissimo... Ma perché stai già rassegnato? Non lo so...».

Francesco: «Non la cambio la mia vita, per nessun motivo al mondo».

Anna: «Ah, perché tu stai bene così».

Francesco: «No, Anna, io non sto bene così, ma per il momento abbiamo subìto... e dobbiamo recuperare il rispetto perso... La gente quando camminiamo nel rione non aveva il coraggio di guardarci in faccia... adesso alzano tutti la testa».

Per Francesco, che è uno Spagnolo, l'oltraggio più grave è che nessuno più si sente in soggezione dinanzi al loro potere. Hanno subìto troppi morti e così nel suo rione tutti lo vedono come afferente a un gruppo di killer cialtroni, camorristi falliti. Questo è intollerabile, bisogna reagire anche a costo della vita. La fidanzata cerca di frenarlo, di non farlo sentire già un condannato:

Anna: «Non ti devi mettere nel bordello, cioè tu puoi benissimo vivere...».

Francesco: «No, non la voglio cambiare la vita mia...».

Il giovanissimo scissionista è terrorizzato dal fatto che i Di Lauro possano prendersela con lei, ma la rassicura dicendo che lui aveva molte ragazze, quindi nessuno può associare Anna con lui. Poi le confessa, da adolescente romantico, che lei ora è l'unica...

«... A finale io tenevo trenta donne nel rione... ora però dentro là mi sento solo con te...»

Anna sembra tralasciare ogni paura di ritorsione, come una ragazzina qual è, pensa solo all'ultima frase che Francesco ha pronunciato:

Anna: «Ci vorrei credere».

La guerra continua. Il 24 novembre 2004 ammazzano Salvatore Abbinante. Gli sparano in faccia. Nipote di uno dei dirigenti degli Spagnoli, Raffaele Abbinante, uomo di Marano. Il territorio dei Nuvoletta. I maranesi per avere una partecipazione attiva al mercato di Secondigliano fecero trasferire al rione Monterosa molti uomini con le loro famiglie e Raffaele Abbinante è, secondo le accuse, il dirigente di questa quota mafiosa in seno a Secondigliano. Era uno dei personaggi con maggiore carisma in Spagna dove comandava nel territorio della Costa del Sol. In una maxi inchiesta del 1997 furono sequestrati duemilacinquecento chili di hashish, milleventi pasticche di ecstasy, millecinquecento chili di cocaina. I magistrati dimostrarono che i cartelli napoletani degli Abbinante e dei Nuvoletta gestivano la quasi totalità dei traffici di droga sintetica in Spagna e in Italia. Dopo l'omicidio di Salvatore Abbinante si temeva che i Nuvoletta intervenissero, che Cosa Nostra decidesse di dire la sua nella faida secondiglianese. Non avvenne nulla, almeno militarmente. I Nuvoletta aprirono i confini dei loro territori agli scissionisti in fuga, questo fu il segnale di critica degli uomini di Cosa Nostra in Campania alla guerra di Cosimo. Il 25 novembre i Di Lauro ammazzano Antonio Esposito nel suo negozio di alimentari. Quando arrivai sul posto il suo corpo si trovava tra bottiglie d'acqua e buste di latte. Lo raccolsero, erano in due, sollevandolo per la giacca e per i piedi lo misero in una bara di metallo. Quando la macchina mortuaria andò via, comparve nel negozio una signora che iniziò a mettere in ordine le buste sul pavimento, pulì gli schizzi di sangue finiti sulla vetrina dei salumi. I carabinieri lasciarono fare. Le tracce balistiche, le orme, gli indizi erano stati già raccolti. L'inutile almanacco delle tracce era stato già riempito. Per tutta la notte quella donna mise a posto il negozio, come se riordinare potesse cancellare ciò che era accaduto, come se il ritorno dell'ordine delle buste di latte e la messa in riga delle merendine potesse relegare solo ai pochi minuti in cui è avvenuto l'agguato, solo a quei minuti, il peso della morte.

Intanto a Scampia si era sparsa la voce che Cosimo Di Lauro avrebbe dato centocinquantamila euro a chiunque fosse riuscito a dare notizie fondamentali per rintracciare Gennaro Marino McKay. Una taglia alta, ma non altissima, per un impero economico come quello del Sistema di Secondigliano. Anche nel decidere la somma della taglia si è avuto l'accorgimento di non volere sovrastimare il nemico. Ma la taglia non porta frutti, arriva prima la polizia. In via Fratelli Cervi, al tredicesimo piano del palazzo, si erano riuniti tutti i dirigenti degli scissionisti rimasti ancora in zona. Come precauzione avevano blindato il pianerottolo. Al termine della rampa di scale una gabbia con tanto di cancelletto chiudeva il pianerottolo. Le porte blindate poi rendevano sicuro il luogo dell'incontro. La polizia circondò l'edificio. Ciò che li aveva blindati contro eventuali attacchi dei nemici, ora li condannava ad attendere senza poter far nulla, aspettare che i flex tagliassero le inferriate e la porta blindata venisse sfondata. Mentre attendevano l'arresto, gettarono dalla finestra uno zaino con mitra, pistole e bombe a mano. Cadendo il mitra sparò una raffica. Un colpo sfiorò un poliziotto che presidiava il palazzo, gli carezzò quasi la nuca. Per nervosismo iniziò a saltare, poi a sudare e infine ad avere una crisi d'ansia respirando convulsamente.

Crepare per un proiettile di rimbalzo sputato da un mitra lanciato dal tredicesimo piano è un'ipotesi che non si prende in considerazione. Quasi in un delirio iniziò a parlare da solo, a insultare tutti, farfugliava nomi e agitava le mani come se volesse liberarsi di zanzare dinanzi al viso e continuava:

«Se li sono cantati. Visto che loro non riuscivano ad arrivarci, se li sono cantati e ci hanno mandato noi... Noi facciamo il gioco di uno e dell'altro, gli salviamo la vita, a questi. Lasciamoli qua, si scannassero tra loro, si scannassero tutti, a noi che ce ne fotte?»

I suoi colleghi mi fecero segno di allontanarmi. Quella notte nella casa di via Fratelli Cervi arrestarono Arcangelo Abete e la sorella Anna, Massimiliano Cafasso, Ciro Mauriello, Gennaro Notturno, l'ex fidanzato di Mina Verde, e Raffaele Notturno. Ma il vero colpo dell'arresto fu Gennaro McKay. Il leader scissionista. I Marino erano stati obiettivi primi della faida. Avevano bruciato le sue proprietà: il ristorante "Orchidea" in via Diacono a Secondigliano, una panetteria in corso Secondigliano e una pizzetteria in via Pietro Nenni ad Arzano. E anche la casa di Gennaro McKay, una villa in legno stile dacia russa situata in via Limitone d'Arzano, era stata incendiata. Tra cubi di cemento armato, strade lacerate, tombini occlusi e illuminazione sporadica il boss delle Case Celesti era riuscito a strappare una parte di territorio e organizzarlo come un angolo di montagna. Aveva fatto costruire una villa di legno prezioso con nel giardino le palme libiche, le più costose. Qualcuno dice che era stato per affari in Russia ed era stato ospitato in una dacia, innamorandosene. E allora niente e nessuno poteva impedire a Gennaro Marino di far costruire nel cuore di Secondigliano una dacia, simbolo della forza dei suoi affari e ancor più promessa di successo per i suoi guaglioni che se sapevano come comportarsi prima o poi avrebbero potuto raggiungere quel lusso, anche alla periferia di Napoli, anche nel margine più cupo del Mediterraneo. Ora della dacia rimane solo lo scheletro di cemento e i legni carbonizzati. Il fratello di Gennaro,

Gaetano, fu scovato dai carabinieri in una camera del lussuoso albergo La Certosa a Massa Lubrense. Per non rischiare la pelle si era rinchiuso in una camera sul mare, un modo inaspettato per sottrarsi al conflitto. Il maggiordomo, l'uomo che sostituiva le sue mani, appena arrivarono i carabinieri li fissò in viso dicendo «mi avete rovinato la vacanza».

Ma l'arresto del gruppo degli Spagnoli non riuscì a tamponare l'emorragia della faida. Giuseppe Bencivenga viene ucciso il 27 novembre. Il 28 sparano a Massimo de Felice e poi il 5 dicembre è il turno di Enrico Mazzarella.

La tensione diviene una sorta di schermo che si frappone tra le persone. In guerra gli occhi smettono di essere distratti. Ogni faccia, ogni singola faccia deve dirti qualcosa. La devi decifrare. La devi fissare. Tutto muta. Devi sapere in quale negozio entrare, essere certo di ogni parola che pronunci. Per scegliere di passeggiare con qualcuno, devi sapere chi è. Devi raggiungere qualcosa sul suo conto che possa essere di più di una certezza, eliminare ogni possibilità che sia pedina sulla scacchiera del conflitto. Camminare vicini, rivolgersi la parola significa condividere il campo. In guerra tutti i sensi moltiplicano la propria soglia di attenzione, è come se si percepisse più acutamente, si guardasse più a fondo, si sentissero gli odori in maniera più forte. Anche se ogni accortezza non serve a nulla dinanzi alla decisione di un massacro. Quando si colpisce non si bada a chi salvare e chi condannare. In un'intercettazione telefonica, Rosario Fusco, accusato di essere un capozona dei Di Lauro, ha la voce molto tesa e cerca di essere convincente rivolgendosi al figlio:

«... Tu non devi stare con nessuno, questo è poco ma certo, io te l'ho scritto pure: vuoi scendere, a babbo, vuoi andare a fare una camminata con una ragazza, soltanto non devi stare con nessun ragazzo, perché non sappiamo con chi stanno o a chi appartengono. Allora se devono fare qualcosa a quello, tu ti trovi vicino, ti fanno pure a te. Hai capito qual è il problema oggi, questo, a babbo...»

Il problema è che non ci si può sentire esclusi. Non basta presumere che la propria condotta di vita potrà mettere al riparo da ogni pericolo. Non vale più dirsi: "si ammazzano tra loro". Durante un conflitto di camorra tutto quello che è stato costantemente costruito viene messo in pericolo, una recinzione di sabbia abbattuta da un'onda di risacca. Le persone cercano di passare silenziose, di ridurre al minimo la loro presenza nel mondo. Poco trucco, colori anonimi, ma non solo. Chi ha l'asma e non riesce a correre si chiude in casa a chiave, ma trovando una scusa, inventandosi una motivazione, perché svelare di stare chiuso in casa potrebbe risultare una dichiarazione di colpevolezza: di non si sa quale colpa, ma pur sempre una confessione di paura. Le donne non indossano più tacchi alti, inadatti a correre. A una guerra non dichiarata ufficialmente, non riconosciuta dai governi e non raccontata dai reporter, corrisponde una paura non dichiarata, una paura che si ficca sotto pelle.

Ti senti gonfio come dopo una mangiata o una bevuta di pessimo vino. Una paura che non esplode nei manifesti per strada o sui quotidiani. Non ci sono invasioni o cieli coperti di aerei, è una guerra che ti senti dentro. Quasi come una fobia. Non sai se mostrare la paura o invece nasconderla. Non riesci a comprendere se stai esagerando o sottovalutando. Non ci sono sirene d'allarme, ma arrivano le informazioni più discordanti. Dicono che la guerra di camorra sia tra bande, che si ammazzano tra loro. Ma nessuno sa dove si trovano i confini tra ciò che è loro e ciò che non lo è. Le camionette dei carabinieri, i posti di blocco di polizia, gli elicotteri che iniziano a sorvolare a ogni ora, non rasserenano, sembrano quasi restringere il campo. Sottraggono spazio. Non rassicurano. Circoscrivono e rendono lo spazio mortale della lotta ancora più angusto. E ci si sente intrappolati, spalla a spalla, trovando insopportabile il calore dell'altro.

Attraversavo con la mia Vespa questa coltre di tensione. Ogni volta che andavo a Secondigliano durante il conflitto, venivo perquisito almeno una decina di volte al giorno. Se avessi avuto soltanto uno di quei coltellini svizzeri da campeggio me l'avrebbero fatto ingoiare. Mi fermavano i poliziotti, poi i carabinieri, a volte la Finanza, e poi le vedette dei Di Lauro, poi quelle degli Spagnoli. Tutti con la stessa spicciola autorità, gesti meccanici, parole identiche. Le forze dell'ordine prendevano i documenti e poi perquisivano, le sentinelle invece perquisivano e facevano più domande, intuivano un accento, radiografavano le menzogne. Le vedette durante i giorni di massimo conflitto perquisivano tutti. Gettavano gli occhi in ogni auto. Per catalogare i volti, comprendere se fossero armati. Vedevi avvicinarti prima dei motorini che ti sbirciavano anche l'anima, poi delle moto, e infine delle auto che ti seguivano.

Gli infermieri denunciarono che prima di entrare per andare a soccorrere qualcuno, chiunque, non soltanto feriti d'arma da fuoco, ma anche una vecchietta con una frattura al femore o un infartuato, dovevano scendere, farsi perquisire, far entrare nell'autoambulanza una sentinella che controllava se fosse davvero un trasporto sanitario o invece nascondeva armi, killer o persone da far fuggire. Nelle guerre di camorra la Croce Rossa non è riconosciuta, nessun clan ha firmato il trattato di Ginevra. Anche le macchine civetta dei carabinieri rischiano. Una volta una sventagliata di colpi venne scaricata addosso a un'auto con a bordo un gruppo di carabinieri in borghese scambiati per rivali, colpi che non produssero che ferite. Qualche giorno dopo si presenta in caserma un ragazzino con la sua valigetta di biancheria sapendo benissimo come ci si comporta durante un arresto. Confessa tutto e subito, forse perché la punizione che avrebbe avuto per aver sparato ai carabinieri sarebbe stata ben peggiore del carcere. O molto più probabilmente il clan, per non innescare particolari odi privati tra divise e camorristi, l'avrà incoraggiato a consegnarsi promettendogli il dovuto, e il pagamento delle spese di difesa. Il ragazzino entrato in caserma senza esitazione ha dichiarato: «Credevo fossero gli Spagnoli, e ho sparato».

Anche il 7 dicembre mi svegliò una telefonata in piena notte. Un amico fotografo mi avvertiva del blitz. Non di un blitz. Ma del blitz. Quello che politici locali e nazionali chiedevano come gesto di reazione alla faida.

Il rione Terzo Mondo è circondato da mille uomini tra poliziotti e carabinieri. Un rione enorme, il cui soprannome rende chiara l'immagine della sua situazione, così come la scritta su un muro all'imbocco della sua strada principale: "Rione Terzo Mondo, non entrate". È una grossa operazione mediatica. Dopo questo blitz, Scampia, Miano, Piscinola, San Pietro a Paterno, Secondigliano, saranno territori invasi da giornalisti e presidi televisivi. La camorra torna a esistere dopo anni di silenzio. D'improvviso. Ma i calibri d'analisi sono vecchi, vecchissimi, non c'è stata alcuna attenzione costante. Come se si fosse ibernato un cervello vent'anni fa e scongelato ora. Come se ci si trovasse di fronte alla camorra di Raffaele Cutolo e alle logiche mafiose che portarono a far saltare le autostrade e uccidere i magistrati. Oggi tutto è mutato tranne gli occhi degli osservatori, esperti e meno esperti. Tra gli arrestati c'è anche Ciro Di Lauro, uno dei figli del boss. Il commercialista del clan, dice qualcuno. I carabinieri sfondano le porte, perquisiscono le persone, e puntano i fucili in faccia a ragazzini. L'unica scena che riesco a vedere è un carabiniere che urla a un ragazzino che gli punta contro un coltello:

«Butta a terra! Butta a terra! Subito! Subito! Buttalo a terra!»

Il ragazzino lascia cadere. Il carabiniere allontana il coltello con un calcio e questo rimbalzando contro un battiscopa fa rientrare la sua lama nel manico. È di plastica, un coltello delle tartarughe ninja. I militari intanto presidiano, fotografano, si muovono ovunque. Decine di fortini vengono abbattuti. Sventrati muri di cemento armato edificati nei sottoscala dei palazzi per creare depositi di droga, sfondati i cancelli che andavano a chiudere intere porzioni di strade per organizzare i magazzini di droga.

Centinaia di donne scendono per strada, bruciano cassonetti, lanciano oggetti contro le volanti. Stanno arrestando i loro figli, nipoti, vicini di casa. I loro datori di lavoro. Eppure non riuscivo a vedere su quei visi, in quelle parole di rabbia, in quelle cosce fasciate da tute così attillate che sembrano sul punto di esplodere, non riuscivo a vedere solo una solidarietà criminale. Il mercato della droga è fonte di sostentamento, un sostentamento minimo che per la parte maggiore della gente di Secondigliano non ha alcun valore d'arricchimento. Gli imprenditori dei clan sono gli unici ad averne un vantaggio esponenziale. Tutti quelli che lavorano nell'indotto di smercio, deposito, nascondiglio, presidio, non ricevono che stipendi ordinari a fronte di arresti, mesi e anni in carcere. Quei visi avevano maschere di rabbia. Una rabbia che sa di succo gastrico. Una rabbia che è sia difesa del proprio territorio, sia un'accusa contro chi quel luogo l'ha sempre considerato inesistente, perduto, da dimenticare.

Questo gigantesco dispiegamento di forze dell'ordine che arriva all'improvviso solo dopo decine di morti, solo dopo il corpo bruciato e torturato di una ragazza del quartiere, sembra una messa in scena. Le donne di qui sentono puzza di presa in giro. Gli arresti, le ruspe, sembrano qualcosa che non va a modificare lo stato di cose, ma solo un'operazione a favore di chi ora ha necessità di arrestare e buttare giù pareti. Come se d'improvviso qualcuno cambiasse le categorie d'interpretazione e dicesse che la loro vita è sbagliata. Lo sapevano benissimo che lì era tutto sbagliato, non dovevano arrivare elicotteri e blindati a ricordarlo, ma sino ad allora quell'errore era la loro forma prima di vita, la loro forza di sopravvivenza. In più nessuno, dopo quell'irruzione che la complicava e basta, avrebbe davvero cercato di cambiarla in meglio. E allora quelle donne volevano gelosamente custodire l'oblio di quell'isolamento, di quell'errore di vita e cacciare chi d'improvviso s'è accorto del buio.

I giornalisti erano appostati nelle loro macchine. Ma soltanto dopo aver lasciato fare e non aver intralciato gli stivali dei carabinieri iniziarono a riprendere il blitz. Alla fine dell'operazione ammanettarono cinquantatré persone, il più giovane era dell'85. Erano tutti cresciuti nella Napoli del Rinascimento, nel percorso nuovo che avrebbe dovuto mutare il destino degli individui. Mentre entrano nei cellulari della polizia, mentre vengono ammanettati dai carabinieri, tutti sanno cosa fare: chiamare questo o quell'avvocato, aspettare che il 28 del mese a casa arrivi lo stipendio del clan, i pacchi di pasta per mogli o madri. I più preoccupati sono gli uomini che hanno a casa figli adolescenti, non sanno il ruolo che gli verrà assegnato dopo il loro arresto. Ma su questo non possono mettere bocca.

Dopo il blitz la guerra non conosce sosta. Il 18 dicembre Pasquale Galasso, omonimo di uno dei boss più potenti degli anni '90, viene fatto fuori dietro al bancone di un bar. E poi Vincenzo Iorio ucciso il 20 dicembre in pizzeria. Il 24 ammazzano Giuseppe Pezzella, trentaquattro anni. Cerca di rifugiarsi in un bar, ma gli scaricano un caricatore contro. Per Natale la pausa. Le batterie di fuoco si fermano. Ci si riorganizza. Si cerca di dare regola e strategia al più sregolato dei conflitti. Il 27 dicembre Emanuele Leone viene ammazzato con un colpo alla testa. Aveva ventun'anni. Il 30 dicembre ammazzano gli Spagnoli: uccidono Antonio Scafuro, ventisei anni e colpiscono alla gamba suo figlio. Era parente del capozona dei Di Lauro a Casavatore.

La cosa più complessa era comprendere. Comprendere come era stato possibile per i Di Lauro riuscire a condurre un conflitto da vincenti. Colpire e scomparire. Schermarsi tra le persone, sperdersi nei quartieri. Lotto T, le Vele, Parco Postale, le Case Celesti, le Case dei Puffi, il Terzo Mondo divengono come una sorta di giungla, una foresta pluviale di cemento armato dove confondersi, dove sparire più facilmente che altrove, dove è più facile risultare dei fantasmi. I Di Lauro avevano perso tutti i dirigenti e i capizona, ma erano riusciti a innescare una guerra spietata senza perdite gravissime. Era come se uno Stato avesse subìto un golpe, e il Presidente destituito – per conservare il proprio potere e tutelare i propri interessi – avesse armato i ragazzini delle scuole e fatto dive-

nire i postini, i funzionari, i capiufficio, le nuove leve militari. Concedendo loro di entrare nel nuovo centro del potere e
non relegandoli più al rango di ingranaggi secondari.

Ugo De Lucia, fedelissimo dei Di Lauro accusato dalla
DDA di Napoli di essere responsabile dell'omicidio di Gelsomina Verde, viene intercettato, come riportato nell'ordinanza del dicembre 2004, da una cimice nascosta in auto:

«Io senza ordine non mi muovo, come sono fatto io!»

Il perfetto soldato mostra la totale obbedienza a Cosimo.
Poi commenta l'episodio di un ferimento.

«Io l'ammazzavo, mica gli sparavo in una gamba se ero io
gli spappolavo le membrane lo sai!... Appoggiamoci nel rione mio, è tranquillo possiamo lavorare là...»

Ugariello come lo chiamano nel suo quartiere, avrebbe ucciso, mai soltanto ferito.

«Adesso dico io, siamo solo noi, mettiamoci... tutti quanti in
un posto... teniamoci nei dintorni cinque in una casa... cinque
in un'altra... e cinque in un'altra e ci mandate a chiamare solo
quando dobbiamo scendere per sfondargli il cervello!»

Organizzare gruppi di fuoco di cinque persone, farli rinta-
nare in case sicure, uscire dai nascondigli solo per uccidere.
Non fare altro. I gruppi di fuoco li chiamano paranze. Ma
Petrone, il suo interlocutore, non è tranquillo:

«Sì, ma se un cornuto di questi va a finire che trova qualche paranza nascosta da qualche parte, ci vedono ci seguono
ci schiattano il cervello... almeno un paio di morti facciamoli
prima di morire, capito che dico io! Almeno fammeli eliminare quattro, cinque di loro!»

L'ideale per Petrone è ammazzare chi non sa di essere stato scoperto:

«La cosa più semplice è quando sono compagni, te li carichi in macchina e te li porti...»

Vincono perché sono più imprevedibili nel colpire, ma anche perché prevedono già il loro destino. Prima della fine devono, però, infliggere quante più perdite è possibile al nemico.

110

Una logica kamikaze senza esplosioni. L'unica che in una situazione di minoranza può far sperare in una vittoria. Prima di organizzarsi in paranze iniziano subito a colpire.

Il 2 gennaio 2005 ammazzano Crescenzo Marino, il padre dei McKay. La faccia appesa all'indietro in un'auto insolita per un uomo di settant'anni, una Smart. La più costosa della serie. Forse credeva fosse sufficiente per distrarre le vedette, sembra che un unico colpo l'abbia centrato nella fronte. Niente sangue se non un rivolo che gli attraversa il viso. Forse credeva che uscire di casa per un attimo, un frammento di minuti, non sarebbe stata cosa pericolosa. È però bastato. Lo stesso giorno gli Spagnoli fanno fuori Salvatore Barra in un bar a Casavatore. A Napoli quel giorno arriva il Presidente della Repubblica Carlo Azeglio Ciampi a chiedere alla città di reagire, a lanciare parole di coraggio istituzionale, di vicinanza dello Stato. Avvengono tre agguati solo nelle ore del suo intervento.

Il 15 gennaio sparano in pieno viso a Carmela Attrice, madre dello scissionista Francesco Barone, "'o russo", indicato nelle indagini come uomo stretto dei McKay. Da tempo la donna non usciva di casa, così per eliminarla usano un ragazzino come esca. Citofona. La signora lo conosce, sa bene chi è, non pensa a nessun pericolo. Scende ancora in pigiama, apre il portone, e qualcuno le punta la canna della pistola in faccia e spara. Sangue e liquido cerebrale escono dalla sua testa come da un uovo rotto.

Quando arrivai sul luogo dell'agguato, alle Case Celesti, non avevano ancora messo il lenzuolo sul corpo. Le persone camminavano nel suo sangue, lasciando le orme ovunque. Deglutii forte, un modo per calmare lo stomaco. Carmela Attrice non era scappata. L'avevano avvertita, sapeva che suo figlio stava con gli Spagnoli, ma l'incertezza della guerra di camorra è questa. Nulla è definito e chiaro. Tutto diviene vero solo quando si compie. Non esiste nelle dinamiche del potere, del potere totale, qualcosa che vada oltre il concreto. E così fuggire, rimanere, scappare, denunciare, divengono scelte troppo sospese, incerte, ogni consiglio trova sempre un contrario gemello, e solo qualche accadimento concreto può far prendere una decisione. Ma quando avviene, la decisione non si può che subirla.

Quando si muore per strada si finisce con un chiasso orrendo intorno. Non è vero che si muore da soli. Si finisce con facce che non si conoscono davanti al naso, persone che toccano gambe e braccia per capire se il corpo è già cadavere o vale la pena chiamare l'autoambulanza. Il viso dei feriti gravi, il volto delle persone che stanno per morire sembrano tutti accomunati dalla stessa paura. E dalla stessa vergogna. Sembra strano, ma un attimo prima di finire c'è come una specie di vergogna. Lo *scuorno,* dicono qui. Un po' come stare nudi tra la gente. La stessa sensazione avviene quando si è colpiti a morte per strada. Non mi sono mai abituato a vedere i morti ammazzati. Infermieri, poliziotti, tutti sono calmi, impassibili, fanno i loro gesti imparati a memoria chiunque abbiano davanti. «Abbiamo il callo sul cuore e il cuoio che fodera lo stomaco» mi ha detto un giovanissimo autista di auto mortuarie. Quando si arriva prima dell'autoambulanza è difficile staccare gli occhi dal ferito, anche se si vorrebbe non aver mai visto. Mai compreso che quello è il modo in cui si muore. La prima volta che ho visto un morto ammazzato avrò avuto tredici anni. Mi ricordo quella giornata benissimo. Mi svegliai con un imbarazzo tremendo poiché dal pigiama, indossato senza mutande, penzolava una chiara erezione non voluta. Quella classica della mattina, impossibile da dissimulare. Mi ricordo quest'episodio perché mentre stavo andando a scuola m'imbattei in un cadavere nella mia stessa situazione. Eravamo in cinque, con gli zainoni carichi di libri. Avevano crivellato una Alfetta e sulla strada per la scuola ce la trovammo davanti. I miei compagni si catapultarono curiosissimi a guardare. Si vedevano i piedi in aria su sediolino. Il più temerario tra noi chiese a un carabiniere come mai dove si poggia la testa ci fossero i piedi. Il carabiniere non esitò a rispondere, come se non si fosse accorto di quanti anni aveva il suo interlocutore.

«I colpi di pioggia l'hanno fatto capotare...»

Ero ragazzino, ma sapevo che colpi di pioggia significava colpi di mitra. Quel camorrista ne aveva presi talmente tanti che il corpo si era capovolto. Testa in giù e piedi all'aria. Poi i carabinieri aprirono lo sportello, il cadavere cadde a terra come un ghiacciolo squagliato. Noi guardavamo indisturbati, senza che nessuno ci dicesse che non era spettacolo per bambini. Senza nessuna mano morale che ci venisse a coprire gli occhi. Il morto aveva un'erezione. Dal jeans attillato si vedeva chiaramente. E la cosa mi sconvolse. Fissai la scena per moltissimo tempo. Per giorni pensai a come potesse essere accaduto. A cosa stesse pensando, cosa stesse facendo prima di morire. Riempii i miei pomeriggi cercando di ipotizzare cosa avesse in mente prima di crepare; fui tormentato sino a quando ebbi il coraggio di chiedere spiegazione e mi fu detto che l'erezione era una reazione comune nei cadaveri dei morti ammazzati. Quella mattina Linda, una ragazzina del nostro gruppo, appena vide il cadavere scivolare dalla portiera dell'auto, iniziò a piangere e si tirò dietro altri due ragazzi. Un pianto strozzato. Un giovane in borghese prese per i capelli il cadavere, gli sputò in faccia. E rivolgendosi a noi disse:

«No, e che piangete a fare? Questo era una chiavica, non è successo niente, va tutto bene. Non è successo niente. Non piangete...»

Da allora, alle scene della polizia scientifica con i guanti che cammina con passo felpato, attenta a non spostare polvere e bossoli, non sono mai più riuscito a crederci. Quando arrivo vicino ai corpi prima delle autoambulanze e fisso gli ultimi momenti di vita di chi si sta accorgendo di morire, mi viene sempre in mente il finale di *Cuore di tenebra*, quando una donna chiede a Marlowe, ormai tornato in patria, dell'uomo che ha amato, chiede cos'ha detto Kurtz prima di morire. E Marlowe mente. Risponde che ha chiesto di lei, mentre in realtà non ha pronunciato nessuna parola dolce e nessun pensiero prezioso. Kurtz ha detto solo: «L'orrore». Si pensa che l'ultima parola pronunciata da un moribondo sia il suo pensiero ultimo, il più importante, quello fondamentale. Che si muoia pronunciando ciò per cui è valso la pena vivere. Non è così. Quando uno muore non viene fuori nulla, se non la paura. Tutti o quasi tutti ripetono la stessa frase, banale, semplice, immediata: «Non voglio morire». Facce che si sono sempre sovrapposte a quella di Kurtz, visi che esprimono lo strazio, lo schifo e il rifiuto di finire in modo orrendo, nel peggiore dei mondi possibili. Nell'orrore.

Dopo aver visto decine di morti ammazzati, imbrattati del loro sangue che si mescola allo sporco, esalanti odori nauseabondi, guardati con curiosità o indifferenza professionale, scansati come rifiuti pericolosi o commentati da urla convulse, ne ho ricavato una sola certezza, un pensiero tanto elementare che rasenta l'idiozia: la morte fa schifo.

A Secondigliano i ragazzi, i ragazzini, i bambini hanno perfettamente idea di come si muore e di come è meglio morire. Stavo per andarmene dal luogo dell'agguato a Carmela Attrice quando sentii parlare un ragazzino con un suo compagno. I toni erano serissimi:

«Io voglio morire come la signora. In testa, pam pam... e finisce tutto.»

«Ma in faccia, l'hanno colpita in faccia, in faccia è peggio!»

«No, non è peggio, è un attimo comunque. Avanti o dietro, sempre testa è!»

Mi intrufolai nei discorsi cercando di dire la mia e facendo domande. E così chiesi ai ragazzini:

«Meglio essere colpito al petto, no? Un colpo al cuore ed è finita...»

Ma il ragazzino conosceva molto meglio di me le dinamiche del dolore e iniziò a raccontare nel dettaglio i dolori della botta, ossia il colpo d'arma da fuoco, con una professionalità da esperto.

«No, al petto fa male, malissimo e muori dopo dieci minuti. Si devono riempire i polmoni di sangue e poi la botta è come uno spillo di fuoco che entra e te lo girano dentro. Fa male pure sulle braccia e le gambe. Ma lì è come un morso fortissimo di un serpente. Un morso che non lascia mai la carne. Invece la testa è meglio, così non ti pisci sotto, non ti esce la merda per fuori. Non sparpetei per mezz'ora a terra...»

Aveva visto. E ben più di un corpo. Essere colpiti alla testa evita di tremare dalla paura, pisciarsi sotto e far uscire la puzza, la puzza delle interiora dai buchi nella pancia. Continuai a fargli domande sui dettagli della morte, sugli agguati. Tutte le domande possibili tranne l'unica che avrei dovuto fare, ossia chiedergli perché a quattordici anni pensava a come morire. Ma questo pensiero non mi sfiorò neanche per un momento. Il ragazzino si presentò col soprannome. Gli veniva dai Pokemon, i cartoni animati giapponesi. Il ragazzino era biondo e chiatto, quanto bastava per ribattezzarlo Pikachu. Mi indicò due tizi, tra la folla che si era creata intorno al corpo della donna uccisa, si erano messi a guardare il cadavere. Pikachu abbassò la voce:
«Ecco quelli, li vedi, sono quelli che hanno ammazzato Pupetta...»
Carmela Attrice era chiamata Pupetta. Cercai di fissare in volto i ragazzi che Pikachu mi aveva indicato. Avevano un'aria emozionata, palpitante, spostavano teste e spalle per meglio vedere i poliziotti che coprivano il corpo. Avevano ucciso la donna a viso scoperto, poi si erano seduti nelle vicinanze, sotto la statua di Padre Pio e appena un po' di folla si era raccolta intorno al cadavere erano andati a vedere. Qualche giorno dopo li beccarono. Un gruppo nutrito per un agguato a una donna inoffensiva, uccisa in pantofole e pigiama. Un gruppo al battesimo del fuoco, l'indotto dello spaccio al dettaglio che si muta in braccio armato. Il più giovane aveva sedici anni, il più vecchio ventotto. Il presunto assassino ventidue. Quando li arrestarono, uno di loro vedendo i flash e le telecamere iniziò a ridere e a fare l'occhiolino ai giornalisti. Arrestarono anche la presunta esca, il sedicenne che aveva citofonato per far scendere la donna. Sedici anni, gli stessi della figlia di

Carmela Attrice, che quando sente i colpi si affaccia al balcone e inizia a piangere perché ha capito subito. Anche secondo le indagini gli esecutori erano tornati sul luogo del delitto. Troppa curiosità. Come partecipare al proprio film. Prima nel ruolo dell'attore e poi in quello dello spettatore, ma all'interno della stessa pellicola. Dev'essere vero che chi spara non riesce ad avere preciso ricordo del gesto che compie perché quei ragazzi sono tornati curiosissimi a vedere cos'avevano combinato e che faccia aveva la loro vittima. Chiesi a Pikachu se quei tizi erano una paranza dei Di Lauro, o almeno ne volevano costituire una. Il ragazzino iniziò a ridere:

«Ma quale paranza... vorrebbero essere 'na paranza... ma sono piscitielli di cannuccia, io l'ho vista una paranza...»

Non sapevo se Pikachu mi stesse raccontando balle o semplicemente avesse assemblato cose che sentiva in giro per Scampia, ma la sua narrazione era precisa. Un ragazzino pignolo nei suoi racconti, puntuale al punto da rendere irreale ogni dubbio. Era contento di vedere il mio viso stupito mentre raccontava. Pikachu mi raccontò che aveva un cane chiamato Careca, come l'attaccante brasiliano del Napoli campione d'Italia. Questo cane usciva spesso sul pianerottolo di casa. Un giorno sentendo qualcuno dietro la porta della casa di fronte, solitamente vuota, iniziò a grattarla con le unghie delle zampe. Dopo pochi secondi una raffica di mitra sputata da dietro la porta lo prese in pieno. Pikachu mi raccontava la cosa riproducendomi tutti i rumori:

«Tratratra... Careca morì subito subito... e la porta pam... si aprì... di botto.»

Pikachu si mise per terra vicino a un muretto, seduto sul sedere con i piedi poggiati al muro e le braccia che mimavano il calcio di un mitra in mano. Mi fece vedere come era posizionata la sentinella che gli aveva ammazzato il cane. Sentinella sempre dietro la porta. Seduta, con dietro la schiena un cuscino e le piante dei piedi poggiate ai lati della porta. Una posizione scomoda per evitare che venga il sonno e soprattutto perché sparare dal basso verso l'alto avrebbe eliminato con certezza chiunque si fosse parato dinanzi alla porta, senza colpire la sentinella. Pikachu mi raccontò che quando avevano ucciso il cane, per scusarsi diedero dei soldi alla famiglia, e poi lo invitarono a entrare in casa. Nella casa dove un'intera paranza era nascosta. Ricordava tutto, le stanze vuote, solo con dei letti, un tavolo e la televisione.

Parlava veloce Pikachu, gesticolando forte e disegnandomi posizioni, movimenti dei membri della paranza. Nervosi, tesi, e con un personaggio che aveva "gli ananassi" al collo. Gli ananassi sono le bombe a mano che gli uomini delle paranze portano addosso. Pikachu raccontò che c'era un cesto vicino a una finestra, pieno di ananassi. I clan camorristici hanno sempre avuto una particolare predilezione per le bombe a mano. Ovunque gli arsenali dei clan erano colmi di bombe a mano e anticarro, tutte provenienti dall'est Europa. Pikachu raccontava che nella stanza passavano ore a giocare alla playstation e lui aveva sfidato e battuto tutti i membri della paranza. Vinceva sempre e gli promettevano che «un giorno di questi mi portavano con loro a sparare veramente».

Una delle leggende del quartiere, una di quelle a cui crescono ancora i capelli, racconta infatti che Ugo De Lucia giocava ossessivamente a *Winning Eleven*, il videogioco del calcio più celebre della playstation. In quattro giorni avrebbe commesso – secondo le accuse – non solo tre omicidi, ma anche terminato un campionato di calcio al videogame.

Ciò che racconta il pentito Pietro Esposito detto "Kojak" invece non sembra essere una leggenda. Era entrato in una casa dove Ugo De Lucia stava disteso sul letto davanti alla televisione commentando le notizie:

«Abbiamo fatto altri due pezzi! E quegli altri hanno fatto un pezzo nel Terzo Mondo.»

La televisione era il modo migliore per tenere il passo in tempo reale con la guerra senza dover fare telefonate compromettenti. Da questo punto di vista l'attenzione mediatica che la guerra aveva attirato su Scampia era un vantaggio strategico militare. Ciò che però mi aveva colpito di più era il

117

termine "pezzo". Pezzo era il nuovo modo per definire un omicidio. Anche Pikachu quando parlava dei morti della guerra di Secondigliano parlava dei pezzi fatti dai Di Lauro e dei pezzi fatti dagli scissionisti. "Fare un pezzo": un'espressione mutuata dal lavoro a cottimo, l'uccisione di un uomo equiparata alla fabbricazione di una cosa, non importa quale. Un pezzo.

Io e Pikachu iniziammo a passeggiare e mi raccontò dei ragazzini del clan, la vera forza dei Di Lauro. Gli chiesi dove si riunivano e lui si propose di accompagnarmi, lo conoscevano tutti e voleva dimostrarmelo. C'era una pizzeria dove la sera si incontravano. Prima di andarci passammo a prendere un amico di Pikachu, uno di quelli che facevano da tempo parte del Sistema. Pikachu lo adorava, lo descriveva come una sorta di boss, era un riferimento tra i ragazzini di Sistema perché aveva avuto il compito di rifocillare i latitanti e, a suo dire, fare la spesa direttamente alla famiglia Di Lauro. Si chiamava Tonino Kit Kat, perché divorava quintali di snack. Kit Kat si atteggiava a piccolo boss, ma io mi mostravo scettico. Gli facevo domande a cui si scocciava di rispondere, e così alzò il maglione. Aveva tutto il torace pieno di lividi sferici. Al centro delle circonferenze viola apparivano grumi gialli e verdastri di capillari sfasciati.

«Ma che hai fatto?»

«Il giubbetto...»

«Giubbetto?»

«Sì, il giubbetto antiproiettili...»

«E mica il giubbetto fa questi lividi?»

«Ma le melanzane sono le botte che ho preso...»

I lividi, le melanzane, erano il frutto dei colpi di pistola che il giubbotto fermava un centimetro prima di arrivare a entrare nella carne. Per addestrare a non avere paura delle armi facevano indossare il giubbotto ai ragazzini e poi gli sparavano addosso. Un giubbotto da solo non bastava a spingere un individuo a non fuggire dinanzi a un'arma. Un giubbotto non è il vaccino alla paura. L'unico modo per anestetizzare ogni timore era mostrare come le armi potevano essere neutralizzate. Mi raccontavano che li portavano in campagna, appena fuori Secondigliano. Gli facevano indossare i giubbotti antiproiettile sotto le magliette, e poi uno per volta gli scaricavano contro mezzo caricatore di pistola. «Quando arriva la botta cadi per terra e non respiri più, apri la bocca e tiri il fiato, ma non entra niente. Non ce la fai proprio. Sono come cazzotti in petto, ti sembra di schiattare... ma poi ti rialzi, è questo l'importante. Dopo la botta, ti rialzi.» Kit Kat era stato addestrato insieme ad altri a prendere i colpi, un addestramento a morire, anzi a quasi morire.

Li arruolano appena diventano capaci di essere fedeli al clan. Hanno dai dodici ai diciassette anni, molti sono figli o fratelli di affiliati, molti altri invece provengono da famiglie di precari. Sono il nuovo esercito dei clan della camorra napoletana. Vengono dal centro storico, dal quartiere Sanità, da Forcella, da Secondigliano, dal rione San Gaetano, dai Quartieri Spagnoli, dal Pallonetto, vengono reclutati attraverso affiliazioni strutturate in diversi clan. Per numero sono un vero e proprio esercito. I vantaggi per i clan sono molteplici, un ragazzino prende meno della metà dello stipendio di un affiliato adulto di basso rango, raramente deve mantenere i genitori, non ha le incombenze di una famiglia, non ha orari, non ha necessità di un salario puntuale e soprattutto è disposto a essere perennemente per strada. Le mansioni sono diverse e di diversa responsabilità. Si inizia con lo spaccio di droga leggera, hashish soprattutto. Quasi sempre i ragazzini si posizionano nelle strade più affollate, col tempo iniziano a spacciare pasticche e ricevono quasi sempre in dotazione un motorino. Infine la cocaina, che portano direttamente nelle università, fuori dai locali, dinanzi agli alberghi, alle stazioni della metropolitana. I gruppi di baby-spacciatori sono fondamentali nell'economia flessibile dello spaccio perché danno meno nell'occhio, vendono droga tra un tiro di pallone e una corsa in motorino e spesso vanno direttamente al domicilio del cliente. Il clan in molti casi non costringe i ragazzini a lavorare di mattina, continuano infatti a frequentare la scuola dell'obbligo, anche perché se decidessero di evaderla sarebbero più facilmente rintracciabili. Spesso i ragazzini affiliati dopo i primi mesi di lavoro vanno in giro armati, un modo per difendersi e farsi valere, una promozione sul campo che promette la possibilità di scalare i vertici del clan; pistole automatiche e semiautomatiche che imparano a usare nelle discariche di spazzatura della provincia o nelle caverne della Napoli sotterranea.

Quando diventano affidabili e ricevono la totale fiducia di un capozona, allora possono rivestire un ruolo che va ben oltre quello di pusher, diventano "pali". Controllano in una strada della città, a loro affidata, che i camion che accedono per scaricare merce a supermarket, negozi o salumerie, siano quelli che il clan impone oppure, in caso contrario, segnalano quando il distributore di un negozio non è quello "prescelto". Anche nella copertura dei cantieri è fondamentale la presenza dei "pali". Le ditte appaltatrici spesso subappaltano a imprese edili dei gruppi camorristici, ma a volte il lavoro è assegnato a ditte "non consigliate". I clan per scoprire se i cantieri subappaltano i lavori a ditte "esterne" hanno bisogno di un monitoraggio continuo e insospettabile. Il lavoro è affidato ai ragazzini che osservano, controllano, portano voce al capozona e da questi prendono ordini su come agire in caso il cantiere abbia "sgarrato". Questi ragazzini affiliati hanno comportamenti e responsabilità da camorristi maturi. Iniziano la carriera molto presto, bruciano le tappe e la loro scalata ai posti di potere all'interno della camorra sta radicalmente modificando la struttura genetica dei clan. Capizona bambini, boss giovanissimi divengono interlocutori imprevedibili e spietati che seguono nuove logiche, impedendo a forze dell'ordine e Antimafia di comprenderne le dinamiche. Sono volti tutti nuovi e sconosciuti. Con la ristrutturazione del clan voluta da Cosimo, interi comparti dello spaccio vengono gestiti da quindicenni e sedicenni che danno ordini a quarantenni e cinquantenni, senza sentire neanche per un attimo soggezio-

120

ne o inadeguatezza. Un ragazzo, Antonio Galeota Lanza, viene intercettato dalle cimici dei carabinieri in auto con lo stereo alto, mentre racconta come si vive facendo il pusher.

«... Ogni domenica sera faccio ottocento o novecento euro, anche se quello del pusher è un mestiere che ti porta ad avere a che fare con crack, cocaina e cinquecento anni di carcere...»

Sempre più spesso tutto ciò che i ragazzini del Sistema vogliono cercano di ottenerlo con il "ferro", così come chiamano la pistola, e il desiderio di un cellulare o di uno stereo, di un'auto o di un motorino, facilmente si tramuta in un assassinio. Nella Napoli dei bambini-soldato non è raro sentire vicino alla cassa dei negozi, nelle botteghe o nei supermarket affermazioni del tipo: «Appartengo al Sistema di Secondigliano» oppure «Appartengo al Sistema dei Quartieri». Parole magiche attraverso cui i ragazzini prendono ciò che vogliono e dinanzi alle quali nessun commerciante chiederà mai di pagare il dovuto.

A Secondigliano questa nuova struttura di ragazzi era stata militarizzata. Li avevano convertiti in soldati. Pikachu e Kit Kat mi portarono da Nello, un pizzaiolo della zona che aveva l'incarico di dare da mangiare ai ragazzini del Sistema, quando finivano il loro turno. Entrò un gruppo appena misi piede nella pizzeria. Erano goffi, goffissimi, gonfi sotto i maglioni per i giubbotti antiproiettile. Lasciarono i motorini sui marciapiedi e poi entrarono senza salutare nessuno. Somigliavano nei movimenti e con i petti imbottiti a giocatori di football americano. Facce da ragazzini, qualcuno aveva anche la prima barba sulle guance, andavano dai tredici ai sedici anni. Pikachu e Kit Kat mi fecero sedere tra loro, a nessuno la cosa sembrò dispiacere. Mangiavano e soprattutto bevevano. Acqua, Coca Cola, Fanta. Una sete incredibile. Anche con la pizza volevano dissetarsi, si fecero portare una bottiglia d'olio, aggiunsero olio e ancora olio su ogni pizza perché sostenevano che erano troppo asciutte. Tutto nella loro bocca era stato seccato, dalla saliva alle parole. Mi accorsi subito che venivano dalle nottate di guardia e avevano preso pasticche. Gli davano le pasticche di MDMA. Per non farli addormentare, per evitare che si fermino a mangiare due volte al giorno. Del resto la MDMA venne brevettata dai laboratori Merck in Germania per essere somministrata ai soldati in trincea nella Prima guerra, quei soldati tedeschi che venivano chiamati *Menschenmaterial*, materiale umano che così superava fame, gelo, e terrore. Poi fu usata anche dagli americani per operazioni di spionaggio. Ora anche questi piccoli soldati avevano avuto il loro quantitativo di coraggio artificiale e resistenza artefatta. Mangiavano succhiando gli spicchi di pizza che tagliavano. Dal tavolo proveniva un rumore simile a quello dei vecchi che succhiano il brodo dal cucchiaio. I ragazzi ripresero la parola, continuarono a ordinare bottiglie d'acqua. E lì feci un gesto che avrebbe potuto essere punito con violenza, ma sentivo che potevo farlo, sentivo che davanti avevo dei ragazzini. Imbottiti di lastre di piombo, ma pur sempre ragazzini. Misi un registratore in tavola e mi rivolsi ad alta voce a tutti, cercando di incrociare gli occhi di ognuno:

«Forza, parlate qua dentro, dite quello che volete...»

A nessuno parve strano il mio gesto, a nessuno venne ın mente di stare davanti a uno sbirro o un giornalista. Qualcuno iniziò a urlacchiare qualche insulto al registratore, poi un ragazzino spinto da qualche mia domanda mi raccontò la sua carriera. E pareva non vedesse l'ora di farlo.

«Prima lavoravo in un bar, prendevo duecento euro al mese; con le mance arrivavo a duecentocinquanta e non mi piaceva come lavoro. Io volevo lavorare nell'officina con mio fratello, ma non mi hanno preso. Nel Sistema prendo trecento euro a settimana, ma se vendo bene prendo anche una percentuale su ogni mattone (il lingotto di hashish) e posso arrivare a trecentocinquanta-quattrocento euro. Mi devo fare il mazzo, ma alla fine qualcosa in più me la danno sempre.»

Dopo una mitragliata di rutti che due ragazzetti vollero registrare, il ragazzino che veniva chiamato Satore, un nome a metà tra Sasà e Totore, continuò:

«Prima stavo sempre in mezzo alla strada, mi scocciava il

fatto di non avere il motorino e me la dovevo fare a piedi o con gli autobus. Mi piace come lavoro, tutti mi rispettano e poi posso fare quello che voglio. Mo però mi hanno dato il ferro e devo sempre stare qua. Terzo Mondo, Case dei Puffi. Sempre chiuso qua dentro, avanti e indietro. E non mi piace.»

Satore mi sorrise e poi urlò ridendo nel registratore:

«Fatemi uscire da qua!... Diteglielo al masto!»

Li avevano armati, gli avevano dato il ferro, la pistola, e un territorio limitatissimo in cui lavorare. Kit Kat poi continuò a parlare nel registratore poggiando le labbra ai fori del microfono, registrando anche il suo fiato.

«Io voglio aprirmi una ditta per ristrutturare le case oppure un magazzino o un negozio, il Sistema mi deve dare i soldi per aprire, poi al resto ci penso io, pure a chi sposarmi. Mi devo sposare non una di qua, ma una modella, nera o tedesca.»

Pikachu cacciò un mazzo di carte dalla tasca, quattro di loro cominciarono a giocare. Gli altri si alzarono stiracchiandosi, ma nessuno si tolse il giubbotto. Continuai a chiedere a Pikachu delle paranze, ma stava iniziando a essere infastidito dalla mia insistenza. Mi disse che c'era stato qualche giorno prima a casa di una paranza e che avevano smantellato tutto, era rimasto solo un lettore Mp3 che ascoltavano quando andavano a fare i pezzi. L'Mp3 che ascoltavano gli uomini della paranza mentre andavano ad ammazzare, la raccolta di file musicali, penzolava al collo di Pikachu. Con una scusa gli chiesi di prestarmelo qualche giorno. Lui fece una risata come per dirmi che non si offendeva se l'avevo preso per uno così stupido, per un idiota, che presta le cose. Così glielo comprai, cacciai cinquanta euro e ottenni il lettore. Ficcai subito le cuffie nelle orecchie, volevo capire qual era il sottofondo musicale della mattanza. Mi aspettavo musica rap, rock pesante, heavy metal, invece era un continuo susseguirsi di brani neomelodici e di musica pop. In America si spara gonfiandosi col rap, i killer di Secondigliano andavano a uccidere ascoltando canzoni d'amore.

Pikachu iniziò a smazzare le carte chiedendomi se volevo partecipare, ma a carte sono sempre stato incapace. Così mi alzai dal tavolo. I camerieri della pizzeria avevano la stessa età dei ragazzi di Sistema e li guardavano ammirati, senza neanche avere il coraggio di servirli. Ci pensava direttamente il proprietario. Qui lavorare come garzone, cameriere, o in un cantiere è come un'ignominia. Oltre ai soliti eterni motivi: lavoro nero, ferie e malattie non pagate, dieci ore di media al giorno, non hai speranza di poter migliorare la tua condizione. Il Sistema concede almeno l'illusione che l'impegno sia riconosciuto, che ci sia la possibilità di fare carriera. Un affiliato non verrà mai visto come un garzone, le ragazzine non penseranno mai di essere corteggiate da un fallito. Questi ragazzini imbottiti, queste ridicole vedette simili a marionette da football americano, non avevano in mente di diventare Al Capone, ma Flavio Briatore, non un pistolero, ma un uomo d'affari accompagnato da modelle: volevano diventare imprenditori di successo.

Il 19 gennaio viene ammazzato il quarantacinquenne Pasquale Paladini. Otto colpi. Al petto e alla testa. Dopo poche ore sparano nelle gambe ad Antonio Auletta di diciannove anni. Ma il 21 gennaio sembra esserci una svolta. La voce inizia subito a correre, senza avere bisogno di agenzie di stampa. Cosimo Di Lauro è stato arrestato. Il reggente della cosca, il leader della mattanza, secondo le accuse della Procura Antimafia di Napoli, il comandante del clan secondo i pentiti. Cosimo si nascondeva in un buco di quaranta metri quadri, dormendo su un letto quasi sfondato. L'erede di un sodalizio criminale capace di fatturare solo con il narcotraffico cinquecentomila euro al giorno, e che poteva disporre di una villa da cinque milioni di euro nel cuore di uno dei quartieri più miseri d'Italia, era costretto a rintanarsi in un buco fetente e microscopico non lontano dalla sua presunta reggia.

Una villa spuntata dal nulla in via Cupa dell'Arco, vicino alla casa di famiglia dei Di Lauro. Un'elegante masseria del Settecento, ristrutturata come una villa pompeiana. Impluvium, colonne, stucchi e gessi, controsoffittature e scalinate. Una villa di cui nessuno sospettava l'esistenza. Nessuno conosceva i proprietari formali, i carabinieri stavano indagando ma nel quartiere nessuno aveva dubbi. Era per Cosimo. I carabinieri scoprirono la villa per caso, superando le spesse mura di cinta, trovarono dentro alcuni operai che appena videro le divise scapparono. La guerra non aveva permesso che la villa fosse ultimata, che fosse riempita di mobili e quadri, che divenisse la reggia del reggente, il cuore d'oro del corpo marcescente dell'edilizia di Secondigliano.

Quando Cosimo sente il calpestio degli anfibi dei carabinieri che lo stanno per arrestare, quando sente rumoreggiare i fucili, non tenta di scappare, non si arma nemmeno. Si mette davanti allo specchio. Bagna il pettine, tira indietro i capelli dalla fronte e poi li lega in un codino all'altezza della nuca, lasciando la zazzera riccia cascare sul collo. Indossa un dolcevita scuro e un impermeabile nero. Cosimo Di Lauro si abbiglia da pagliaccio del crimine, da guerriero della notte, scende per le scale impettito. È claudicante, qualche anno prima è caduto rovinosamente dalla moto e la gamba zoppa è la dote avuta da quell'incidente. Ma quando scende dalle scale ha pensato anche a questo. Poggiandosi sugli avambracci dei carabinieri che lo scortano riesce a non mostrare il suo handicap, a camminare con passo normale. I nuovi sovrani militari dei sodalizi criminali napoletani non si presentano come guappi di quartiere, non hanno gli occhi sgranati e folli di Cutolo, non pensano di doversi atteggiare come Luciano Liggio o come caricature di Lucky Luciano e Al Capone. *Matrix*, *The Crow*, *Pulp Fiction* riescono con maggiore capacità e velocità a far capire cosa vogliono e chi sono. Sono modelli che tutti conoscono e che non abbisognano di eccessive mediazioni. Lo spettacolo è superiore al codice sibillino dell'ammiccamento o alla circoscritta mitologia del crimine da quartiere malfamato. Cosimo fissa le telecamere e gli obiettivi dei fotografi, abbassa il mento, sporge la fronte. Non si è fatto trovare come Brusca con un jeans liso e una camicia sporca di salsa, non è impaurito come Riina portato di corsa sopra un elicottero, né sorpreso con il volto pieno di sonno come capitò a Misso, boss della Sanità. È un uomo formato nella società dello spettacolo e sa di andare in scena. Si presenta come un guerriero che si è imbattuto nella sua prima sosta. Sembra che stia pagando per il troppo coraggio, l'eccessivo zelo nella guerra che ha condotto. Questo racconta il suo volto. Non sembra che sia tratto in arresto, ma che muti semplicemente il luogo del suo comando. Innescando la guerra sapeva di andare incontro all'arresto. Ma non aveva scelta. O guerra o morte. E l'arresto vuole rappresentarlo come la dimostrazione della sua vittoria, il simbolo del suo coraggio capace di sprezzare ogni sorta di tutela di sé, pur di salvare il sistema della famiglia.

La gente del quartiere al solo guardarlo si sente bruciare lo stomaco. Inizia la rivolta, rovesciano auto, riempiono bottiglie di benzina e le lanciano. La crisi isterica non serve a evitare l'arresto come potrebbe sembrare, ma a scongiurare vendette. Ad annullare ogni possibilità di sospetto. A segnalare a Cosimo che nessuno lo ha tradito. Che nessuno ha spifferato, che il geroglifico della sua latitanza non è stato decifrato grazie ai suoi vicini di casa. È un enorme rito quasi di scusa, una metafisica cappella di espiazione che le persone del quartiere vogliono costruire con le volanti dei carabinieri bruciate, i cassonetti posti a barricate, il fumo nero dei copertoni. Se Cosimo sospetta, non avranno neanche il tempo di fare le valigie, la mannaia militare si abbatterà su di loro come l'ennesima spietata condanna.

Pochi giorni dopo l'arresto del rampollo del clan, il volto arrogante che fissa le telecamere campeggia sugli screen saver dei telefonini di decine di ragazzini e ragazzine delle scuole di Torre Annunziata, Quarto, Marano. Gesti di mera provocazione, di banale balordaggine adolescenziale. Certo. Ma Cosimo sapeva. Così bisogna agire per essere riconosciuti come capi, per raggiungere il cuore degli individui. Bisogna saper usare anche lo schermo, l'inchiostro dei giornali, bisogna sapere annodare il proprio codino. Cosimo rappresenta chiaramente il nuovo imprenditore di Sistema. L'immagine della nuova borghesia svincolata da ogni freno, mossa dall'assoluta volontà di dominare ogni territorio del mercato, di mettere le mani su tutto. Non rinunciare a nulla. Fare una scelta non significa limitare il proprio campo d'azione, privarsi di ogni altra possibilità. Non per chi considera la vita come uno spazio dove poter conquistare tutto al rischio di perdere ogni cosa. Significa mettere in conto di essere arrestati, di finir male, di morire. Ma non significa rinunciare. Volere tutto e subito, e averlo quanto prima. È questa la forza e l'attrattiva che Cosimo Di Lauro impersona.

Tutti, anche i più premurosi verso la propria incolumità, finiscono nella gabbia della pensione, tutti prima o poi si scoprono cornuti, tutti finiscono con una badante polacca. Perché crepare di depressione cercando un lavoro che fa boccheggiare, perché finire in un part-time a rispondere al telefono? Diventare imprenditore. Ma vero. Capace di commerciare con tutto e di fare affari anche col nulla. Ernst Jünger direbbe che la grandezza è esposta alla tempesta. Lo stesso ripeterebbero i boss, gli imprenditori di camorra. Essere il centro di ogni azione, il centro del potere. Usare tutto come mezzo e se stessi come fine. Chi dice che è amorale, che non può esserci vita senza etica, che l'economia possiede dei limiti e delle regole da seguire, è soltanto colui che non è riuscito a comandare, che è stato sconfitto dal mercato. L'etica è il limite del perdente, la protezione dello sconfitto, la giustificazione morale per coloro che non sono riusciti a giocarsi tutto e vincere ogni cosa. La legge ha i suoi codici stabiliti, ma non la giustizia che è altro. La giustizia è un principio astratto che coinvolge tutti, passibile a seconda di come lo si interpreta di assolvere o condannare ogni essere umano: colpevoli i ministri, colpevoli i papi, colpevoli i santi e gli eretici, colpevoli i rivoluzionari e i reazionari. Colpevoli tutti di aver tradito, ucciso, sbagliato. Colpevoli d'essere invecchiati e morti. Colpevoli di essere stati superati e sconfitti. Colpevoli tutti dinanzi al tribunale universale della morale storica e assolti da quello della necessità. Giustizia e ingiustizia hanno un significato solo se considerate nel concreto. Di vittoria o sconfitta, di atto fatto o subìto. Se qualcuno ti offende, se ti tratta male, sta commettendo un'ingiustizia, se invece ti riserva un trattamento di favore ti fa giustizia. Osservando i poteri del clan bisogna fermarsi a questi calibri. A queste maglie di giudizio. Bastano. Devono bastare. È questa l'unica forma reale di valutazione della giustizia. Il resto è solo religione e confessionale. L'imperativo economico è foggiato da questa logica. Non sono gli affari che i camorristi inseguono, sono gli affari che inseguono i camorristi. La logica dell'imprenditoria criminale, il pensiero dei boss coincide col più spinto neoliberismo. Le regole dettate, le regole imposte, sono quelle degli affari, del profitto, della vittoria su ogni concorrente. Il resto vale zero. Il resto non esiste. Poter decidere della vita e della morte di tutti, poter promuovere un prodotto, monopolizzare una fetta di mercato, investire in settori d'avanguardia, è un potere che si paga con il carcere o con la vita. Avere potere per dieci anni, per un anno, per un'ora. Non importa la durata: vivere, comandare per davvero, questo conta. Vincere nell'arena del mercato e arrivare a fissare il sole con gli occhi come faceva in carcere Raffaele Giuliano, boss di Forcella, sfidandolo, mostrando che il suo sguardo non si accecava neanche dinanzi alla luce prima. Raffaele Giuliano che aveva avuto la spietata volontà di cospargere di peperoncino la lama di un coltello prima di accoltellare un parente di un suo nemico, così da fargli sentire bruciori lancinanti mentre la lama entrava nella carne, centimetro per centimetro. In carcere veniva temuto non per questa sua acribia sanguinaria, ma per la sfida dello sguardo capace di mantenersi alto anche fissando il sole. Avere la coscienza di essere dei business man destinati alla fine – morte o ergastolo – ma con volontà spietata dominare economie potenti e illimitate. Il boss viene ammazzato o arrestato, ma il sistema economico che ha generato rimane: non smettendo di mutare, trasformarsi, migliorare e innescare profitto. Questa coscienza da samurai liberisti, i quali sanno che il potere, quello assoluto, per averlo si paga, la trovai sintetizzata in una lettera di un ragazzino rinchiuso in un carcere minorile, una lettera che consegnò a un prete e che fu letta durante un convegno. La ricordo ancora. A memoria:

Tutti quelli che conosco o sono morti o sono in galera. Io voglio diventare un boss. Voglio avere supermercati, negozi, fabbriche, voglio avere donne. Voglio tre macchine, voglio che quando entro in un negozio mi devono rispettare, voglio avere magazzini in tutto il mondo. E poi voglio morire. Ma come muore uno vero, uno che comanda veramente. Voglio morire ammazzato.

Questo è il nuovo tempo scandito dagli imprenditori criminali. Questa è la nuova potenza dell'economia. Dominarla, a costo d'ogni cosa. Il potere prima d'ogni cosa. La vittoria economica più preziosa della vita. Della vita di chiunque e persino della propria.

I ragazzini di Sistema avevano iniziato a chiamarli persino "morti parlanti". In un'intercettazione telefonica presente nel decreto di fermo emesso dalla Procura Antimafia nel febbraio 2006, un ragazzo spiega al telefono chi sono i capizona di Secondigliano:

«Sono guagliuncelli, morti parlanti, morti viventi, morti che si muovono... Bello e buono prendono e ti uccidono, ma tanto la vita è già persa...»

Capi ragazzini, kamikaze dei clan che non vanno a morire per nessuna religione, ma per danaro e potere, a ogni costo, come unico modo di vivere che valga la pena.

La notte del 21 gennaio, la stessa notte dell'arresto di Cosimo Di Lauro, venne ritrovato il corpo di Giulio Ruggiero. Trovarono un'auto bruciata, un corpo al posto di guida. Un corpo decollato. La testa era sui sedili posteriori. Gliel'avevano tagliata. Non con il colpo di netto dell'accetta, ma col flex:

la sega circolare dentellata usata dai fabbri per limare le saldature. Lo strumento peggiore in assoluto, ma proprio per questo il più plateale. Prima tagliare la carne e poi scheggiare l'osso del collo. Dovevano aver fatto il servizio proprio lì, visto che per terra c'erano d'intorno scaglie di carne come se fosse trippa. Le indagini non erano neanche state avviate che in zona tutti sembravano essere sicuri che fosse un messaggio. Un simbolo. Cosimo Di Lauro non poteva essere stato arrestato senza una soffiata. Quel corpo mozzato era nell'immaginario di tutti il traditore. Solo chi si è venduto un capo può essere dilaniato in quel modo. La sentenza è decretata prima che le indagini abbiano inizio. Poco importa se dica il vero o rincorra una suggestione. Quella macchina e quella testa abbandonate in via Hugo Pratt le fissai senza scendere dalla Vespa. Mi arrivavano ai timpani i dettagli di come avevano bruciato il corpo e la testa mozzata, di come avevano riempito la bocca di benzina, messo uno stoppino tra i denti cosicché dopo avergli dato fuoco avevano aspettato che l'intera faccia esplodesse. Accesi la Vespa e me ne andai.

Il 24 gennaio 2005 quando sono arrivato era a terra sulle mattonelle, morto. Un nugolo di carabinieri camminava nervoso dinanzi al negozio dove era avvenuto l'agguato. L'ennesimo. «Ormai un morto al giorno è la cantilena di Napoli» dice un ragazzo nervosissimo che passa di là. Si ferma, si scappella dinanzi al morto che non vede, e va via. Quando i killer sono entrati nel negozio stringevano già i calci delle pistole. Era chiaro che non volevano rapinare ma uccidere, punire. Attilio ha tentato di nascondersi dietro al bancone. Sapeva che non serviva a nulla, ma magari ha sperato segnalasse che era disarmato, che non c'entrava nulla, che non aveva fatto niente. Aveva capito forse che quei due erano soldati della camorra, della guerra voluta dai Di Lauro. Gli hanno sparato, hanno scaricato i loro caricatori e dopo il "servizio" sono usciti, qualcuno dice con calma, come se avessero acquistato un telefonino, non massacrato un individuo. Attilio Romanò è lì. Sangue ovunque. Sembra quasi che l'anima gli sia scolata via da quei fori di proiettile che lo hanno marchiato in tutto il corpo. Quando vedi tanto sangue per terra inizi a tastarti, controlli che non sia ferito tu, che in quel sangue non ci sia anche il tuo, inizi a entrare in un'ansia psicotica, cerchi di assicurarti che non ci siano ferite sul tuo corpo, che per caso, senza che te ne sia accorto, ti sei ferito. E comunque non credi che in un uomo solo possa esserci tanto sangue, sei certo che in te ce n'è sicuramente molto meno. Quando ti accerti che quel sangue non l'hai perso tu, non basta: ti senti svuotato anche se l'emorragia non è tua. Tu stesso diventi emorragia, senti le gambe che ti mancano, la lingua impastata, senti le mani sciolte in quel lago denso, vorresti che qualcuno ti guardasse l'interno degli occhi per controllare il livello di anemia. Vorresti fermare un infermiere e chiedere una trasfusione, vorresti avere lo stomaco meno chiuso e mangiare una bistecca, se riesci a non vomitare. Devi chiudere gli occhi, ma non respirare. L'odore di sangue rappreso che ormai ha impregnato anche l'intonaco della stanza sa di ferro rugginoso. Devi uscire, andare fuori, andare all'aria prima che gettino la segatura sul sangue perché l'impasto genera un odore terribile che fa crollare ogni resistenza al vomito.

Non capivo davvero perché avevo ancora una volta scelto di andare sul posto dell'agguato. Di una cosa ero certo: non è importante mappare ciò che è finito, ricostruire il dramma terribile che è accaduto. È inutile osservare i cerchi di gesso intorno ai rimasugli dei bossoli che quasi sembrano un gioco infantile di biglie. Bisogna invece riuscire a capire se qualcosa è rimasto. Questo forse vado a rintracciare. Cerco di capire cosa galleggia ancora d'umano; se c'è un sentiero, un cunicolo scavato dal verme dell'esistenza che possa sbucare in una soluzione, in una risposta che dia il senso reale di ciò che sta accadendo.

Il corpo di Attilio è ancora per terra quando arrivano i familiari. Due donne, forse la madre e la moglie, non so. Nel percorso si stringono, camminano avvinghiate, spalla incollata all'altra spalla, ormai sono le uniche a sperare che non

131

sia come hanno già capito e sanno benissimo. Ma sono allacciate, si sostengono l'una con l'altra, un attimo prima di trovarsi dinanzi alla tragedia. È in quegli attimi, nei passi delle mogli e delle madri verso l'incontro con il corpo crivellato, che si intuisce un'irrazionale, folle, balorda fiducia nel desiderio umano. Sperano, sperano, sperano e sperano ancora che ci sia stato un errore, una bugia nel passaparola, un fraintendimento del maresciallo dei carabinieri che annunciava l'agguato e l'assassinio. Come se ostinarsi maggiormente nel credere qualcosa possa davvero mutare il corso degli eventi. In quel momento la pressione arteriosa della speranza raggiunge una massima assoluta senza minima alcuna. Ma non c'è nulla da fare. Le urla, i pianti mostrano la forza di gravità del reale. Attilio è lì per terra. Lavorava in un negozio di telefonia e poi per arrotondare in un call center. Lui e sua moglie Natalia non avevano ancora un bambino. Non c'era ancora il tempo, non c'era forse la possibilità economica di mantenerlo e magari aspettavano la possibilità di farlo crescere altrove. Le giornate si consumavano in ore di lavoro e quando c'è stata la possibilità e qualche risparmio, Attilio ha creduto buona cosa poter diventare azionista di quel negozio dove ha trovato la morte. L'altro socio però ha una lontana parentela con Pariante, il boss di Bacoli, un colonnello di Di Lauro, uno di quelli che gli si sono messi contro. Attilio non sa o quantomeno sottovaluta, si fida del suo socio, gli basta sapere che è una persona che vive del suo mestiere, faticando molto, troppo. Insomma in questi luoghi non si decide della propria sorte, il lavoro sembra essere un privilegio, qualcosa che una volta raggiunto, si tiene stretto, quasi come una fortuna che ti è capitata, un destino benevolo che ha voluto centrarti, anche se questo lavoro ti porta fuori casa per tredici ore al giorno, ti lascia mezza domenica libera e mille euro al mese che a stento ti bastano per pagare un mutuo. Comunque sia arrivato il lavoro, bisogna ringraziare e non fare troppe domande a sé e al destino.

Ma qualcuno fa cadere il sospetto. E allora il corpo di Attilio Romanò rischia di venire sommato a quello dei soldati di camorra ammazzati in questi mesi. I corpi sono gli stessi, le ragioni della morte sono però diverse anche se si cade sullo stesso fronte di guerra. Sono i clan che decidono chi sei, quale parte occupi nel risiko del conflitto. Le parti sono determinate indipendentemente dalle volontà. Quando gli eserciti scendono per strada non è possibile tracciare una dinamica esterna alla loro strategia, il senso lo concedono loro, i motivi, le cause. In quell'istante, quel negozio dove Attilio lavorava era espressione di un'economia legata al gruppo degli Spagnoli e quell'economia andava sconfitta.

Natalia, Nata come la chiamava Attilio, è una ragazza stordita dalla tragedia. Si era sposata appena quattro mesi prima, ma non viene consolata, al funerale non c'è Presidente della Repubblica, ministro, sindaco che le tiene la mano. Meglio così forse, si risparmia la messa in scena istituzionale. Ma ciò che aleggia sulla morte di Attilio è un'ingiusta diffidenza. E la diffidenza è l'assenso silenzioso che viene concesso all'ordine della camorra. L'ennesimo consenso all'agire dei clan. Ma i colleghi del call center di Attila, come lo chiamavano per la sua violenta voglia di vivere, organizzano fiaccolate e si ostinano a camminare anche se sul percorso della manifestazione avvengono ancora agguati, il sangue ancora traccia la strada. Procedono, accendono luci, fanno capire, tolgono ogni onta, cassano ogni sospetto. Attila è morto sul lavoro e con la camorra non aveva rapporto alcuno.

In realtà dopo ogni agguato il sospetto grava su tutti. Troppo perfetta è la macchina dei clan. Non c'è errore. C'è punizione. E così è al clan che viene data fiducia, non ai familiari che non capiscono, non ai colleghi di lavoro che lo conoscono, non alla biografia di un individuo. In questa guerra le persone vengono stritolate senza colpa alcuna, vengono rubricate negli effetti collaterali o nei probabili colpevoli.

Un ragazzo, Dario Scherillo, ventisei anni, ucciso il 26 dicembre 2004, mentre camminava in motocicletta viene colpito in faccia, al petto, lasciato morire a terra nel suo sangue

133

che ha il tempo di impregnare completamente la camicia. Un ragazzo innocente. Gli è bastato essere di Casavatore, un paese martoriato da questo conflitto. Per lui ancora silenzio, incomprensione. Nessuna epigrafe, né targa, né ricordo. «Quando si è uccisi dalla camorra, non si sa mai» mi dice un vecchio che si fa il segno della croce nei pressi del luogo dove Dario è caduto. Il sangue a terra è di un rosso vivo. Non tutto il sangue ha lo stesso colore. Quello di Dario è porpora, sembra ancora scorrere. I mucchi di segatura stentano ad assorbirlo. Un'auto dopo un po', approfittando dello spazio vuoto, parcheggia sulla macchia di sangue. E tutto finisce. Tutto si copre. È stato ammazzato per dare un messaggio al paese, un messaggio di carne chiuso in una busta di sangue. Come in Bosnia, come in Algeria, come in Somalia, come in qualsiasi confusa guerra interna, quando è difficile capire a che parte appartieni, basta uccidere il tuo vicino, il cane, l'amico, o un tuo familiare. Una voce di parentela, una somiglianza è condizione sufficiente per diventare bersaglio. Basta che passi per una strada per ricevere subito un'identità di piombo. L'importante è concentrare il più possibile dolore, tragedia e terrore. Con l'unico obiettivo di mostrare la forza assoluta, il dominio incontrastato, l'impossibilità di opporsi al potere vero, reale, imperante. Sino ad abituarsi a pensare come coloro che potrebbero risentirsi di un gesto o di una parola. Stare attenti, guardinghi, silenziosi, per salvarsi la vita, per non toccare il filo ad alta tensione della vendetta. Mentre mi allontanavo, mentre portavano via Attilio Romanò, iniziai a capire. A capire perché non c'è momento in cui mia madre non mi guardi con preoccupazione, non comprendendo perché non me ne vado, perché non fuggo via, perché continuo a vivere in questi luoghi d'inferno. Cercavo di ricordare da quando sono nato quanti sono i caduti, gli ammazzati, i colpiti.

Non bisognerebbe contare i morti per comprendere le economie della camorra, anzi sono l'elemento meno indicativo del potere reale, ma sono la traccia più visibile e quella che riesce d'immediato a far ragionare con lo stomaco. Inizio la conta: nel 1979 cento morti, nel 1980 centoquaranta, nel 1981 centodieci, nel 1982 duecentosessantaquattro, nel 1983 duecentoquattro, nel 1984 centocinquantacinque, nel 1986 centosette, nel 1987 centoventisette, nel 1988 centosessantotto, nel 1989 duecentoventotto, nel 1990 duecentoventidue, nel 1991 duecentoventitré, nel 1992 centosessanta, nel 1993 centoventi, nel 1994 centoquindici, nel 1995 centoquarantotto, nel 1996 centoquarantasette, nel 1997 centotrenta, nel 1998 centotrentadue, nel 1999 novantuno, nel 2000 centodiciotto, nel 2001 ottanta, nel 2002 sessantatré, nel 2003 ottantatré, nel 2004 centoquarantadue, nel 2005 novanta.

Tremilaseicento morti da quando sono nato. La camorra ha ucciso più della mafia siciliana, più della 'ndrangheta, più della mafia russa, più delle famiglie albanesi, più della somma dei morti fatti dall'ETA in Spagna e dall'IRA in Irlanda, più delle Brigate Rosse, dei NAR e più di tutte le stragi di Stato avvenute in Italia. La camorra ha ucciso più di tutti. Mi viene in mente un'immagine. Quella della cartina del mondo che spesso compare sui giornali. Campeggia sempre in qualche numero di "Le Monde Diplomatique", quella mappa che indica con un bagliore di fiamma tutti i luoghi della terra dove c'è un conflitto. Kurdistan, Sudan, Kosovo, Timor Est. Viene di gettare l'occhio sull'Italia del sud. Di sommare i cumuli di carne che si accatastano in ogni guerra che riguardi la camorra, la mafia, la 'ndrangheta, i Sacristi in Puglia o i Basilischi in Lucania. Ma non c'è traccia di lampo, non v'è disegnato alcun fuocherello. Qui è il cuore d'Europa. Qui si foggia la parte maggiore dell'economia della nazione. Quali ne siano le strategie d'estrazione, poco importa. Necessario è che la carne da macello rimanga impantanata nelle periferie, schiattata nei grovigli di cemento e monnezza, nelle fabbriche in nero e nei magazzini di coca. E che nessuno ne faccia cenno, che tutto sembri una guerra di bande, una guerra tra straccioni. E allora comprendi anche il ghigno dei tuoi amici che sono emigrati, che tornano da Milano o da Padova e non sanno tu chi sia diventato. Ti squadrano dall'alluce alla fronte per cercare di soppesare il tuo peso specifico e intuire se sei un *chiachiello* o uno *bbuono*. Un fallito o un camorrista. E dinanzi alla biforcazione delle strade sai quale stai già percorrendo e non vedi nulla di buono al termine del percorso.

Tornai a casa, ma non riuscii a stare fermo. Scesi e iniziai a correre, forte, sempre più forte, le ginocchia si torcevano, i talloni tamburellavano i glutei, le braccia sembravano snodate e si agitavano come quelle di un burattino. Correre, correre, correre ancora. Il cuore pompava, in bocca la saliva annegava la lingua e sommergeva i denti. Sentivo il sangue che gonfiava la carotide, tracimava nel petto, non avevo più fiato, dal naso presi tutta l'aria possibile che subito rigettai come un toro. Ripresi a correre, sentendo le mani gelide, il viso bollente, chiudendo gli occhi. Sentivo che tutto quel sangue visto a terra, perso come rubinetto aperto sino a spanare la manopola, l'avevo ripreso, lo risentivo nel corpo.

Arrivai finalmente al mare. Saltai sugli scogli, il buio era impastato di foschia, non si vedevano neanche i fari delle navi che incrociano nel golfo. Il mare si increspava, alcune onde iniziarono ad alzarsi, sembravano non voler toccare la fanghiglia della battigia ma non tornavano neanche nel gorgo lontano dell'alto mare. Rimangono immobili nell'andirivieni dell'acqua, resistono ostinate in un'impossibile fissità aggrappandosi alla loro cresta di schiuma. Ferme, non sapendo più dove il mare è ancora mare.

Dopo qualche settimana iniziarono ad arrivare giornalisti. Da ogni luogo, d'improvviso la camorra era tornata a esistere nella regione dove si credeva esistessero ormai solo bande e scippatori. Secondigliano divenne in poche ore il centro dell'attenzione. Inviati speciali, fotoreporter delle più importanti agenzie, persino un presidio perenne della BBC, qualche ragazzino si fa fotografare accanto a un cameraman che tiene in spalla una telecamera con ben in evidenza il logo della CNN. «Gli stessi che stanno da Saddam» ridacchiano a Scampia. Ripresi da quelle telecamere si sentono trasportati nel baricentro del mondo. Un'attenzione che sembra per la prima volta concedere a quei luoghi un'esistenza reale. La mattanza di Secondigliano raccoglie un'attenzione che mancava dalle dinamiche di camorra da vent'anni. A nord di Napoli la guerra ammazza in breve tempo, rispetta i criteri giornalistici di cronaca, in poco più di un mese accumula decine e decine di vittime. Sembra fatta apposta per dare il suo morto a ogni inviato. Il successo a tutti. Stagiste vennero inviate a frotte a farsi le ossa. Microfoni spuntarono ovunque a fare interviste a spacciatori, a riprendere il tetro profilo spigoloso delle Vele. Qualcuna riesce persino a intervistare presunti pusher, inquadrandoli di spalle. Quasi tutti invece danno qualche spicciolo agli eroinomani che biascicano la loro storia. Due ragazze, due giornaliste si fecero fotografare dal loro operatore davanti a una carcassa di auto bruciata non ancora rimossa. La loro prima guerra minore da croniste ha il suo souvenir. Un giornalista francese mi telefonò chiedendomi se doveva portare il giubbotto antiproiettile visto che voleva andare a fotografare la villa di Cosimo Di Lauro. Le troupe giravano in auto, fotografavano, riprendevano, come esploratori in una foresta dove tutto ormai si stava mutando in scenografia. Qualche altro giornalista si muoveva con la scorta. Il peggior modo per raccontare Secondigliano era farsi scortare dalla polizia. Scampia non è un luogo inaccessibile, la forza di questa piazza del narcotraffico è proprio l'accessibilità totale e garantita a chiunque. I giornalisti che vanno con la scorta non possono che raccogliere con lo sguardo ciò che trovano in qualsiasi notizia battuta dalle agenzie stampa. Come stare davanti al loro pc redazionale, con la differenza di essere in movimento.

Oltre cento giornalisti in poco meno di due settimane. D'improvviso la piazza della droga d'Europa inizia a esistere. Gli stessi poliziotti si trovano assediati da richieste, tutti vogliono partecipare a operazioni, vedere almeno uno spacciatore arrestato, una casa perquisita. Tutti vogliono ficcare nei quindici minuti di servizio qualche immagine di manette e qualche mitra sequestrato. Molti ufficiali cominciano a liquidare i vari reporter e neogiornalisti d'inchiesta facendogli fotografare poliziotti in borghese che si fingono pusher. Un modo per dargli quello che vogliono senza perdere troppo tempo. Il peggio possibile nel minor tempo possibile. Il peggio del peggio, l'orrore dell'orrore, trasmettere la tragedia, il sangue, le budella, i colpi di mitra, i crani sfondati, le carni bruciate. Il peggio che raccontano è solo lo scarto del peggio. A Secondigliano molti cronisti credono di trovare il ghetto d'Europa, la miseria assoluta. Se riuscissero a non scappare, si accorgerebbero di avere dinanzi i pilastri dell'economia, la miniera nascosta, la tenebra da dove trova energia il cuore pulsante del mercato.

Ricevevo dai giornalisti televisivi le proposte più incredibili. Alcuni mi chiesero di mettermi sull'orecchio una microtelecamera e girare per le strade "che conoscevo io", seguendo persone "che sapevo io". Sognavano di far derivare da Scampia una puntata di un reality dove poter riprendere un omicidio e lo spaccio di droga. Uno sceneggiatore mi diede un dattiloscritto che raccontava una storia di sangue e morte, dove il diavolo del Secolo Nuovo veniva concepito nel rione Terzo Mondo. Per un mese mangiai gratis tutte le sere, venivo invitato dalle troupe televisive per sottopormi a assurde iniziative, per cercare di ricevere informazioni. A Secondigliano e Scampia durante il periodo della faida si creò un vero e proprio indotto di accompagnatori, spiegatori ufficiali, confidenti, guide indiane nella riserva di camorra. Moltissimi ragazzi avevano una tecnica. Gironzolavano vicino alle postazioni dei giornalisti, fingendo di star spacciando o fingendo di essere dei pali, appena qualcuno trovava il coraggio di avvicinarli subito si dichiaravano disponibili a raccontare, spiegare, farsi riprendere. Subito dichiaravano le tariffe. Cinquanta euro per la testimonianza, cento euro per un giro attraverso le piazze di spaccio, duecento per entrare nella casa di qualche spacciatore che abitava alle Vele.

Per comprendere il ciclo dell'oro non si può solo fissare la pepita e la miniera. Si doveva partire da Secondigliano e poi seguire la traccia degli imperi dei clan. Le guerre di camorra mettono i paesi dominati dalle famiglie sulla cartina geografica, l'entroterra campano, le terre dell'osso, territori che qualcuno chiama il Far West d'Italia, che una violenta leggenda vuole più ricchi di mitra che di forchette. Ma al di là della violenza che nasce in fasi particolari, qui si foggia una ricchezza esponenziale di cui queste terre non vedono che bagliori lontani. Ma nulla di questo venne raccontato, le tv, gli inviati, i loro lavori, tutto venne riempito dall'estetica della suburra napoletana.

Il 29 gennaio viene ammazzato Vincenzo De Gennaro. Il 31 gennaio uccidono Vittorio Bevilacqua in una salumeria. Il 1° febbraio Giovanni Orabona, Giuseppe Pizzone e Antonio Patrizio vengono massacrati. Li ammazzano con uno stratagemma antiquato ma sempre efficace, i killer fingono di essere poliziotti. Giovanni Orabona era il ventitreenne attaccante del Real Casavatore. Stavano camminando quando un'auto li fermò. Aveva una sirena sul tetto. Scesero due uomini con i tesserini della polizia. I ragazzi non tentarono di fuggire né di fare resistenza. Sapevano come dovevano comportarsi, si lasciarono ammanettare e caricare in auto. L'auto poi d'improvviso si fermò e li fece scendere. I tre forse non capirono subito, ma quando videro le pistole tutto fu chiaro. Era un'imboscata. Non erano poliziotti, ma gli Spagnoli. Il gruppo ribelle. Due, inginocchiati e sparati alla testa, furono finiti subito, il terzo, dalle tracce ritrovate sul luogo, aveva tentato di scappare, con le mani legate dietro la schiena e la testa come unico perno d'equilibrio. Cadde. Si rialzò. Ricadde. Lo raggiunsero, gli puntarono un'automatica in bocca. Il cadavere aveva i denti rotti, il ragazzo aveva tentato di mordere la canna della pistola, per istinto, come per spezzarla.

Il 27 febbraio da Barcellona arrivò la notizia dell'arresto di Raffaele Amato. Stava giocando in un casinò al black jack, cercava di alleggerirsi di liquidi. I Di Lauro erano riusciti a colpire solo suo cugino Rosario bruciandogli la casa. Amato, secondo le accuse della magistratura napoletana, era il capo carismatico degli Spagnoli. Era cresciuto proprio in via Cupa dell'Arco, la strada di Paolo Di Lauro e della sua famiglia. Amato era diventato un dirigente di spessore da quando mediava sui traffici di droga e gestiva le puntate d'investimento. Secondo le accuse dei pentiti e le indagini dell'Antimafia, godeva di un credito illimitato presso i trafficanti internazionali, e riusciva a importare quintali di cocaina. Prima che i poliziotti in passamontagna lo sbattessero con la faccia per terra, Raffaele Amato aveva già avuto una battuta d'arresto: quando venne arrestato in un hotel a Casandrino insieme a un altro luogotenente del gruppo e a un grosso trafficante albanese, che si faceva aiutare negli affari da un interprete d'eccellenza, il nipote di un ministro di Tirana.

Il 5 febbraio è il turno di Angelo Romano. Il 3 marzo Davide Chiarolanza viene ammazzato a Melito. Aveva riconosciuto i killer, forse gli avevano dato persino appuntamento. È stato finito mentre tentava di scappare verso la sua macchina. Ma non è la magistratura, né la polizia e i carabinieri che riescono a bloccare la faida. Le forze dell'ordine tamponano, sottraggono braccia, ma non sembrano riuscire a fermare l'emorragia militare. Mentre la stampa insegue la cronaca nera inciampando su interpretazioni e valutazioni, un quotidiano partenopeo riesce a raggiungere la notizia di un patto tra gli Spagnoli e i Di Lauro, un patto di pace momentanea, siglato con la mediazione del clan Licciardi. Un patto voluto dagli altri clan secondiglianesi e forse anche dagli altri cartelli camorristici, i quali temevano che il silenzio decennale sul loro potere potesse essere interrotto dal conflitto. Bisognava nuovamente permettere allo spazio legale di ignorare i territori di accumulazione criminale. Il patto non è stato trascritto da qualche carismatico boss in una notte in cella. Non è stato diffuso di nascosto, ma pubblicato su un giornale, un quotidiano. In un articolo a firma di Simone Di Meo apparso su "Cronache di Napoli" il 27 giugno 2005 è stato possibile leggerlo, comprenderlo, capirlo. Ecco i punti d'accordo pubblicati:

1) Gli scissionisti hanno preteso la restituzione degli alloggi sgomberati tra novembre e gennaio a Scampia e Secondigliano. Circa ottocento persone costrette dal gruppo di fuoco di Di Lauro a lasciare le case.

2) Il monopolio dei Di Lauro sul mercato della droga è spezzato. Non si torna indietro. Il territorio dovrà essere diviso in maniera equa. La provincia agli scissionisti, Napoli ai Di Lauro.

3) Gli scissionisti potranno servirsi dei propri canali per l'importazione della droga senza più ricorrere obbligatoriamente alla mediazione dei Di Lauro.

4) Le vendette private sono separate dagli affari ossia gli affari sono più importanti delle questioni personali. Se tra anni si verificherà una vendetta legata alla faida questa non farà riaccendere le ostilità ma rimarrà sul piano privato.

Il boss dei boss secondiglianesi dev'essere tornato. L'hanno segnalato ovunque, dalla Puglia al Canada. Per beccarlo, da mesi si muovono i servizi segreti. Lascia tracce, Paolo Di Lauro, minuscole, invisibili, come il suo potere prima della faida. Pare si sia fatto operare in una clinica marsigliese, la stessa che avrebbe ospitato il boss di Cosa Nostra Bernardo Provenzano. È tornato per siglare la pace o per limitare i danni. È qui, ormai si sente la sua presenza, l'aria è cambiata. Il boss scomparso da dieci anni, colui che in una telefonata di un affiliato «doveva tornare, anche a costo di rischiare il carcere». Il boss fantasma, dal viso sconosciuto persino agli affiliati: «Ti prego fammelo vedere, solo per un attimo, solo uno, lo guardo e poi me ne vado» aveva chiesto un affiliato al boss Maurizio Prestieri.

Paolo Di Lauro lo beccano in via Canonico Stornaiuolo, il 16 settembre 2005. Nascosto nella modesta casa di Fortunata Liguori, la donna di un affiliato di basso rango. Una casa anonima come quella in cui trascorreva la latitanza suo figlio Cosimo. Nella foresta di cemento è più facile mimetizzarsi, in case qualsiasi si vive senza facce e senza rumore. Un'assenza più totale quella urbana, più anonima del nascondersi in una botola o in un doppio fondo. Paolo Di Lauro era stato vicino all'arresto il giorno del suo compleanno. La sfida massima era tornare a casa a mangiare con la famiglia, mentre la polizia di mezza Europa lo inseguiva. Ma qualcuno lo avvertì in tempo. Quando i carabinieri entrarono nella villa di famiglia trovarono la tavola apparecchiata con il suo posto vuoto. Questa volta però i reparti speciali dei carabinieri, i ROS, vanno a colpo sicuro. Quando entrano in casa, i carabinieri sono agitatissimi. Sono le quattro del mattino dopo un'intera notte di osservazione. Il boss però non reagisce, anzi li calma.

«Entrate... io sono calmo... non ci sono problemi.»

Venti volanti scortano l'auto in cui viene fatto salire, più quattro lepri, le motociclette che anticipano il percorso, controllando che tutto sia tranquillo. Il corteo fugge, il boss è sul blindato. I percorsi per trasportarlo in caserma potevano essere tre. Attraversare via Capodimonte per poi sfrecciare lungo via Pessina e piazza Dante, oppure bloccare ogni accesso al corso Secondigliano e imboccare la tangenziale per dirigersi al Vomero. Nel caso di massimo pericolo avevano previsto di far atterrare un elicottero e trasportarlo per aria. Le lepri segnalano che lungo il percorso c'è un'auto sospetta. Tutti si aspettano un agguato. Ma è un falso allarme. Trasportano il boss alla caserma dei carabinieri "Pastrengo", nel cuore di Napoli. L'elicottero si abbassa e la polvere e il terriccio dell'aiuola al centro della piazza iniziano ad agitarsi in un mulinello a mezz'aria pieno di buste di plastica, fazzolettini di carta, fogli di giornale. Un mulinello di spazzatura.

Non c'è alcun pericolo. Ma bisogna strillare l'arresto, mostrare che si è riusciti a prendere l'imprendibile, ad arrestare il boss. Quando arriva il carosello di blindati e volanti, e i carabinieri vedono che i giornalisti sono già presenti all'entrata della caserma, si siedono sulla portiera dell'auto a cavalcioni. Finestrini come sellini, impugnano vistosamente la pistola, hanno sul viso il passamontagna e indossano la pettorina dei carabinieri. Dopo l'arresto di Giovanni Brusca non c'è carabiniere o poliziotto che non voglia farsi riprendere in quella posizione. Lo sfogo per le nottate d'appostamenti, la soddisfazione per la preda catturata, la furbizia da ufficio stampa per occupare le prime pagine con certezza. Quando Paolo Di Lauro esce dalla caserma, non ha la spavalderia di suo figlio Cosimo, si piega in due, faccia per terra, lascia solo la pelata nuda a telecamere e fotografi. È forse soltanto un modo per tutelarsi. Farsi fotografare da centinaia di obiettivi da ogni angolatura, farsi riprendere da decine di telecamere avrebbe mostrato il suo volto a tutt'Italia, facendo magari denunciare a ignari vicini di casa di averlo visto, di essergli stati vicino. Meglio non agevolare le indagini, meglio non disvelare i propri percorsi clandestini. Ma qualcuno legge la sua testa bassa come semplice fastidio per flash e telecamere, il fastidio di essere ridotto a bestia da mostra.

Dopo alcuni giorni Paolo Di Lauro venne portato in tribunale, nell'aula 215. Presi posto tra il pubblico di parenti. L'unica parola che il boss pronunciò fu "presente". Tutto il resto lo articolò senza voce. Gesti, occhiolini, ammiccamenti, sorrisi, divengono la sintassi muta attraverso cui comunica dalla sua gabbia. Saluta, risponde, rassicura. Alle mie spalle prese posto un omone brizzolato. Paolo Di Lauro sembrava fissarmi, in realtà aveva intravisto l'uomo dietro me. Si guardarono per qualche secondo, poi il boss gli fece l'occhiolino.

Sembrava che dopo aver saputo la notizia dell'arresto molti fossero venuti a salutare il boss che per anni, a causa della latitanza, non avevano potuto incontrare. Paolo Di Lauro era in jeans e polo scura. Ai piedi le Paciotti, le scarpe che indossano tutti i dirigenti dei clan da queste parti. I secondini gli liberarono i polsi togliendogli i ceppi, le manette. Per lui un'unica gabbia. In aula entra tutto il gotha dei clan del nord di Napoli: Raffaele Abbinante, Enrico D'Avanzo, Giuseppe Criscuolo, Arcangelo Valentino, Maria Prestieri, Maurizio Prestieri, Salvatore Britti e Vincenzo Di Lauro. Uomini ed ex uomini del boss, ora divisi in due gabbie: fedeli e Spagnoli. Il più elegante è Prestieri, giacca blu e camicia oxford azzurra. È lui il primo che dal gabbione si avvicina al vetro di protezione che lo separa dal boss. Si salutano. Arriva anche Enrico D'Avanzo, riescono persino a bisbigliare qualcosa tra le fessure del vetro antiproiettile. Molti dirigenti non lo vedevano da anni. Suo figlio Vincenzo non lo incontra più da quando nel 2002 divenne latitante, rifugiandosi a Chivasso in Piemonte dove fu arrestato nel 2004.

Non staccai lo sguardo dal boss. Ogni gesto, ogni smorfia mi sembrava sufficiente per riempire intere pagine di interpretazioni, per fondare nuovi codici della grammatica dei gesti. Col figlio però avvenne un dialogo silenzioso strano. Vincenzo indicò con l'indice l'anulare della sua mano sinistra come per chiedere al padre: "La fede?". Il boss si passò le mani ai lati della testa, poi mimò un volante come se stesse guidando. Non riuscivo a decifrare bene i gesti. L'interpretazione che i giornali ne diedero fu che Vincenzo aveva chiesto al padre come mai fosse senza la fede e il padre gli avesse fatto capire che i carabinieri gli avevano tolto tutto l'oro. Dopo i gesti, gli ammiccamenti, i labiali veloci, gli occhiolini e le mani attaccate sul vetro blindato, Paolo Di Lauro si bloccò in un sorriso guardando il figlio. Si diedero un bacio attraverso il vetro. L'avvocato del boss al termine dell'udienza chiese di poter permettere un abbraccio tra i due. Venne concesso. Sette poliziotti lo presidiarono:

«Sei pallido» disse Vincenzo e il padre gli rispose fissandolo negli occhi: «Da molti anni questa faccia non vede il sole».

I latitanti arrivano spesso allo stremo delle forze prima di essere catturati. La fuga continua mostra l'impossibilità di godere della propria ricchezza e questo rende i boss ancora più in simbiosi con il proprio Stato maggiore, che diviene l'unica vera misura del loro successo economico e sociale. I sistemi di protezione, la morbosa e ossessiva necessità di pianificare ogni passo, la parte maggiore del tempo rinchiusi in una stanza a moderare e coordinare gli affari e le imprese fanno vivere i boss in latitanza come ergastolani del proprio business. Una signora nell'aula del tribunale mi raccontò un episodio della latitanza di Di Lauro. D'aspetto poteva sembrare una professoressa, aveva una tintura più gialla che bionda, con evidente ricrescita alla scriminatura. Quando iniziò a parlare aveva una voce rauca e pesante. Raccontava di quando Paolo Di Lauro ancora girava per Secondigliano costretto a muoversi con strategie meticolose. Sembrava quasi fosse dispiaciuta per le privazioni del boss. Mi confidava che Di Lauro aveva cinque auto dello stesso colore, modello e targa. Le faceva partire tutte e cinque quando doveva spostarsi, ma ovviamente sedeva solo in una. Tutte e cinque avevano la scorta e nessuno dei suoi uomini sapeva con certezza se nell'auto ci fosse lui o meno. La macchina usciva dalla villa e loro si accodavano dietro per scortarla. Un modo sicuro per evitare tradimenti: fosse anche quello più immediato di segnalare che il boss si stava muovendo. La signora lo raccontava con un tono di profonda commiserazione per la sofferenza e la solitudine di un uomo sempre costretto a pensare di essere ammazzato. Dopo le tarantelle di gesti e abbracci, dopo i saluti e gli ammiccamenti dei personaggi appartenenti al potere più feroce di Napoli, il vetro blindato che separava il boss dagli altri era pieno di tracce di tutt'altro tipo: manate, strisce di grasso, ombre di labbra.

Dopo meno di ventiquattr'ore dall'arresto del boss, venne trovato alla rotonda di Arzano un ragazzo polacco che tremava come una foglia mentre cercava con difficoltà di buttare nella spazzatura un enorme fagotto. Il polacco era imbrattato di sangue e la paura rendeva difficile ogni suo gesto. Il fagotto era un corpo. Un corpo martoriato, torturato, sfigurato in modo talmente atroce che sembrava impossibile si potesse conciare così un corpo. Una mina fatta inghiottire a qualcuno e poi esplosa nello stomaco avrebbe fatto meno scempio. Il corpo era di Edoardo La Monica, ma non si distinguevano più i lineamenti. La faccia aveva soltanto le labbra, il resto era tutto sfondato. Il corpo pieno zeppo di buchi era ovunque incrostato di sangue. L'avevano legato e poi con una mazza chiodata seviziato lentamente, per ore. Ogni botta sul corpo era un foro, botte che non rompevano solo le ossa ma foravano la carne, chiodi che entravano e uscivano. Gli avevano tagliato le orecchie, mozzato la lingua, spaccato i polsi, cavato gli occhi con un cacciavite, da vivo, da sveglio, da cosciente. E poi per ucciderlo gli avevano sfondato la faccia con un martello e con un coltello inciso una croce sulle labbra. Il corpo doveva finire nella spazzatura per farlo ritrovare marcio, tra la monnezza in una discarica. Il messaggio scritto sulla carne viene da tutti decifrato con chiarezza, anche se non vi sono altre prove che quella tortura. Tagliate le orecchie con cui hai sentito dove il boss era nascosto, spezzati i polsi con cui hai mosso le mani per ricevere i soldi, cavati gli occhi con cui hai visto, tagliata la lingua con la quale hai parlato. La faccia sfondata che hai perso dinanzi al Sistema facendo quello che hai fatto. Sigillate le labbra con la croce: chiuse per sempre dalla fede che hai tradito. Edoardo La Monica era incensurato. Un cognome pesantissimo il suo, quello di una delle famiglie che avevano reso Secondigliano terra di camorra e miniera d'affari. La famiglia dove Paolo Di Lauro aveva mosso i primi passi. La morte di Edoardo La Monica somiglia a quella di Giulio Ruggiero. Entrambi dilaniati, torturati con meticolosità a poche ore dagli arresti dei boss. Scarnificati, pestati, squartati, scuoiati. Da anni non si vedevano più omicidi con così tanta diligente e sanguinaria volontà simbolica: con la fine del potere di Cutolo e del suo killer Pasquale Barra detto "'o nimale" famoso per aver ucciso in carcere Francis Turatello, e avergli azzannato il cuore dopo averglielo strappato dal petto con le mani. Queste ritualità si erano estinte, ma la faida di Secondigliano le aveva riesumate rendendo ogni gesto, ogni centimetro di carne, ogni parola uno strumento di comunicazione di guerra.

In conferenza stampa gli ufficiali dei ROS dichiararono che l'arresto era avvenuto individuando la vivandiera che acquistava il pesce preferito da Di Lauro, la pezzogna. Il racconto sembrava sin troppo adatto a sgretolare l'immagine di un boss potentissimo, capace di muovere centinaia di sentinelle ma che infine si era fatto beccare per un peccato di gola. Neanche per un attimo a Secondigliano sembrò credibile la traccia dell'inseguimento della pezzogna. Molti indicavano piuttosto il SISDE come unico responsabile dell'arresto. Il SISDE era intervenuto, lo confermavano anche le forze dell'ordine, ma a Secondigliano era difficile, difficilissimo intuirne la presenza. La traccia di qualcosa che si avvicinasse molto all'ipotesi che seguivano molti cronisti, ossia che il SISDE avesse messo a stipendio diverse persone della zona in cambio di informazioni o di non-interferenza, l'avevo trovata in alcuni spezzoni di chiacchiere da bar. Uomini che prendendo il caffè o cappuccino con cornetto pronunciavano frasi tipo:

«Visto che tu prendi i soldi da James Bond...»

Mi capitò due volte, in quei giorni, di sentir nominare in modo furtivo o allusivo 007, un fatto troppo piccolo e risibile per trarne qualsiasi cosa, al tempo stesso troppo anomalo per passare inosservato.

La strategia dei servizi segreti nell'arresto di Di Lauro potrebbe essere stata quella di individuare i responsabili tecnici delle vedette, assoldarli così da poter far dislocare tutti i pali e le sentinelle in altre zone impedendo di dare allarme e far fuggire il boss. La famiglia di Edoardo La Monica smentisce ogni suo possibile coinvolgimento, affermando che il ragazzo non aveva mai fatto parte del Sistema, che aveva paura dei clan e dei loro affari. Forse ha pagato al posto di qualcun altro della sua famiglia, ma la chirurgica tortura sembra essere stata commissionata per venire ricevuta e non spedita attraverso il suo corpo a qualcun altro.

Un giorno vidi un gruppetto di persone non lontano da dove era stato ritrovato il corpo di Edoardo La Monica. Un ragazzo cominciò a indicare il proprio anulare e poi toccandosi la testa muoveva le labbra, senza emettere suono. Mi venne in mente subito, come un cerino acceso davanti alle palpebre, il gesto di Vincenzo Di Lauro nell'aula di tribunale, quel gesto strano, insolito, quel chieder come prima cosa, dopo anni che non vedeva il padre, dell'anello. L'anello, in napoletano "aniello". Un messaggio per indicare Aniello e l'anulare come fede. Quindi la fedeltà tradita, come se stesse segnalando il ceppo familiare del tradimento. Da dove era arrivata la responsabilità dell'arresto. Chi aveva parlato.

Aniello La Monica era il patriarca della famiglia, per anni nel quartiere hanno chiamato i La Monica gli "anielli" come i Gionta di Torre Annunziata venivano chiamati i "valentini" dal boss Valentino Gionta. Aniello La Monica, secondo le dichiarazioni del pentito Ruocco e di Luigi Giuliano, era stato fatto fuori proprio dal suo figlioccio Paolo Di Lauro. Certo è che gli uomini dei La Monica sono tutti nelle file dei Di Lauro. Ma questa atroce morte potrebbe essere la punizione per la vendetta di quella morte di vent'anni prima, una vendetta servita fredda, gelida, con una delazione più violenta di una raffica di colpi. Una memoria lunga, lunghissima. Una memoria che sembra condivisa dai clan che a Secondigliano si sono succeduti ai vertici del potere e dal quartiere stesso su cui regnano. Ma che resta fondata su voci, ipotesi e sospetti capaci forse di produrre effetti come un arresto clamoroso o un corpo martoriato, però mai depositarsi in verità. Una verità che dev'essere sempre ostinatamente interpretata, come un geroglifico che, ti insegnano, è meglio non decifrare.

Secondigliano era tornata a vivere nei suoi meccanismi economici di sempre. Gli Spagnoli e i Di Lauro avevano tutti i dirigenti in galera. Nuovi capizona stavano emergendo, nuovi dirigenti ragazzini iniziavano a muovere i primi passi nelle sfere del comando. La parola faida nel corso dei mesi è scomparsa e si è iniziato a definirla "Vietnam".

«Quello.. ha fatto il Vietnam... quindi mo deve stare tranquillo.»

«Dopo il Vietnam qua tutti hanno paura...»

«Il Vietnam è finito o no?»

Sono frammenti di frasi pronunciate ai cellulari dalle nuove leve del clan. Telefonate intercettate dai carabinieri per giungere all'arresto di Salvatore Di Lauro l'8 febbraio 2006, il diciottenne figlio del boss che aveva iniziato a coordinare un piccolo esercito di ragazzini per lo spaccio. Gli Spagnoli hanno perso la battaglia, ma pare abbiano raggiunto il loro obiettivo di rendersi autonomi, con un cartello proprio ed egemone comandato da giovanissimi. I carabinieri hanno intercettato un SMS che una ragazzina ha mandato a un capopiazza giovanissimo arrestato durante il periodo della faida e tornato a spacciare appena uscito di galera: "Auguri per il lavoro e il ritorno nel rione, mi emoziona la tua vittoria, congratulazioni!".

La vittoria era quella militare, le congratulazioni per averla combattuta dalla parte giusta. I Di Lauro sono in galera, ma hanno salvato pelle e business, almeno quello familiare.

La situazione si calmò d'improvviso dopo le trattative tra i clan e dopo gli arresti. Giravo per una Secondigliano sfiancata, calpestata da troppe persone, fotografata, ripresa, abusata. Affaticata da tutto. Riuscivo a fermarmi davanti ai murales di Felice Pignataro, davanti ai volti del sole, ai teschi ibridati coi pagliacci. Murales che regalavano al cemento armato un marchio di leggera e inaspettata bellezza. D'improvviso esplosero in cielo dei fuochi d'artificio, e i rumori ossessivi dei tric-trac non terminavano mai. Le troupe giornalistiche, che stavano smantellando le loro postazioni dopo l'arresto del boss, si catapultarono a vedere cosa fosse. L'ultimo servizio prezioso, due intere palazzine erano in festa. Accesero i microfoni, i fari illuminavano le facce, telefonarono ai capiservizio per annunciare un servizio sui festeggiamenti degli Spagnoli per l'arresto di Paolo Di Lauro. Mi avvicinai per chiedere cosa fosse, un ragazzo mi rispose contento per la mia domanda: «È per Peppino, è uscito dal coma». Peppino stava andando a lavorare un anno prima quando la sua Ape, il treruote che lo portava al mercato, aveva iniziato a sbandare e si era capovolta. Le strade napoletane sono idrosolubili, dopo due ore di pioggia il basalto inizia a galleggiare e il catrame si scioglie come fosse impastato con la salsedine. L'Ape si era ribaltata e Peppino aveva avuto un gravissimo trauma cranico. Per recuperarlo dalla scarpata dove era finita l'Ape avevano usato un trattore fatto venire dalla campagna. Dopo un anno di coma si era svegliato e dopo qualche mese l'ospedale gli aveva dato il permesso di tornare a casa. Il quartiere festeggiava il suo ritorno. Appena sceso dall'auto, mentre ancora lo sistemavano in carrozzella avevano fatto partire i primi fuochi d'artificio. I bambini si facevano fare le fotografie mentre gli accarezzavano la testa completamente rasata. La madre di Peppino lo proteggeva da carezze e baci troppo violenti per le sue forze stremate. Gli inviati che erano sul posto ritelefonarono alle redazioni, bloccarono tutto, la serenata calibro 38 che volevano riprendere era svanita in una festa per un ragazzino uscito dal coma. Tornarono indietro per andare agli alberghi, io proseguii. Mi infilai a casa di Peppino, come un felice imboscato a una festa troppo allegra per mancare. Per tutta la notte brindai alla salute di Peppino con tutte le persone del palazzo. Sparsi sui gradini delle scale, tra pianerottoli e porte aperte senza comprendere di chi fossero le case aperte e piene d'ogni cosa sui tavoli. Completamente zuppo di vino mi misi a fare la staffetta con la Vespa tra un bar ancora aperto e casa di Peppino rifornendo tutti di bottiglie di rosso e Coca Cola. Quella notte Secondigliano era silenziosa e stremata. Senza giornalisti ed elicotteri. Senza vedette e pali. Un silenzio che faceva venire voglia di dormire, come di pomeriggio sulla sabbia con le braccia intrecciate sotto la nuca non pensando più a niente.

Donne

Avevo addosso come l'odore di qualcosa di indefinibile. Come la puzza che impregna il cappotto quando si entra in friggitoria e poi uscendo lentamente si attenua, mischiandosi ai veleni dei tubi di scappamento. Puoi farti decine di docce, mettere la carne a mollo in vasca per ore con i sali e i balsami più odorosi: non te la togli più di dosso. E non perché è entrata nella carne come il sudore degli stupratori, ma l'odore che ti senti addosso comprendi che l'avevi già dentro; come sprigionato da una ghiandola che non era mai stata stimolata, una ghiandola sopita che d'improvviso si mette a secernere, attivata ancor prima che dalla paura da una sensazione di verità. Come se esistesse nel corpo qualcosa in grado di segnalarti quando stai fissando il vero. Con tutti i sensi. Senza mediazioni. Una verità non raccontata, riportata, fotografata, ma è lì che ti si dà. Capire come funzionano le cose, come va il percorso del presente. Non c'è pensiero che possa attestare verità a ciò che hai visto. Dopo aver fissato una guerra di camorra nelle pupille, le immagini troppo numerose gonfiano la memoria, e non ti vengono in mente singolarmente ma tutte insieme, sovrapponendosi e confondendosi. Non puoi fare affidamento sugli occhi. Non ci sono rovine di palazzi, dopo una guerra di camorra, e la segatura secca presto il sangue. Come se fossi stato soltanto tu a vedere o subire, come se qualcuno fosse pronto a indicarti col dito e dire "non è vero".

L'aberrazione di una guerra di clan, capitali che si fronteggiano, investimenti che si scannano, ipotesi finanziarie che si divorano, trova sempre una motivazione consolatrice, un senso che possa sospingere altrove il pericolo, capace di far sentire lontano, lontanissimo un conflitto che sta invece avvenendo nell'androne di casa. Puoi collocare tutto in un casellario di senso che lentamente ti costruisci, ma gli odori, quelli non possono essere irreggimentati, ci sono. Lì. Come traccia estrema e unica di un patrimonio d'esperienza disperso. Nel naso mi erano rimasti odori; non solo l'odore di segatura e sangue, né i dopobarba dei ragazzini soldati messi su guance senza peli, ma soprattutto i sapori dei profumi femminili. Mi rimaneva sotto le narici l'odore pesante dei deodoranti, delle lacche, dei profumi dolci.

Le donne sono sempre presenti nelle dinamiche di potere dei clan. Non è casualità che la faida di Secondigliano ha visto eliminare due donne con ferocia riservata solitamente solo ai boss. Così come centinaia di donne erano scese in strada a impedire gli arresti di spacciatori e sentinelle, a incendiare cassonetti e strattonare per i gomiti i carabinieri. Le ragazzine le vedevo correre ogni volta che una telecamera spuntava per strada, si catapultavano davanti agli obiettivi, sorridevano, accennavano un motivetto, chiedevano di essere intervistate, gironzolavano intorno al cameraman per vedere quale logo ci fosse sulla telecamera, per capire quale televisione le stesse riprendendo. Non si sa mai. Qualcuno avrebbe potuto osservarle e chiamarle in qualche trasmissione. Le occasioni qui non capitano ma si strappano coi denti, si comprano, si cercano scavando. Le occasioni devono uscire per forza. E così anche con i ragazzi, nulla è lasciato alla casualità dell'incontro, al fato dell'innamoramento. Ogni conquista è una strategia. E le ragazze che non fanno strategie rischiano una leggerezza pericolosa e di trovarsi mani dappertutto e lingue così insistenti da trapanare i denti serrati. Il jeans attillato, la maglietta aderente: tutto deve rendere la bellezza un'esca. La bellezza in certi luoghi sembra una trappola, anche se la più piacevole delle trappole. E così se cedi, se insegui il piacere di un momento, non sai a cosa vai incontro. La ragazza sarà tanto più brava se riuscirà a farsi corteggiare dal migliore e una volta caduto nella trappola, conservarlo, trattenerlo, sopportarlo, ingoiarlo a naso tappato. Ma tenerlo per sé. Tutto. Una volta passavo vicino a una scuola. Da una moto scese una ragazzina. Scese lentamente per dare il tempo a tutti di osservare bene la moto, il casco, i guanti da motociclista e i suoi stivali a punta che a stento riusciva a mettere per terra. Un bidello, uno di quelli eterni che tengono sotto gli occhi generazioni di ragazzini, le si avvicinò e disse: «France', ma già fai ammore? E poi con Angelo, ma tu lo sai che finisce a Poggioreale?».

"Fa ammore" non significa fare l'amore, ma fidanzarsi. Questo Angelo era da poco entrato nel Sistema e non sembrava ricoprire cariche poco importanti. Presto secondo il bidello sarebbe finito nel carcere di Poggioreale. Prima ancora che la ragazzina tentasse di difendere il suo ragazzo, aveva pronta una risposta. Una risposta di quelle che sembrano trovarsi in tasca: «E qual è il problema perché non mi dà lo stesso la mesata? Quello mi vuole bene veramente...».

La mesata. Questo il primo successo della ragazza. Qualora fosse finito in galera il suo ragazzo, avrebbe conquistato un salario. La mesata è il salario mensile che i clan danno alle famiglie degli affiliati. Fidanzandosi, la mesata viene girata alla fidanzata anche se conviene, per essere certi della reversibilità, essere incinta. Non necessariamente sposata, basta un bambino, anche solo nella pancia. Se sei soltanto fidanzata rischi che si presenti al clan qualche altra ragazza, magari sino ad allora tenuta nascosta, ragazze che non sanno l'una dell'altra. In questo caso o è il responsabile di zona del clan che decide se dividere la mesata tra due donne, cosa rischiosa perché genera molta tensione tra famiglie, o si fa decidere all'affiliato a quale ragazza darla. Si decide nella maggior parte delle volte di non dare la mesata a nessuna delle due, girandola direttamente alla famiglia del carcerato e risolvendo così di netto il problema. Matrimonio o puerperio, sono gli elementi che garantiscono con certezza gli stipendi. I soldi vengono portati quasi sempre a mano, evitando così di lasciare troppe tracce sui conti correnti. Vengono portati dai "sottomarini". Il sottomarino è la persona che viene incaricata di distribuire le mensilità. Li chiamano così perché strisciano sul fondo delle strade. Non si fanno mai vedere, non devono essere facilmente rintracciabili perché possono essere ricattati, messi sotto pressione, rapinati. Emergono dalla strada d'improvviso, arrivando alle stesse case seguendo percorsi sempre diversi. Il sottomarino cura gli stipendi dei livelli più bassi del clan. I dirigenti invece chiedono la somma di cui hanno bisogno di volta in volta e trattano direttamente con i cassieri. I sottomarini non sono parte del Sistema, non vengono affiliati; potrebbero, gestendo i salari, sfruttare questo ruolo fondamentale e aspirare a crescere nel clan. Sono quasi sempre pensionati, ragionieri di negozio, vecchi contabili di bottega, che lavorando per i clan incassano un altro stipendio arrotondando la pensione e soprattutto riuscendo a uscire di casa senza marcire davanti alla televisione. Bussano il 28 di ogni mese, poggiano le loro buste di plastica sui tavoli e poi dall'interno della giacca, da una tasca gonfissima, cacciano una busta di carta con sopra scritto il cognome dell'affiliato morto o in galera e la danno alla moglie, o se non c'è al figlio più grande. Quasi sempre assieme alla mesata portano anche un po' di spesa. Prosciutto, frutta, pasta, uova, un po' di pane. Salgono le scale strusciando le buste vicino alle pareti. Quello struscio continuo, i piedi pesanti, quello è il campanello del sottomarino. Sono sempre carichi come asini, comprano la spesa nelle stesse salumerie e dai medesimi fruttivendoli, fanno un unico carico che poi portano a tutte le famiglie. Si comprende quante mogli di carcerati o vedove di camorristi vivono in una strada da come il sottomarino è carico.

Don Ciro è stato l'unico sottomarino che sono riuscito a conoscere. È del centro storico, ha curato gli stipendi di clan ormai allo sbando ma che lentamente, in questa nuova fase fertile, stanno cercando di riorganizzarsi e non soltanto di sopravvivere. I clan dei Quartieri Spagnoli e per alcuni anni anche quelli di Forcella. Ora lavorava saltuariamente per il clan del quartiere Sanità. Don Ciro era talmente capace di trovare nel dedalo dei vicoli napoletani case, bassi, seminterrati, palazzi senza numero civico, case ricavate negli angoli dei pianerottoli, che a volte i postini, che si perdevano continuamente, gli affidavano la posta da portare ai suoi clienti. Don Ciro aveva le scarpe sfondate, nel senso che l'alluce gli faceva un bozzo, come un bubbone, in punta e le suole erano consumate sul tallone. Quelle scarpe erano davvero l'emblema del sottomarino e simboli autentici dei chilometri macinati a piedi per vicoli e salite, di percorsi resi più lunghi nelle strade del corpo di Napoli, assaliti dalla paranoia di inseguimenti o rapine. Don Ciro indossava pantaloni maltrattati, sembravano puliti ma non stirati. Non aveva più moglie e la sua nuova compagna moldava era troppo giovane per occuparsi davvero di lui. Pauroso sin nel midollo, guardava sempre per terra anche quando mi parlava, aveva i baffi gialli, laccati dalla nicotina così come l'indice e il medio della mano destra. I sottomarini danno la mesata anche agli uomini delle donne finite dentro. È umiliante per loro ricevere la mesata della moglie carcerata, così in genere i sottomarini, per evitare finti rimproveri, urla sui pianerottoli, plateali cacciate di casa fatte però senza dimenticare mai di prendere prima la busta coi soldi, per evitare tutto questo, vanno in casa delle madri delle affiliate, e recapitano a loro il mensile da girare alla famiglia della detenuta. I sottomarini ascoltano ogni tipo di lamentela dalle mogli degli affiliati. Lamentele sull'aumento delle bollette, del fitto, sui figli che si fanno bocciare o che vogliono andare all'università. Ascoltano ogni richiesta, ogni inciucio sulle mogli degli altri affiliati che hanno più soldi perché i mariti più furbi sono riusciti a crescere di grado all'interno dei clan. Mentre parlano, il sottomarino ripete continuamente «lo so, lo so, lo so». Come per far sfogare meglio le signore, a fine discorso pronuncia soltanto due tipi di risposte: «Non dipende da me» oppure «Io porto solo i soldi: chi decide non sono io». Le mogli sanno bene che i sottomarini non decidono nulla, ma sperano che riempiendoli di lamentele prima o poi qualcosa dalla bocca del sottomarino uscirà dinanzi a qualche capozona, e forse si decideranno ad aumentare i salari e a concedere maggiori favori. Don Ciro era talmente abituato a dire «lo so lo so», che ogni qual volta si parlava con lui, su qualsiasi argomento lui cantilenava «lo so, lo so, lo so». Aveva portato le mesate a centinaia di donne di camorra, avrebbe potuto tracciare memorie precise di generazioni di donne, di mogli e fidanzate e anche di uomini soli. Storiografie dei commenti critici a boss e politici, ma don Ciro era un sottomarino silenzioso e malinconico che davvero aveva fatto della sua testa un corpo vuoto dove rimbombava, senza lasciar traccia, ogni parola ascoltata. Mentre gli parlavo mi aveva trascinato dal centro alla periferia di Napoli, poi mi salutò e prese un bus che l'avrebbe fatto tornare al punto da dove eravamo partiti. Era tutto parte della strategia di depistaggio per evitare che intuissi, anche soltanto lontanamente, dove abitasse.

Per molte donne sposare un camorrista spesso è come ricevere un prestito, come un capitale conquistato. Se destino e capacità lo permetteranno quel capitale frutterà, e le donne diventeranno imprenditrici, dirigenti, generalesse di un potere illimitato. Può andare male e rimarranno solo ore in sala d'attesa nelle carceri e preghiere umilianti per andare a fare la colf in concorrenza con le slave, per poter pagare gli avvocati e dare da mangiare ai figli, se il clan va in rovina e non riesce più a dare la mesata. Le donne di camorra attraverso il loro corpo concedono fondamento ad alleanze, il loro volto e il loro comportamento raccolgono e dimostrano il potere della famiglia, in pubblico si riconoscono i loro veli neri ai funerali, le urla durante gli arresti, i baci lanciati oltre le sbarre durante le udienze ai processi.

L'immagine delle donne di camorra sembra comporsi di

156

visioni scontate, donne capaci di fare da eco solo al dolore e alle volontà dei maschi: fratelli, mariti, figli. Non è così. La trasformazione del mondo camorristico negli ultimi anni ha portato anche a una metamorfosi del ruolo femminile che da identità materna, da assistente di sventura è divenuta vera e propria figura manageriale, impegnata quasi esclusivamente nell'attività imprenditoriale e finanziaria, delegando ad altri le imprese militari e i traffici illegali.

Una figura storica di dirigente camorrista è sicuramente Anna Mazza, vedova del padrino di Afragola, una delle prime donne in Italia a essere condannata per reati d'associazione mafiosa, come capo di un sodalizio criminale e imprenditoriale tra i più potenti. Anna Mazza sfruttò inizialmente l'aura del marito Gennaro Moccia, ucciso negli anni '70. La "vedova nera della camorra", come venne ribattezzata, fu la vera mente del clan Moccia per oltre vent'anni, capace di ramificare ovunque il suo potere al punto tale che inviata negli anni '90 in soggiorno obbligato vicino Treviso riuscì – secondo diverse indagini – a prendere contatti con la mafia del Brenta, cercando di rinsaldare la sua rete di potere persino in totale isolamento. Fu accusata subito dopo la morte del marito di aver armato la mano del figlio non ancora tredicenne per uccidere il mandante dell'omicidio del padre. Ma per insufficienza di prove da quest'accusa è stata assolta. La Mazza aveva una gestione verticistica, imprenditoriale e fortemente ostile a impennate militari, capace di condizionare ogni ambito del territorio da lei egemonizzato, come dimostra lo scioglimento nel 1999, per infiltrazioni camorristiche, del comune di Afragola. I politici la seguivano, cercavano il suo appoggio. Anna Mazza era una pioniera. Prima di lei c'era stata solo Pupetta Maresca, la bella killer vendicatrice che divenne celebre in tutt'Italia a metà anni '50, quando incinta di sei mesi decise di vendicare la morte del marito Pascalone 'e Nola.

Anna Mazza non fu soltanto vendicatrice. Comprese che sarebbe stato più semplice sfruttare il ritardo culturale dei boss camorristi godendo di una sorta di impunità che veniva riservata alle donne. Un ritardo culturale che la rendeva immune da agguati, invidie, e conflitti. Negli anni '80 e '90 riuscì a dirigere la famiglia con spiccata propensione al miglioramento delle proprie imprese, alla volontà di trovare vantaggio attraverso una certosina scalata nell'ambito edilizio. Il clan Moccia divenne tra i più importanti nella gestione degli appalti edili, nel controllo delle cave e nella mediazione dell'acquisto di terreni edificabili. Tutto il napoletano che si dipana da Frattamaggiore, Crispano, Sant'Antimo e poi Frattaminore, Caivano, è dominato da capizona legati ai Moccia. Negli anni '90 divennero uno dei pilastri della Nuova Famiglia, il vasto cartello di clan che si oppose alla Nuova Camorra Organizzata di Raffaele Cutolo e che fu capace come giro d'affari e potere politico di superare i cartelli di Cosa Nostra. Con il tracollo dei partiti che avevano ricevuto vantaggio dall'alleanza con le imprese dei clan, i boss della Nuova Famiglia si ritrovarono a essere gli unici arrestati e condannati all'ergastolo. Non volevano pagare al posto dei politici che avevano aiutato e sostenuto. Non volevano essere considerati il cancro di un sistema che invece avevano tenuto in piedi essendone parte viva e produttiva, anche se criminale. Decisero di pentirsi. Negli anni '90 Pasquale Galasso, boss di Poggiomarino, fu il primo personaggio di altissimo calibro imprenditoriale e militare che iniziò a collaborare con la giustizia. Nomi, logiche, capitali, una scelta di pentimento totale, che fu ripagata dallo Stato con la tutela dei beni della sua famiglia, e in parte anche i suoi. Galasso svelò tutto ciò che sapeva. Furono i Moccia la famiglia della grande confederazione che prese su di sé l'incarico di farlo tacere per sempre. Le parole di Galasso avrebbero potuto distruggere il clan della vedova in una manciata di ore e in pochi giri di rivelazioni. Tentarono di corrompere la sua scorta per farlo avvelenare, progettarono di eliminarlo a colpi di bazooka. Ma dopo i falliti tentativi militari organizzati dai maschi di casa per eliminarlo, intervenne Anna Mazza che intuì esser giunto il momento di una nuova strategia. Proporre la dissociazione. Fece trasmigrare il concetto dal terrorismo alla camorra. I militanti delle organizzazioni armate si dissociavano senza pentirsi, senza svelare nomi e accusare mandanti ed esecutori. Dissociarsi era una presa di distanza ideologica, una decisione della coscienza, un tentativo di delegittimare una pratica politica il cui solo rifiuto morale, ufficializzato, bastava a procurare sconti di pena. Per la vedova Mazza sarebbe stato davvero il trucco migliore per eliminare ogni pericolo di pentimento, e al contempo far credere che i clan fossero esterni allo Stato. Allontanarsi ideologicamente dalla camorra, usufruendo dei vantaggi, degli sconti di pena, dei miglioramenti delle condizioni carcerarie, ma senza svelare meccanismi, nomi, conti correnti, alleanze. Quella che per alcuni osservatori poteva essere considerata un'ideologia, quella camorrista appunto, per i clan non era altro che l'agire economico e militare di un gruppo in affari. I clan si stavano trasformando: la retorica criminale cessava, la mania cutoliana dell'ideologizzazione dell'agire camorrista era esaurita. La dissociazione poteva essere la soluzione al letale potere dei pentiti, che seppur gonfio di contraddizioni è il vero fulcro dell'attacco al potere della camorra. E la vedova comprese l'alto potenziale di questo trucco. I figli scrissero a un prete facendo mostra di volersi redimere, una macchina piena di armi avrebbe dovuto esser lasciata ad Acerra davanti a una chiesa come simbolo di "dissociazione" del clan, come l'IRA fa con gli inglesi. Deposizione delle armi. Ma la camorra non è un'organizzazione indipendentista, un nucleo armato, e le sue armi non sono il suo reale potere. Quella macchina non fu mai fatta trovare e la strategia della dissociazione nata dalla testa di una donna boss, lentamente perse fascino, non venne ascoltata dal parlamento e dalla magistratura, ma neanche più sostenuta dai clan. I pentiti divennero sempre di più e con verità sempre meno utili, e le grandi rivelazioni di Galasso sconfessarono gli apparati militari dei clan, lasciandone però praticamente intatti i piani imprenditoriali e politici. Anna Mazza continuò la sua costruzione di una sorta di matriarcato della camorra. Le donne come vero centro del potere e gli uomini braccia armate, mediatori, dirigenti soltanto dopo le decisioni delle donne. Decisioni importanti, economiche e militari, spettavano alla vedova nera.

Le donne del clan garantivano maggiore capacità imprenditoriale, minore ossessione riguardo l'ostentazione del potere e minore volontà di conflitto. Donne le dirigenti, donne le loro guardaspalle, donne le imprenditrici del clan. Una sua "dama di compagnia", Immacolata Capone, nel corso degli anni fece fortuna all'interno del clan. Immacolata fu la madrina di Teresa, la figlia della vedova. Non aveva un aspetto da matrona con capelli fonati e guance piene come Anna Mazza, Immacolata era minuta, un caschetto biondo sempre ordinato, un'eleganza sobria. Non aveva nessun tratto dell'ombrosa camorrista. E piuttosto che alla ricerca di uomini che le conferissero maggiore autorevolezza, erano gli uomini che si legavano a lei per avere protezione. Sposò Giorgio Salierno, camorrista implicato nei tentativi di ostacolare il pentito Galasso, e poi si legò a un uomo del clan Puca di Sant'Antimo, una famiglia dal passato potente vicina a Cutolo, un clan reso celebre dal fratello del compagno di Immacolata, Antonio Puca. Nella sua tasca fu trovata un'agendina con il nome di Enzo Tortora, il presentatore televisivo accusato ingiustamente di essere un camorrista. Quando Immacolata raggiunse la maturità economica e dirigenziale, il clan era in crisi. Carcere e pentiti avevano messo a repentaglio il certosino lavoro di donna Anna. Ma Immacolata puntò tutto sul cemento, gestiva anche una fabbrica di laterizi al centro di Afragola. L'imprenditrice aveva fatto di tutto per legarsi al potere del clan dei Casalesi, che più di ogni altro gestisce sul piano nazionale e internazionale gli affari nel campo dell'edilizia e delle costruzioni. Secondo le indagini della DDA di Napoli, Immacolata Capone fu l'imprenditrice capace di riportare le ditte dei Moccia a conquistare nuovamente la leadership nel campo dell'edilizia. A sua disposizione vi era la ditta MOTRER, una delle imprese più importanti nel campo del movimento terra del Mezzogiorno italiano. Aveva messo su un impeccabile meccanismo – secondo le indagini – con il consenso di un politico locale. Il politico concedeva gli appalti, l'imprenditore li vinceva e donna Immacolata li prendeva in subappalto. Credo di averla vista soltanto una volta. Proprio ad Afragola mentre stava entrando in un supermarket. Le sue guardaspalle erano due ragazze. La scortavano seguendola con una Smart, la piccola auto biposto che ogni donna di camorra possiede. Dallo spessore delle porte però quella Smart sembrava blindata. Nell'immaginario le guardie del corpo donna possono apparire come quelle culturiste dove ogni muscolo gonfiato le rende maschili. Cosce a grappoli, pettorali che hanno ingollato i seni, bicipiti ipertrofici, collo a tronco. Le guardaspalle che mi trovai davanti invece non avevano niente della virago. Una bassina con sedere grosso e molle e una tintura nera eccessiva, l'altra magra, esile, spigolosa. Mi colpì l'abbigliamento curatissimo, entrambe avevano qualcosa che ricordava i colori della Smart, giallo fluorescente. Una aveva una maglietta dello stesso colore dell'auto, mentre la donna al volante aveva la montatura degli occhiali da sole gialla. Un giallo che non poteva essere stato scelto per caso, né tantomeno indossato per una coincidenza. Era uno dei tocchi di professionalità. La stessa tonalità di giallo della tuta da motociclista che Uma Thurman indossa in *Kill Bill* di Quentin Tarantino, un film dove per la prima volta donne sono protagoniste criminali di prim'ordine. Quel giallo della tuta che Uma Thurman indossa anche nel manifesto del film, con la spada da samurai sguainata, e che ti rimane negli occhi e forse anche sulle papille gustative. Un giallo così falso da diventare simbolo. L'impresa vincente deve dare un'immagine vincente. Nulla viene lasciato al caso, neanche il colore dell'auto e la divisa delle guardie del corpo. La Capone aveva dato l'esempio dal momento che moltissime donne inserite a diverso titolo e livello nei clan pretendono la scorta femminile, e ne curano l'armonia di stile e immagine.

Qualcosa però non stava andando per il verso giusto. Forse aveva invaso territori non suoi, forse conservava segreti ricattatori: Immacolata Capone venne uccisa nel marzo 2004 a Sant'Antimo, il paese del suo compagno. Era senza scorta. Non credeva forse di correre un pericolo. L'esecuzione avvenne al centro del paese, i killer si mossero a piedi. Immacolata Capone appena intuì di essere seguita iniziò a scappare, la gente intorno credeva fosse stata scippata e stesse inseguendo i ladri, ma la borsa l'aveva a tracolla. Correva tenendosi la borsa stretta al petto in un istinto che non permette di lasciare, di far cascare per terra ciò che rende più complicata la corsa per salvarsi la vita. Immacolata entrò in una polleria, ma non fece in tempo a rifugiarsi dietro al bancone. La raggiunsero e posarono la canna della pistola dietro la nuca. Due colpi secchi: il ritardo culturale, che evitava di toccare le donne, di cui aveva goduto Anna Mazza, venne così colmato. Il cranio sfondato dai proiettili e la faccia riversa nel sangue denso mostrarono il nuovo corso della politica militare dei clan. Nessuna differenza tra uomo e donna. Nessun presunto codice d'onore. Ma il matriarcato dei Moccia ha agito lentamente mantenendosi sempre pronto ai grandi affari, controllando un territorio con investimenti oculati e mediazioni finanziarie di prim'ordine, egemonizzando l'acquisto di terreni, evitando faide e alleanze che avrebbero potuto ingerire nelle imprese di famiglia.

Ora su un territorio egemonizzato dalle loro ditte si erge il più grande complesso Ikea d'Italia e il più esteso cantiere dell'alta velocità del Mezzogiorno italiano partirà proprio da questa zona. Per l'ennesima volta, nell'ottobre 2005, il comune di Afragola è stato sciolto per infiltrazione camorristica. Le accuse sono pesanti, oltre duecentocinquanta assunzioni di persone, legate da stretti vincoli di parentela al clan Moccia, sono state chieste da un gruppo di consiglieri comunali di Afragola al presidente di una struttura commerciale.

Nella decisione di sciogliere il consiglio hanno pesato anche alcune concessioni edilizie date in violazione delle norme. Ci sono megastrutture sui terreni di proprietà dei boss e si parla anche dell'ospedale che dovrebbe essere costruito su terreni acquistati dal clan Moccia, proprio in concomitanza con i dibattiti in consiglio comunale. Terreni acquistati a prezzo basso, bassissimo e dopo esser divenuti suoli su cui edificare l'ospedale, venduti ovviamente a costi astronomici. Un guadagno del 600 per cento sul prezzo iniziale. Un guadagno che solo le donne dei Moccia potevano ottenere.

Donne in trincea per difendere i beni e le proprietà del clan, come fece Anna Vollaro, nipote del boss del clan di Portici, Luigi Vollaro. Aveva ventinove anni quando i poliziotti si presentarono per sequestrare l'ennesimo locale della famiglia, una pizzeria. Prese una tanica di benzina, se la versò addosso e con un accendino si diede fuoco. Per evitare che qualcuno tentasse di spegnere le fiamme iniziò a correre all'impazzata. Finì per sbattere contro il muro e l'intonaco si annerì come quando una presa della corrente va in cortocircuito. La Vollaro si fece ardere viva per protestare contro il sequestro di un bene acquistato con capitali illeciti che lei considerava soltanto il risultato di un percorso imprenditoriale normale, naturale.

Si crede che nella prassi criminale il vettore militare porti, una volta raggiunto il successo, al ruolo di imprenditore. Non è così, o almeno non sempre. Ne è un esempio la faida di Quindici, un paese in provincia di Avellino, che subisce da anni la presenza asfissiante e perenne dei clan Cava e Graziano. Le due famiglie sono da sempre in guerra, le donne costituiscono il vero fulcro economico. Il terremoto dell'80 distrugge la Valle di Lauro, la pioggia di miliardi di lire per la ricostruzione dà origine a una borghesia imprenditrice camorrista, ma a Quindici accade qualcosa di più e di diverso di quanto avviene in tutte le altre zone della Campania: non solo uno scontro tra fazioni, ma una faida familiare che nel corso degli anni fa registrare una quarantina di agguati feroci che seminano lutti tra i due nuclei contendenti. Si innesca una carica di odio insanabile che contagia come un morbo dell'anima tutti i rappresentanti delle due famiglie per diverse generazioni. Il paese assiste impotente all'arena in cui si scannano e massacrano le due fazioni. I Cava negli anni '70 rappresentano una costola dei Graziano. Lo scontro nasce quando piovono a Quindici, negli anni '80, cento miliardi di lire per la ricostruzione post-terremoto, una somma che innesca il conflitto per disaccordi circa le quote di appalti e tangenti da spartire. I capitali che arrivano faranno costruire a entrambe le famiglie, attraverso la gestione delle donne dei due clan, piccoli imperi edili. Un giorno mentre il sindaco del paese, fatto eleggere dai Graziano, è nel suo ufficio, un commando dei Cava bussa alla sua porta. Non spararono subito, e questo diede il tempo al sindaco di aprire la finestra, uscire dal suo ufficio, arrampicarsi sul tetto del municipio e scappare sui tetti delle case, sfuggendo all'agguato. Il clan Graziano ha avuto tra le sue fila cinque sindaci, di cui due morti assassinati e tre rimossi, dal Presidente della Repubblica, per rapporti con la camorra. Ci fu un momento in cui però le cose sembrarono poter mutare. Una giovane farmacista, Olga Santaniello, venne eletta sindaco. Solo una donna tenace poteva rispondere al potere delle donne dei Cava e dei Graziano. Tentò in tutti i modi di sciacquare il lerciume del potere dei clan, ma non ce la fece. Una gravissima alluvione il 5 maggio del 1998 investì tutto il Vallo di Lauro, le case si spugnarono d'acqua e fango, le terre divennero stagni melmosi e le vie dei canali inagibili. Olga Santaniello morì annegata. Quel fango che la soffocò divenne doppiamente prolifico per i clan. L'alluvione portò altri danari, e con i nuovi capitali aumentò il potere delle due famiglie. Ci fu l'elezione di Antonio Siniscalchi, riconfermato quattro anni dopo in maniera plebiscitaria. Dopo la prima vittoria elettorale di Siniscalchi, dalla sede dei seggi si snodò un corteo a piedi, al quale parteciparono sindaco, consiglieri e i loro più aperti sostenitori. Il corteo raggiunse la frazione Brosagro sfilando davanti all'abitazione di Arturo Graziano, detto "guaglione", ma non era a lui che i saluti erano rivolti. Erano destinati soprattutto alle donne dei Graziano che, in fila sul balcone in ordine di età, ricevevano gli omaggi del nuovo sindaco dopo che la morte aveva definitivamente eliminato Olga Santaniello. Successivamente Antonio Siniscalchi venne arrestato in un blitz della DDA di Napoli nel giugno del 2002. Secondo le accuse della Procura Antimafia di Napoli, con i primi fondi della ricostruzione aveva dato in appalto i lavori per rifare il viale e la recinzione della villa bunker dei Graziano.

Le ville sparse a Quindici, i nascondigli segreti, le strade asfaltate e la pubblica illuminazione erano opera del comune che con i soldi pubblici aiutava i Graziano e li rendeva immuni da attentati e agguati. Gli esponenti delle due famiglie vivevano barricati dietro cancelli invalicabili e sorvegliati ventiquattro ore su ventiquattro da telecamere a circuito chiuso.

Il boss Biagio Cava venne arrestato all'aeroporto di Nizza mentre stava imbarcandosi per New York. Una volta in carcere tutto il potere andò nelle mani della figlia, della moglie, delle donne del clan. Solo le donne si fecero vedere in paese, non erano soltanto le amministratrici occulte, le menti, ma divennero anche il simbolo ufficiale delle famiglie, le facce e gli occhi del potere. Per strada quando si incontravano le famiglie rivali si scambiavano occhiate feroci, sguardi alti, che si appiccicano sugli zigomi in un gioco assurdo che vede perdenti gli occhi che si abbassano. La tensione in paese era altissima quando le donne dei Cava compresero che era giunto il tempo di imbracciare le armi. Da imprenditrici dovevano divenire killer. Si addestrarono negli androni di casa, musica alta per coprire i rumori delle pistole scaricate contro i sacchi di nocciole provenienti dai loro latifondi. Mentre si svolgevano le elezioni comunali del 2002 iniziarono a girare armate per il paese nella loro Audi 80. Erano Maria Scibelli, Michelina Cava e le ragazzine Clarissa e Felicetta Cava di sedici e diciannove anni. In via Cassese l'auto delle donne dei Cava incrociò l'auto delle Graziano, c'erano Stefania e Chiara Graziano di venti e ventuno anni. Dall'auto delle Cava iniziarono a sparare ma le donne dei Graziano, come se si aspettassero l'agguato, inchiodarono la loro macchina e riuscirono a sterzare. Accelerarono, fecero inversione, scapparono. I colpi avevano rotto finestrini e bucato lamiere, ma non colpito la carne. Le due ragazze tornarono in villa gridando. Decisero di scendere a vendicare l'affronto direttamente la madre delle due ragazze, Anna Scibelli e il boss Luigi Salvatore Graziano, il settantenne patriarca della famiglia. Partirono tutti sulla sua Alfa, dietro di loro un'auto blindata con quattro persone armate di mitra e fucili. Intercettaronono l'Audi delle Cava e la tamponarono ripetutamente. L'auto di appoggio bloccava ogni via d'uscita laterale, poi sorpassò l'auto inseguita e le si inchiodò davanti ostruendo ogni altra via di fuga. Le donne dei Cava dopo il primo scontro a fuoco andato a vuoto, temendo di essere fermate dai carabinieri, si erano liberate delle armi. Così trovandosi dinanzi l'auto sterzarono e aprirono gli sportelli e si catapultarono fuori cercando di scappare a piedi. I Graziano scesero dalle auto e iniziarono a sparare contro le donne. Una pioggia di piombo investì gambe, teste, spalle, seni, guance, occhi. Caddero tutte a terra in pochi secondi, sparpagliando le scarpe e rimanendo con i piedi all'aria. Pare che i Graziano infierissero sui corpi, ma non si accorsero che una era ancora viva. Felicetta Cava infatti si salvò. Nella borsa di una delle Cava trovarono una boccetta di acido, forse oltre a sparare avrebbero voluto persino sfregiare le nemiche gettando acido sul viso.

Le donne sono maggiormente capaci di affrontare il crimine come se fosse soltanto lo spazio di un momento, il giudizio di qualcuno, uno scalino toccato e subito superato. Questo le donne dei clan lo mostrano con maggiore evidenza. Si sentono offese, vilipese quando vengono definite camorriste, criminali. Come se criminale fosse solo un giudizio su un operato, non un gesto oggettivo, un comportamento. Ma solo un'accusa. Sino a oggi del resto, a differenza degli uomini, nessuna donna, boss di camorra, si è pentita. Mai.

Ferocemente a difesa dei beni della famiglia si è sempre adoperata Erminia Giuliano, detta Celeste per il colore dei suoi occhi, la bella e appariscente sorella di Carmine e Luigi, i boss di Forcella, che – secondo le indagini – è il riferimento assoluto nel clan circa la gestione dei beni immobili e dei capitali investiti nel settore commerciale. Celeste ha l'immagine della napoletana classica, della guappa del centro storico, i capelli tinti biondo platino, gli occhi chiari gelidi sempre affogati in tuorli di ombretto nero. Lei gestiva gli indotti economici e legali del clan. Nel 2004 furono confiscati ai Giuliano i beni nati dall'attività imprenditoriale, ventotto milioni di euro, il vero polmone economico del clan. Avevano un insieme di catene di negozi, a Napoli e provincia, e un'azienda titolare di un marchio divenuto notissimo, attraverso l'abilità d'impresa e la protezione militare ed economica del clan. Un marchio che ha una rete in franchising composta da cinquantasei punti vendita in Italia e a Tokyo, Bucarest, Lisbona e Tunisi.

Il clan Giuliano, egemone negli anni '80 e '90, nasce nel ventre molle di Napoli, a Forcella, il quartiere che attira su di sé ogni mitologia da casba, ogni leggenda di ombelico marcio del centro storico. I Giuliano sembrano un clan giunto al capolinea, lentamente emerso dalla miseria, dal contrabbando alle puttane, dalla gestione dell'estorsione porta a porta ai rapimenti. Una dinastia enorme basata su cugini, nipoti, zii, parenti. L'acme del potere lo raggiunsero alla fine degli anni '80 e ora sono portatori di una sorta di carisma che non può scomparire. Ancora oggi chi vuol comandare nel centro storico deve vedersela con i Giuliano. Un clan con il fiato sul collo della miseria e del terrore di ritornare miserabili. Una delle affermazioni di Luigi Giuliano, il re di Forcella, che più mostrava il suo disgusto per la miseria l'aveva raccolta il cronista Enzo Perez: «Io non sono d'accordo con Tommasino, a me il presepe mi piace, sono i pastori che mi fanno schifo!».

Il volto del potere assoluto del sistema camorristico assume sempre più i tratti femminili, ma anche gli esseri stritolati, schiacciati dai cingolati del potere sono donne. Annalisa Durante, uccisa a Forcella il 27 marzo 2004 dal fuoco incrociato, a quattordici anni. Quattordici anni. Quattordici anni. Ripeterselo è come passarsi una spugna d'acqua gelata lungo la schiena. Sono stato al funerale di Annalisa Durante. Sono arrivato presto nei pressi della chiesa di Forcella. I fiori non erano ancora giunti, manifesti affissi ovunque, messaggi di cordoglio, lacrime, strazianti ricordi delle compagne di classe. Annalisa è stata uccisa. La serata calda, forse la prima serata realmente calda di questa stagione terribilmente piovosa, Annalisa aveva deciso di trascorrerla giù al palazzo d'una amica. Indossava un vestitino bello e suadente. Aderiva al suo corpo teso e tonico, già abbronzato. Queste serate sembrano nascere apposta per incontrare ragazzi, e quattordici anni per una ragazza di Forcella è l'età propizia per iniziare a scegliersi un possibile fidanzato da traghettare sino al matrimonio. Le ragazze dei quartieri popolari di Napoli a quattordici anni sembrano già donne vissute. I volti sono abbondantemente dipinti, i seni sono mutati in turgidissimi meloncini dai pushup, portano stivali appuntiti con tacchi che mettono a repentaglio l'incolumità delle caviglie. Devono essere equilibriste provette per reggere il vertiginoso camminare sul basalto, pietra lavica che riveste le strade di Napoli, da sempre nemica d'ogni scarpa femminile. Annalisa era bella. Parecchio bella. Con l'amica e una cugina stava ascoltando musica, tutte e tre lanciavano sguardi ai ragazzetti che passavano sui motorini, impennando, sgommando, impegnandosi in gincane rischiosissime tra auto e persone. È un gioco al corteggiamento. Atavico, sempre identico. La musica preferita dalle ragazze di Forcella è quella dei neomelodici, cantanti popolari di un circuito che vende moltissimo nei quartieri popolari napoletani, ma anche palermitani e baresi. Gigi D'Alessio è il mito assoluto. Colui che ce l'ha fatta a uscire dal microcircuito imponendosi in tutt'Italia, gli altri, centinaia di altri, sono rimasti invece piccoli idoli di quartiere, divisi per zona, per palazzo, per vicolo. Ognuno ha il suo cantante. D'improvviso però, mentre lo stereo spedisce in aria un acuto gracchiante del neomelodico, due motorini, tirati al massimo, rincorrono qualcuno. Questo scappa, divora la strada con i piedi. Annalisa, sua cugina e l'amica non capiscono, pensano che stanno scherzando, forse si sfidano. Poi gli spari. Le pallottole rimbalzano ovunque. Annalisa è a terra, due pallottole l'hanno raggiunta. Tutti fuggono, le prime teste iniziano ad affacciarsi ai balconi sempre aperti per auscultare i vicoli. Le urla, l'ambulanza, la corsa in ospedale, l'intero quartiere riempie le strade di curiosità e ansia.

Salvatore Giuliano è un nome importante. Chiamarsi così sembra già essere una condizione sufficiente per comandare. Ma qui a Forcella non è il ricordo del bandito siciliano a conferire autorità a questo ragazzo. È soltanto il suo cognome. Giuliano. La situazione è stata peggiorata dalla scelta di parlare fatta da Lovigino Giuliano. Si è pentito, ha tradito il suo clan per evitare l'ergastolo. Ma come spesso accade nelle dittature, anche se il capo viene tolto di mezzo, nessun altro se non un suo uomo può prenderne il posto. I Giuliano quindi, anche se con il marchio dell'infamia, continuavano a essere gli unici in grado di mantenere rapporti con i grandi corrieri del narcotraffico e imporre la legge della protezione. Col tempo però Forcella si stanca. Non vuole più essere dominata da una famiglia di infami, non vuole più arresti e polizia. Chi vuole prendere il loro posto deve fare fuori l'erede, deve imporsi ufficialmente come sovrano e scacciare la radice dei Giuliano, il nuovo erede: ovvero Salvatore Giuliano, il nipote di Lovigino. Quella sera era il giorno stabilito per ufficializzare l'egemonia, per far fuori il rampollo che stava alzando la testa e mostrare a Forcella l'inizio di un nuovo dominio. Lo aspettano, lo individuano. Salvatore cammina tranquillo, si accorge all'improvviso di essere nel mirino. Scappa, i killer lo inseguono, corre, vuole gettarsi in qualche vicolo. Iniziano gli spari. Giuliano con molta probabilità passa davanti alle tre ragazze, approfitta di loro come scudo e nel trambusto estrae la pistola, inizia a sparare. Qualche secondo e poi fugge via, i killer non riescono a beccarlo. Quattro sono le gambe che corrono all'interno del portone per cercare rifugio. Le ragazze si girano, manca Annalisa. Escono. È a terra, sangue ovunque, un proiettile le ha aperto la testa.

In chiesa riesco ad avvicinarmi ai piedi dell'altare. Lì c'è la bara di Annalisa. Ai quattro lati ci sono vigili in alta uniforme, l'omaggio della regione Campania alla famiglia della ragazzina. La bara è colma di fiori bianchi. Un cellulare, il suo cellulare viene poggiato vicino la base del feretro. Il padre di Annalisa si lamenta. Si agita, balbetta qualcosa, saltella, muove i pugni nelle tasche. Mi si avvicina, ma non è a me che si rivolge, dice: «E adesso? E adesso?». Appena il padre scoppia a piangere tutte le donne della famiglia iniziano a urlare, a battersi, a dondolarsi con strilli acutissimi, appena il capofamiglia smette di piangere, tutte le donne riprendono il silenzio. Dietro scorgo le panche con le ragazzine, amiche, cugine, semplici vicine di Annalisa. Imitano le loro madri, nei gesti, nello scuotere la testa, nelle cantilene che ripetono: «Non esiste! Non è possibile!». Si sentono investite di un ruolo importante: confortare. Eppure trapela da loro orgoglio. Un funerale per una vittima di camorra è per loro un'iniziazione, al pari del menarca o del primo rapporto sessuale. Come le loro madri, con questo evento prendono parte attiva alla vita del quartiere. Hanno le telecamere rivolte verso di loro, i fotografi, tutti sembrano esistere per loro. Molte di queste ragazzine si sposeranno tra non molto con camorristi, di alto o di infimo grado. Spacciatori o imprenditori. Killer o commercialisti. Molte di loro avranno figli ammazzati e faranno la fila al carcere di Poggioreale per portare notizie e soldi ai mariti in galera. Ora però sono soltanto bambine in nero, senza dimenticare i pantaloni a vita bassa e i perizoma. È un funerale, ma sono vestite in modo accurato. Perfetto. Piangono un'amica, sapendo che questa morte le renderà donne. E, nonostante il dolore, non ne vedevano l'ora. Penso al ritorno eterno delle leggi di questa terra. Penso che i Giuliano hanno raggiunto il massimo potere quando Annalisa non era ancora nata e sua madre era una ragazzina che frequentava ragazzine, che poi sono divenute mogli dei Giuliano e dei loro affiliati, hanno da adulte ascoltato la musica di D'Alessio, hanno osannato Maradona che con i Giuliano ha sempre condiviso cocaina e festini, memorabile la foto di Diego Armando Maradona nella vasca a forma di conchiglia di Lovigino. Vent'anni dopo, Annalisa muore mentre stavano rincorrendo e sparando a un Giuliano, mentre un Giuliano rispondeva al fuoco usandola come scudo, o forse semplicemente passandole accanto. Un percorso storico identico, eternamente uguale. Imperituro, tragico, perenne.

La chiesa ormai è stracolma. La polizia e i carabinieri però continuano a essere nervosi. Non capisco. Si agitano, perdono la pazienza per un nonnulla, camminano nervosi. Capisco dopo qualche passo. Mi allontano dalla chiesa e vedo che un'auto dei carabinieri divide la folla di persone accorse al funerale da un gruppo di individui tirati a lustro, su moto lussuose, in macchine decappottabili, su scooter potenti. Sono i membri del clan Giuliano, gli ultimi fedelissimi di Salvatore. I carabinieri temono che possano esserci insulti tra questi camorristi e la folla, e che possa generarsi un putiferio. Per fortuna non accade nulla, ma la loro presenza è profondamente simbolica. Attestano che nessuno può dominare nel centro storico di Napoli senza il loro volere, o quantomeno senza la loro mediazione. Mostrano a tutti che loro ci sono e sono ancora i capi, nonostante tutto.

La bara bianca esce dalla chiesa, una folla preme per toccarla, molti svengono, le urla belluine iniziano a incrinare i timpani. Quando il feretro passa sotto la casa di Annalisa, la madre che non ce l'ha fatta ad assistere alla funzione in chiesa tenta di gettarsi dal balcone. Urla, si dimena, il volto è gonfio e rosso. Un gruppo di donne la trattiene. La solita scena tragica avviene. Sia ben chiaro, il pianto rituale, le scenate di dolore non sono menzogne e finzioni. Tutt'altro. Mostrano però la condanna culturale in cui vivono tutt'ora gran parte delle donne napoletane, costrette ancora ad appellarsi a forti comportamenti simbolici per attestare il loro dolore e renderlo riconoscibile all'intera comunità. Benché tremendamente vero, questo frenetico dolore apparentemente mantiene le caratteristiche di una sceneggiata.

I giornalisti si avvicinano appena. Antonio Bassolino e Rosa Russo Iervolino sono terrorizzati, temono che il quartiere possa rivoltarsi contro di loro. Non accade, la gente di Forcella ha imparato a trarre vantaggio dalla politica e non si vuole inimicare nessuno. Qualcuno applaude alle forze dell'ordine. Qualche giornalista si eccita per questo gesto. Carabinieri osannati nel quartiere della camorra. Che ingenuità. Quell'applauso è stata una provocazione. Meglio i carabinieri che i Giuliano. Ecco cosa hanno voluto dire. Alcune telecamere tentano di raccogliere testimonianze, si avvicinano a una vecchietta dall'aspetto fragile. Arraffa subito il microfono e urla: «Per colpa di quelli... mio figlio si farà cinquant'anni anni di carcere! Assassini!». L'odio contro i pentiti è celebrato. La folla preme, la tensione è altissima. Pensare che una ragazzina è morta perché aveva deciso di ascoltare musica assieme alle amiche, sotto un portone in una serata di primavera, fa girare le viscere. Ho la nausea. Devo restare calmo. Devo capire, se possibile. Annalisa è nata e vissuta in questo mondo. Le sue amiche le raccontavano delle fughe in moto con i ragazzi del clan, lei stessa si sarebbe forse innamorata di un bel ragazzetto ricco, capace di far carriera nel Sistema o forse di un bravo guaglione che si spaccava la schiena tutto il giorno per quattro soldi. Il suo destino sarebbe stato quello di lavorare in una fabbrica in nero, di borse, dieci ore al giorno per cinquecento euro al mese. Annalisa era impressionata dal marchio sulla pelle che hanno le operaie che lavorano il cuoio, nel suo diario era scritto: "le ragazze che lavorano con le borse hanno sempre le mani nere, stanno per tutto il giorno chiuse in fabbrica. C'è anche mia sorella Manu ma almeno a lei il datore di lavoro non la costringe a lavorare anche quando non si sente bene". Annalisa è divenuta simbolo tragico perché la tragedia si è compiuta nel suo aspetto più terribile e consustanziale: l'assassinio. Qui però non esiste attimo in cui il mestiere di vivere non appaia una condanna all'ergastolo, una pena da scontare attraverso un'esistenza brada, identica, veloce, feroce. Annalisa è colpevole d'essere nata a Napoli. Nulla di più, nulla di meno. Mentre il corpo di Annalisa nella bara bianca viene portato via a spalla, la compagna di banco lascia trillare il suo cellulare. Squilla sul feretro: è il nuovo requiem. Un trillo continuo, poi musicale, accenna una melodia dolce. Nessuno risponde.

Seconda parte

Kalashnikov

Ci avevo passato le dita sopra. Avevo anche chiuso gli occhi. Facevo scivolare il polpastrello dell'indice sull'intera superficie. Dall'alto in basso. Poi quando passavo sul buco, mezza unghia si arenava. Lo facevo su tutte le vetrine. A volte nei fori entrava l'intero polpastrello, a volte mezzo. Poi aumentai la velocità, percorrevo la superficie liscia in modo disordinato come se il mio dito fosse una sorta di verme impazzito che entrava e usciva dai buchi, superava gli avvallamenti, scorazzando sul vetro. Sin quando il polpastrello mi si tagliò di netto. Continuai a strisciarlo lungo la vetrina lasciando un alone acquoso rosso porpora. Aprii gli occhi. Un dolore sottile, immediato. Il buco si era riempito di sangue. Smisi di fare l'idiota e iniziai a succhiare la ferita.

I fori dei kalashnikov sono perfetti. Si stampano violenti sui vetri blindati, scavano, intaccano, sembrano dei tarli che mordicchiano e poi lasciano la galleria. I colpi di mitra visti da lontano danno un'impressione strana, come decine di bollicine formatesi nel cuore del vetro, tra le diverse patine blindate. Quasi nessun commerciante dopo una sventagliata di kalashnikov sostituisce le vetrine. Qualcuno spreme dentro i fori la pasta di silicone, qualcun altro li copre con nastri adesivi neri, la maggior parte lascia tutto così com'è. Una vetrina blindata di un negozio può costare anche cinquemila euro, meglio tenersi quindi queste decorazioni violente. E poi in fondo, magari divengono anche attrattiva per gli acquirenti che si fermano con curiosità, chiedendosi che cosa è successo, intrattenendosi con il proprietario dell'esercizio, insomma magari comprano anche qualcosa in più del dovuto. Piuttosto che sostituire i vetri blindati si aspetta magari che li facciano implodere con la prossima raffica. A quel punto l'assicurazione paga, perché se si arriva la mattina presto e si fanno scomparire i vestiti, la raffica di mitra viene rubricata come rapina.

Sparare sulle vetrine non è sempre un gesto di intimidazione, un messaggio da veicolare con le pallottole, quanto piuttosto una necessità militare. Quando arrivano nuove partite di kalashnikov bisogna testarli. Vedere se funzionano, notare se la canna è ben messa, prenderci confidenza, verificare che i caricatori non si inceppino. Potrebbero provare i mitra in campagna, sui vetri di vecchie auto blindate, comprare lastre da sfasciare in tranquillità. Non lo fanno. Sparano invece sulle vetrine, sulle porte blindate, sulle saracinesche, un modo per ricordare che non c'è cosa che non possa esser loro e che tutto, in fondo, è una concessione momentanea, una delega di un'economia che solo loro gestiscono. Una concessione, null'altro che una concessione che in ogni momento potrebbe esser revocata. E poi c'è anche un vantaggio indiretto poiché in zona le vetrerie che hanno i migliori prezzi sui vetri blindati sono tutte legate ai clan, quindi più vetrine rovinate, più danaro per le vetrerie.

La notte precedente erano arrivati una trentina di kalashnikov dall'est. Dalla Macedonia. Skopje-Gricignano d'Aversa, un viaggio veloce, tranquillo che aveva riempito i garage della camorra di mitra e fucili a pompa. La camorra, appena cadde la cortina socialista, incontrò i dirigenti dei partiti comunisti in disfacimento. Al tavolo della trattativa si sedettero rappresentando l'Occidente potente, capace e silenzioso. Sapendo della loro crisi, i clan acquistarono informalmente dagli stati dell'est – Romania, Polonia, ex Jugoslavia – interi depositi di armi, pagando per anni gli stipendi ai custodi, ai piantoni, agli ufficiali addetti alla conservazione delle risorse militari. Insomma, una parte della difesa di quei paesi divenne mantenuta dai clan. Il miglior modo, in fondo, per nascondere le armi, è tenerle nelle caserme. Così negli anni, nonostante gli avvicendamenti delle dirigenze, le faide interne e le crisi, i boss hanno avuto come riferimento non il mercato nero delle armi, ma i depositi degli eserciti dell'est a loro completa disposizione. I mitra quella volta li avevano stipati in camion militari che ostentavano sui fianchi il simbolo della NATO. Tir rubati dai garage americani, e che grazie a quella scritta potevano girare tranquillamente per mezza Italia. A Gricignano d'Aversa, la base della U.S. Navy è un piccolo colosso inaccessibile, come una colonna di cemento armato piazzata in mezzo a una pianura. Una struttura costruita dai Coppola, come tutto del resto da queste parti. Non si vedono quasi mai gli americani. I controlli sono rari. I camion della NATO hanno massima libertà e così quando le armi sono giunte in paese, gli autisti si sono pure fermati in piazza, hanno fatto colazione, hanno inzuppato il cornetto nel cappuccino mentre chiedevano in giro per il bar di poter contattare "un paio di neri per scaricare roba, velocemente". E il termine "velocemente" tutti sanno cosa significa. Le casse di armi sono solo un po' più pesanti delle casse di pomodori, i ragazzi africani che vogliono fare dello straordinario dopo aver lavorato nelle campagne prendono due euro a cassa, il quadruplo di una cassetta di pomodori o mele.

Una volta lessi su una rivista della NATO – dedicata ai familiari dei militari all'estero – un articoletto rivolto a chi doveva venire a Gricignano d'Aversa. Tradussi il brano e me lo scrissi su un'agenda, per ricordarlo. Diceva: "Per capire dove state andando ad abitare, dovete immaginarvi i film di Sergio Leone. È come il Far West, c'è chi comanda, ci sono sparatorie, regole non scritte e inattaccabili. Ma non preoccupatevi, verso i cittadini e i militari americani ci sarà il massimo rispetto e la massima ospitalità. In ogni caso uscite solo se necessario dal comprensorio militare". Mi aiutò quell'articolista yankee a capire meglio il posto dove vivevo.

Quella mattina trovai Mariano al bar in preda a una strana euforia. Stava dinanzi al bancone eccitatissimo. Si caricava di Martini a prima mattina.

«Cos'hai?»

Glielo chiedevano tutti. Persino il barista si rifiutò di riempirgli il quarto bicchiere. Ma lui non rispondeva, come se gli altri potessero benissimo capirlo da soli.

«Io lo voglio andare a conoscere, mi hanno detto che è ancora vivo. Ma è vero?»

«Cosa è vero?»

«Ma come ha fatto? Io mi prendo le ferie e lo vado a conoscere...»

«Ma chi? Cosa?»

«Ti rendi conto, è leggero, preciso, poi spari venti, trenta colpi, e non sono passati neanche cinque minuti... è un'invenzione geniale!» Era in estasi. Il barista lo guardò come chi guarda un ragazzino che ha penetrato per la prima volta una donna, e porta sul volto un'espressione inconfondibile, la medesima di Adamo. Poi capì da cosa proveniva l'euforia. Mariano aveva provato per la prima volta un kalashnikov ed era rimasto così favorevolmente impressionato dall'aggeggio che voleva incontrare il suo inventore Michail Kalashnikov. Non aveva mai sparato a nessuno, nel clan era entrato per seguire la distribuzione di alcune marche di caffè in diversi bar del territorio. Giovanissimo, laureato in Economia e Commercio, aveva responsabilità di decine di milioni di euro poiché erano decine i bar e le aziende di caffè che volevano entrare nella rete commerciale del clan. Il capozona però non voleva che i suoi uomini, laureati o no, soldati o dirigenti commerciali, non fossero capaci di sparare e così gli aveva dato il mitra in mano. Di notte Mariano aveva scaricato un po' di pallottole su diverse vetrine, scegliendo i bar a caso. Non era un avvertimento, ma insomma anche se lui non sapeva il reale motivo per cui sparava su quelle vetrine, i proprietari sicuramente un motivo valido l'avrebbero trovato. Una causa per sentirsi in errore c'è sempre. Mariano chiamava il mitra con tono truce e professionale: AK-47. Il nome ufficiale della mitragliatrice più celebre al mondo. Un nome piuttosto semplice, dove AK sta per "avtomat kalashnikova", ovvero "l'automatica di Kalashnikov", e dove 47 si riferisce all'anno della sua selezione come arma per l'esercito sovietico. Le armi spesso hanno nomi cifrati, lettere e numeri che dovrebbero celare la loro potenza letale, simboli di spietatezza. In realtà sono banali nomi dati da qualche sottufficiale incaricato di rubricare in deposito nuove armi come nuovi bulloni. I kalashnikov sono leggeri e facili da usare, richiedono una manutenzione semplice. La loro forza consiste nel munizionamento intermedio: né troppo piccolo come quello delle rivoltelle, per evitare di perdere la potenza di fuoco, né troppo grande per evitare il rinculo e la scarsa maneggevolezza e precisione dell'arma. La manutenzione e il montaggio sono tanto semplici che i ragazzi dell'ex Unione Sovietica lo imparavano sui banchi di scuola, alla presenza di un responsabile militare, in un tempo medio di due minuti.

L'ultima volta che avevo sentito dei colpi di mitra era stato qualche anno prima. Vicino all'università di Santa Maria Capua Vetere, non ricordo bene, era un quadrivio però, ne sono certo. Quattro macchine bloccarono l'auto di Sebastiano Caterino, un camorrista da sempre vicino ad Antonio Bardellino, il capo dei capi della camorra casertana negli anni '80 e '90, e lo massacrarono con un'orchestra di kalashnikov. Quando Bardellino scomparve e la dirigenza cambiò, Caterino riuscì a scappare, a sottrarsi alla mattanza. Per tredici anni non era uscito di casa, aveva vissuto nascosto, metteva il naso fuori di notte, camuffandosi, uscendo dal portone della sua masseria in auto blindate, trascorrendo la vita fuori dal suo paese. Pensava di aver trovato una nuova autorevolezza dopo tanti anni di silenzio. Credeva che il clan rivale, ormai dimentico del passato, non avrebbe attaccato un vecchio leader come lui. E così si era messo a tirar su un nuovo clan a Santa Maria Capua Vetere, la vecchia città romana era diventata il suo feudo. Il maresciallo di San Cipriano d'Aversa, il paese di Caterino, quando è arrivato sul luogo dell'agguato, ha avuto un'unica frase: «L'hanno fatto male proprio!». Qui infatti il trattamento che ti riservano è valutato in base ai colpi che ricevi. Se ti ammazzano con delicatezza, un colpo alla testa o alla pancia, viene letta come un'operazione necessaria, chirurgica, senza rancore. Ficcare oltre duecento colpi nell'auto e oltre quaranta nel corpo è invece un modo assoluto di cancellarti dal fegato della terra. La camorra ha una memoria lunghissima e capace di pazienza infinita. Tredici anni, centocinquantasei mesi, quattro kalashnikov, duecento colpi, una pallottola per ogni mese d'attesa. Le armi in certi territori hanno anche la traccia della memoria, conservano in loro stesse con livore una condanna che poi sputano al momento giusto.

Quella mattina passavo le dita sulle decorazioni da mitragliatrice con lo zaino indosso. Stavo per partire, dovevo andare da mio cugino a Milano. È strano come con chiunque parli, qualunque sia l'argomento, appena dici che stai per andartene via ricevi auguri, complimenti e giudizi entusiasti: «È così che si fa. Fai benissimo, lo farei anch'io». Non devi aggiungere dettagli, specificare cosa andrai a fare. Qualunque sia il motivo, sarà migliore di quelli che troverai per continuare a vivere in queste zone. Quando mi si chiede di dove sono, non rispondo mai. Vorrei rispondere del sud, ma mi pare troppo retorico. Quando poi me lo si chiede su un treno, mi fisso i piedi e fingo di non aver sentito, poiché mi viene in mente *Conversazione in Sicilia* di Vittorini, e rischio, se solo apro bocca, di cantilenare la voce di Silvestro Ferrato. E non è il caso. I tempi mutano, le voci sono le stesse. In viaggio però mi capitò di incontrare una signora grassona ficcata in malo modo nel sediolino dell'Eurostar. Era salita a Bologna con una voglia incredibile di parlare per ingolfare anche il tempo, oltre che il suo corpo. Insisteva per sapere da dove venivo, cosa facevo, dove andavo. Avevo voglia di rispondere mostrandole la ferita al polpastrello, e basta. Ma lasciai perdere. Risposi: «Sono di Napoli». Una città che lascia parlare talmente tanto, che basta pronunciarne il nome per emanciparsi da ogni tipo di risposta. Un luogo dove il male diviene tutto il male, e il bene tutto il bene. Mi addormentai.

La mattina dopo, prestissimo, Mariano mi chiamò ansioso. Servivano un po' di contabili e organizzatori per un'operazione molto delicata che alcuni imprenditori delle nostre zone stavano facendo a Roma. Giovanni Paolo II stava male, forse era persino morto, ma ancora non avevano ufficializzato la notizia. Mariano mi chiese di accompagnarlo. Scesi alla prima fermata possibile e tornai indietro. Negozi, alberghi, ristoranti, supermercati, avevano bisogno in pochissimi giorni di enormi e straordinari rifornimenti di ogni tipo di prodotto. C'era da guadagnare un mare di danaro, milioni di persone in brevissimo tempo si sarebbero riversate nella capitale, vivendo per strada, trascorrendo ore lungo i marciapiedi, dovendo bere, mangiare, in una parola comprare. Si potevano triplicare i prezzi, vendere a ogni ora, anche di notte, spremere profitto da ogni minuto. Mariano fu chiamato in causa, mi propose di fargli compagnia e per questa gentilezza mi avrebbe passato un po' di soldi. Nulla è gratuito. A Mariano era stato promesso un mese di ferie così da poter realizzare il sogno di andare in Russia a incontrare Michail Kalashnikov; aveva avuto persino garanzie da un uomo delle famiglie russe che aveva giurato di conoscerlo. Mariano avrebbe potuto così incontrarlo, fissarlo negli occhi, toccare le mani che avevano inventato il potente mitra.

Il giorno del funerale del papa, Roma era un carnaio. Impossibile riconoscere i volti delle strade, i percorsi dei marciapiedi. Un'unica pelle di carne aveva rivestito il catrame, le entrate dei palazzi, le finestre, una colata che si incanalava in ogni possibilità di spazio. Una colata che sembrava aumentare il proprio volume, sino a far esplodere i canali in cui confluiva. Ovunque esseri umani. Ovunque. Un cane terrorizzato si era nascosto tremante sotto un autobus, aveva visto ogni suo spazio vitale violato da piedi e gambe. Io e Mariano ci fermammo su un gradino di un palazzo. L'unico a

183

riparo da un gruppo che aveva deciso come voto di cantare per sei ore di seguito una canzoncina ispirata a san Francesco. Ci sedemmo a mangiare un panino. Ero esausto. Mariano invece non si stancava mai, ogni energia gli veniva pagata e questo lo faceva sentire perennemente carico.

D'improvviso mi sentii chiamare. Avevo capito ancor prima di voltarmi di chi si trattava. Era mio padre. Da due anni non ci vedevamo, avevamo vissuto nella stessa città senza mai incontrarci. Incredibile trovarsi nel labirinto di carne romano. Mio padre era imbarazzatissimo. Non sapeva come salutarmi e forse neanche se poteva farlo come avrebbe voluto. Ma era euforico come in quelle gite dove sai che in poche ore ti capiteranno cose belle, le stesse che non potranno ripetersi per i successivi tre mesi almeno, e quindi vuoi berle tutte, sentirle sino in fondo, velocemente però, per paura di perdere le altre felicità nel poco tempo che ti rimane. Aveva approfittato del fatto che una compagnia rumena aveva abbassato i costi dei voli verso l'Italia, a causa della morte del papa, e così aveva pagato il biglietto a tutta la famiglia della sua compagna. Tutte le donne del gruppo avevano un velo sui capelli e un rosario arrotolato intorno al polso. Impossibile capire in quale strada ci trovavamo, ricordo solo un enorme lenzuolo che campeggiava tra due palazzi. «Undicesimo comandamento: Non spingere e non sarai spinto.» Scritto in dodici lingue. Erano contenti i nuovi parenti di mio padre. Contentissimi di partecipare a un evento così importante come la morte del papa. Tutti sognavano sanatorie per gli immigrati. Soffrire per lo stesso motivo, partecipare a una manifestazione così immensa e universale era per questi rumeni il miglior modo di prendere cittadinanza sentimentale e oggettiva con l'Italia, prima ancora di quella legale. Mio padre adorava Giovanni Paolo II, il fascino di quell'uomo che faceva baciare a tutti la sua mano lo esaltava. Come era riuscito senza palesi ricatti e chiare strategie a raggiungere quel potere immenso d'ascolto, lo intrigava. Tutti i potenti si inginocchiavano dinanzi a lui. Per mio padre questo bastava per ammirare un uomo. Lo vidi inginocchiarsi assieme alla madre della sua compagna per recitare un rosario improvvisato per strada. Dal mucchio di parenti rumeni vidi spuntare un bambino. Capii subito che era il figlio di mio padre e di Micaela. Sapevo che era nato in Italia per poter avere la cittadinanza, ma che per esigenze della madre aveva sempre vissuto in Romania. Cercava di tenersi ancorato alla gonna della mamma. Non l'avevo mai visto, ma conoscevo il suo nome. Stefano Nicolae. Stefano come il padre di mio padre, Nicolae come il padre di Micaela. Mio padre lo chiamava Stefano, sua madre e i suoi zii rumeni Nico. In breve sarebbe stato chiamato Nico, ma mio padre non aveva ancora avuto il tempo d'essere sconfitto. Ovviamente il primo dono che aveva ricevuto dal padre appena sceso dalla scaletta dell'aereo era un pallone. Mio padre vedeva per la seconda volta il figlioletto ma lo trattava come se fosse sempre stato dinanzi ai suoi occhi. Lo prese in braccio e mi si avvicinò.

«Nico adesso viene a vivere qui. In questa terra. Nella terra del padre.»

Non so perché ma il bambino si intristì nell'espressione, lasciò cadere il pallone per terra, riuscii a fermarlo con un piede prima che si perdesse irrimediabilmente tra la folla.

Mi venne d'improvviso in mente l'odore mischiato di salsedine e polvere, di cemento e spazzatura. Un odore umido. Mi ricordai di quando avevo dodici anni sulla spiaggia di Pinetamare. Mio padre venne nella mia stanza, mi ero appena svegliato. Forse di domenica: «Ti rendi conto che tuo cugino già sa sparare, e tu? Sei meno di lui?».

Mi portò al Villaggio Coppola, sul litorale domizio. La spiaggia era una miniera abbandonata di utensili divorati dalla salsedine e avvolti in croste di calce. Sarei stato a scavare per giorni interi, trovando cazzuole, guanti, scarponi sfondati, zappe spaccate, picconi sbeccati ma non venivo portato lì per giocare nella spazzatura. Mio padre passeggiava cercando i bersagli, quelli che preferiva erano le bottiglie. Quelle Peroni, le predilette. Mise le bottiglie sul tetto di una 127 bruciata, ce n'erano molti di scheletri d'auto. Le spiagge di Pinetamare erano usate anche per raccogliere tutte le macchine bruciate usate per rapine o agguati. La Beretta 92 Fs di mio padre me la ricordo ancora. Era tutta graffiata, sembrava brizzolata, una vecchia signora pistola. Tutti la conoscono come M9 non so perché. La sento sempre citare con questo nome: «Ti metto un M9 tra gli occhi, devo cacciare l'M9? Cavolo, mi devo prendere un M9». Mio padre mi mise in mano la Beretta. La sentii pesantissima. Il calcio della pistola è ruvido, sembra di carta vetrata, ti si appiccica nel palmo e quando ti sfili la pistola di mano sembra quasi che ti graffi con i suoi microdenti. Mio padre mi indicava come togliere la sicura, armare la pistola, stendere il braccio, chiudere l'occhio destro se il bersaglio era a sinistra e puntare.

«Robbe', il braccio morbido ma tosto. Insomma tranquillo, ma non flaccido... usa le due mani.»

Prima di tirare il grilletto con tutta la forza dei due indici che si spingevano a vicenda, chiudevo gli occhi, alzavo le spalle come se volessi tapparmi le orecchie con le scapole. Il rumore degli spari ancora oggi mi dà un fastidio terribile. Devo avere qualche problema ai timpani. Resto stordito per mezz'ora dopo uno sparo.

A Pinetamare i Coppola, famiglia di imprenditori molto potenti, costruì il più grande agglomerato urbano abusivo d'Occidente. Ottocentosessantatremila metri quadrati occupati col cemento, il Villaggio Coppola, appunto. Non fu chiesta autorizzazione, non serviva, in questi territori le gare d'appalto e i permessi sono modi per aumentare vertiginosamente i costi di produzione poiché bisogna oliare troppi passaggi burocratici. Così i Coppola sono andati direttamente con le betonerie. Quintali di cemento armato hanno preso il posto di una delle pinete marittime più belle del Mediterraneo. Furono edificati palazzi dai cui citofoni si sentiva il mare.

Quando centrai finalmente il primo bersaglio della mia vita provai una sensazione mista di orgoglio e senso di colpa.

Ero stato capace di sparare, finalmente ero capace. Nessuno poteva più farmi del male. Ma ormai avevo imparato a usare un arnese orrendo. Uno di quelli che una volta che lo sai usare non puoi più smettere di usarlo. Come imparare ad andare in bicicletta. La bottiglia non era esplosa completamente. Anzi era persino rimasta in piedi. Sventrata a metà. La metà destra. Mio padre si allontanò verso la macchina. Rimasi lì con la pistola, ma è strano, non mi sentii solo, nonostante fossi circondato da spettri di spazzatura e metallo. Tesi il braccio verso il mare e tirai altri due colpi nell'acqua. Non li vidi schizzare, né forse raggiunsero l'acqua. Ma colpire il mare mi sembrava una cosa coraggiosa. Mio padre arrivò con un pallone di cuoio, con sopra l'effigie di Maradona. Il premio per la mira. Poi si avvicinò come sempre alla mia faccia. Sentivo il suo alito di caffè. Era soddisfatto, ora quantomeno suo figlio non era da meno del figlio di suo fratello. Facemmo la solita cantilena, il suo catechismo:

«Robbe', cos'è un uomo senza laurea e con la pistola?»

«Uno stronzo con la pistola.»

«Bravo. Cos'è un uomo con la laurea senza pistola?»

«Uno stronzo con la laurea...»

«Bravo. Cos'è uomo con la laurea e con la pistola?»

«Un uomo, papà!»

«Bravo, Robertino!»

Nico camminava ancora incerto. Mio padre gli parlava a raffica. Non capiva il piccolo. Per la prima volta sentiva parlare in italiano, anche se la mamma era stata abbastanza furba da farlo nascere qui.

«Ti somiglia, Roberto?»

Lo guardai a fondo. E fui felice, per lui. Non mi somigliava per nulla.

«Per fortuna non mi somiglia!»

Mio padre mi guardò con la solita delusa espressione, come dire che ormai neanche scherzando mi avrebbe sentito dire ciò che avrebbe voluto ascoltare. Avevo sempre l'impressione che mio padre fosse in guerra con qualcuno. Come se dovesse svolgere una battaglia con alleanze, precauzioni, macchinoni. Andare in un albergo a due stelle per mio padre era come perdere prestigio verso qualcuno. Come se dovesse rendere conto a un'entità che l'avrebbe punito con violenza se non avesse vissuto nella ricchezza e con un atteggiamento autoritario e buffonesco.

«Il migliore, Robbe', non deve avere bisogno di nessuno, deve sapere certo, ma deve anche fare paura. Se non fai paura a nessuno, se nessuno guardandoti non si mette soggezione, allora in fondo non sei riuscito a essere veramente capace.»

Quando andavamo a mangiare fuori, nei ristoranti si sentiva infastidito dal fatto che spesso i camerieri servivano, anche se entravano un'ora dopo di noi, alcuni personaggi della zona. I boss si sedevano e dopo pochi minuti ricevevano tutto il pranzo. Mio padre li salutava. Ma tra i denti strideva la voglia di avere il loro medesimo rispetto. Rispetto che consisteva nel generare eguale invidia di potenza, eguale timore, medesima ricchezza.

«Li vedi quelli. Sono loro che comandano veramente. Sono loro che decidono tutto! C'è chi comanda le parole e chi comanda le cose. Tu devi capire chi comanda le cose, e fingere di credere a chi comanda le parole. Ma devi sempre sapere la verità in corpo a te. Comanda veramente solo chi comanda le cose.» I comandanti delle cose, come li chiamava mio padre, erano seduti al tavolo. Avevano deciso della sorte di queste terre da sempre. Mangiavano assieme, sorridevano. Negli anni poi si sono scannati tra loro, lasciando scie di migliaia di morti, come ideogrammi dei loro investimenti finanziari. I boss sapevano come rimediare allo sgarbo d'essere serviti per primi. Offrivano il pranzo a tutti i presenti nel locale. Ma solo dopo essersene andati, temendo di ricevere ringraziamenti e piaggerie. Tutti ebbero il pranzo pagato, tranne due persone. Il professore Iannotto e sua moglie. Non li avevano salutati, e loro non avevano osato offrirgli il pranzo. Ma gli avevano fatto dono, attraverso un cameriere, di una bottiglia di limoncello. Un camorrista sa che deve curarsi anche dei nemici leali poiché sono sempre più preziosi di quelli nascosti. Quando dovevo ricevere un esempio negativo mio padre mi additava il professor Iannotto. Erano stati a scuola insieme. Iannotto viveva in fitto, cacciato dal suo partito, senza figli, sempre incavolato e mal vestito. Insegnava al biennio di un liceo, lo ricordo sempre a litigare con i genitori che gli chiedevano a quale suo amico mandare i figli a ripetizione privata per farli promuovere. Mio padre lo considerava un uomo condannato. Un morto che camminava.

«È come chi decide di fare il filosofo e chi il medico, secondo te chi dei due decide della vita di una persona?»

«Il medico!»

«Bravo. Il medico. Perché puoi decidere della vita delle persone. Decidere. Salvarli o non salvarli. È così che si fa il bene, solo quando puoi fare il male. Se invece sei un fallito, un buffone, uno che non fa nulla. Allora puoi fare solo il bene, ma quello è volontariato, uno scarto di bene. Il bene vero è quando scegli di farlo perché puoi fare il male.»

Non rispondevo. Non riuscivo mai a capire cose volesse realmente dimostrarmi. E in fondo non riesco nemmeno ora a capirlo. Sarà anche per questo che mi sono laureato in filosofia, per non decidere al posto di nessuno. Mio padre aveva fatto servizio nelle ambulanze, come giovane medico, negli anni '80. Quattrocento morti l'anno. In zone dove si ammazzavano anche cinque persone al giorno. Arrivava con l'autoambulanza, quando però il ferito era per terra e la polizia non ancora arrivata non si poteva caricarlo. Perché se la voce si spargeva, i killer tornavano indietro, inseguivano l'autoambulanza, la bloccavano, entravano nel veicolo e finivano di portare a termine il lavoro. Era capitato decine di volte, e sia i medici che gli infermieri sapevano di dover star fermi dinanzi a un ferito e attendere che i killer tornassero per finire l'operazione. Una volta mio padre però arrivò a Giugliano, un paesone tra il napoletano e il casertano, feudo dei Mallardo. Il ragazzo aveva diciotto anni, o forse meno. Gli avevano sparato al torace, ma una costola aveva deviato il colpo. L'autoambulanza arrivò subito. Era in zona. Il ragazzo rantolava, urlava, perdeva sangue. Mio padre lo caricò. Gli infermieri erano terrorizzati. Tentarono di dissuaderlo, era evidente che i killer avevano sparato senza mirare e erano stati messi in fuga da qualche pattuglia, ma sicuramente sarebbero ritornati. Gli infermieri provarono a rassicurare mio padre: «Aspettiamo. Vengono, finiscono il servizio e ce lo portiamo».

Mio padre non ce la faceva. Insomma, anche la morte ha i suoi tempi. E diciotto anni non gli sembrava il tempo per morire, neanche per un soldato di camorra. Lo caricò, lo portò all'ospedale e fu salvato. La notte, andarono a casa sua i killer che non avevano centrato il bersaglio come si doveva. A casa di mio padre. Io non c'ero, abitavo con mia madre. Ma mi fu raccontata talmente tante volte questa storia, troncata sempre nel medesimo punto, che io la ricordo come se a casa ci fossi stato anche io e avessi assistito a tutto. Mio padre, credo, fu picchiato a sangue, per almeno due mesi non si fece vedere in giro. Per i successivi quattro non riuscì a guardare in faccia nessuno. Scegliere di salvare chi deve morire significa voler condividerne la sorte, perché qui con la volontà non si muta nulla. Non è una decisione che riesce a portarti via da un problema, non è una presa di coscienza, un pensiero, una scelta, che davvero riescono a darti la sensazione di star agendo nel migliore dei modi. Qualunque sia la cosa da fare, sarà quella sbagliata per qualche motivo. Questa è la vera solitudine.

Il piccolo Nico era tornato a ridere. Micaela ha più o meno la stessa mia età. Anche a lei, quando confessava di andare in Italia, di andarsene via, avranno fatto gli auguri senza chiederle nulla, senza sapere se andava a far la puttana, la sposa, la colf, o l'impiegata. Non sapendo altro che andava via. Condizione sufficiente di fortuna. Nico però ovviamente non pensava a nulla. Serrava la bocca all'ennesimo frullato che la madre gli dava per ingozzarlo. Mio padre per farlo mangiare gli pose il pallone vicino ai piedi, Nico lo calciò con tutta la forza. La palla rimbalzò su ginocchia, tibie, punte di scarpe, di decine di persone. Mio padre iniziò a rincorrerla. Sapendo che Nico lo guardava, finse goffamente di dribblare una suora, ma la palla gli scappò nuovamente dai piedi. Il piccolo rideva, le centinaia di caviglie che vedeva distendersi dinanzi agli occhi lo facevano sentire in una foresta di gambe e sandali. Gli piaceva vedere il padre, nostro padre, affaticare la sua pancia per prendere quel pallone. Cercai di alzare la mano per salutarlo, ormai un muro di carne l'aveva bloccato. Sarebbe rimasto ingorgato per una buona mezz'ora. Inutile aspettare. Era davvero tardi. La sagoma non si intuiva neanche più, ormai era stata inghiottita sin nello stomaco della folla.

Mariano era riuscito a incontrare Michail Kalashnikov. Era stato un mese in giro per l'est Europa. Russia, Romania, Moldavia: una vacanza premio regalata dai clan. Lo rividi proprio in un bar a Casal di Principe. Lo stesso bar di sempre. Mariano aveva un grosso pacco di fotografie legate con l'elastico come fossero figurine Panini pronte allo scambio. Erano ritratti di Michail Kalashnikov autografati con dediche. Prima di ripartire, si era fatto stampare decine e decine di copie di una foto di Kalashnikov ritratto nella divisa di generale dell'Armata Rossa, con al petto una cascata di medaglie: l'ordine di Lenin, la medaglia d'onore della Grande guerra patriottica, la medaglia dell'Ordine della Stella Rossa, quella dell'Ordine della Bandiera Rossa del Lavoro. Mariano era riuscito a raggiungerlo grazie alle indicazioni di alcuni russi che facevano affari con i gruppi del casertano, e proprio da questi era stato presentato al generale.

Michail Timofeevič Kalashnikov viveva in un appartamento in fitto in un piccolo paese ai piedi degli Urali, Izhevsk-Ustinov, che sino al 1991 non era neanche registrato sulla carta geografica. Era uno dei numerosi territori tenuti segreti dall'URSS. Kalashnikov era la vera attrazione della città. Avevano fatto per lui un collegamento diretto con Mosca, ormai era divenuto una sorta di attrazione turistica per turisti d'élite. Un albergo vicino a casa sua, dove aveva dormito Mariano, faceva affari d'oro ospitando tutti gli ammiratori del generale che attendevano in città il suo ritorno da qualche tour in giro per la Russia, o semplicemente aspettavano di essere ricevuti. Mariano era entrato con la telecamera raccolta nel palmo della mano nella casa del generale Kalashnikov e di sua moglie. Il generale gliel'aveva consentito, chiedendogli solo di non rendere pubblico il filmato, e Mariano ovviamente aveva annuito sapendo soprattutto che colui che aveva mediato tra lui e Kalashnikov conosceva il suo indirizzo, il numero di telefono e la sua faccia. Mariano si presentò dal generale con un cubo di polistirolo chiuso da uno scotch pieno di facce di bufala stampate sopra. Era riuscito a conservare nel cofano della macchina questa scatolona con delle mozzarelle di bufala dell'agro aversano immerse nel latte.

Mariano mi mostrava il filmino della sua visita a casa Kalashnikov nel piccolo monitor che si apriva al lato della telecamera. Il video saltava, le immagini si agitavano, i volti ballavano, le zoomate deformavano occhi e oggetti, l'obiettivo sbatacchiava contro pollici e polsi. Pareva il video di una gita scolastica girato mentre si salta e corre. La casa di Kalashnikov somigliava alla dacia di Gennaro Marino, o forse era semplicemente una classica dacia, ma l'unica che avessi mai visto era appunto quella del boss scissionista ad Arzano, e quindi mi pareva una costruzione gemella. La casa della famiglia Kalashnikov aveva le pareti tappezzate di riproduzioni di Vermeer, e i mobili erano stracolmi di gingilli in cristallo e legno. Il pavimento era completamente rivestito di tappeti. A un certo punto del filmato il generale mise la mano davanti all'obiettivo. Mariano mi raccontò che zompettando con la telecamera, e munito di una buona dose di maleducazione, era finito per entrare in una stanza che Kalashnikov non voleva in nessun modo fosse ripresa nel video. In uno stipo di metallo appeso alla parete, ben visibile oltre il vetro blin-

dato, era conservato il primo modello di kalashnikov, il proto-
tipo costruito dai disegni che – secondo la leggenda – il vecchio generale (allora sconosciuto sottufficiale) aveva tracciato su fogliacci di carta mentre era in ospedale, ferito da una
pallottola e voglioso di creare un'arma che avrebbe reso in-
vincibili i soldati infreddoliti e affamati dell'Armata Rossa. Il
primo AK-47 della storia, tenuto nascosto come il primo cent
guadagnato da zio Paperone, la famosa *number one* sotto la
teca blindata, la Numero Uno tenuta lontano in maniera ossessiva dalle grinfie di Amelia. Non aveva prezzo, quel modello. Per avere quella sorta di reliquia militare molti avrebbero davvero dato ogni cosa. Appena Kalashnikov morirà,
finirà con l'essere battuta all'asta da Christie's, come le tele
di Tiziano e i disegni di Michelangelo.

Mariano quel giorno stazionò tutta la mattinata a casa dei
vecchi Kalashnikov. Il suo presentatore russo doveva essere
davvero influente, se il generale gli diede tanta confidenza.
La telecamera filmò mentre si sedevano a tavola e una vecchietta minuta apriva il polistirolo della scatola di mozzarella. Mangiarono con gusto. Vodka e mozzarella. Non volle
perdere neanche questa scena, Mariano, e infatti piazzò la telecamera a capotavola riprendendo tutto. Voleva una prova
certa del generale Kalashnikov che mangiava le mozzarelle
del caseificio del boss per cui lavorava. L'obiettivo posato
sulla tavola riprendeva in lontananza un mobiletto con le foto incorniciate di bambini. Anche se volevo che quel video
terminasse il prima possibile avendo già un insopportabile
mal di mare, non riuscii a trattenere la curiosità:

«Mariano, ma tutti quei figli e nipoti ha Kalashnikov?»

«Macché figli! Sono tutti figli di gente che gli manda le foto dei bambini che si chiamano come lui, gente magari che si
è salvata grazie a un suo mitra o che semplicemente lo am-
mira...»

Come i chirurghi che ricevono le foto dei bambini che hanno
salvato, guarito, operato e le incorniciano posandole sulle

mensole dei loro studi a memento dei successi della loro professione, così il generale Kalashnikov aveva nel salotto di casa le foto dei bambini che portavano il nome della sua creatura. Del resto, un cronista italiano in Angola aveva intervistato un noto guerrigliero del Movimento di Liberazione che aveva dichiarato: «Ho chiamato mio figlio Kalsh perché è sinonimo di libertà».

Kalashnikov è un vecchio di ottantaquattro anni arzillo e ben conservato. Lo invitano ovunque, una sorta di icona mobile sostitutiva del fucile mitragliatore più celebre al mondo. Prima di andare in pensione come generale di corpo d'armata percepiva uno stipendio fisso di cinquecento rubli, all'epoca più o meno un mensile di cinquecento dollari. Se Kalashnikov avesse avuto la possibilità di brevettare il suo mitra in Occidente, ora sarebbe sicuramente tra i più ricchi al mondo. Si calcola – con cifre approssimate per difetto – che oltre centocinquanta milioni di mitra della famiglia del kalashnikov siano stati prodotti, tutti partendo dal progetto originario del generale. Sarebbe bastato che per ogni mitra avesse ricevuto un dollaro e ora galleggerebbe nel danaro. Ma questa tragica mancanza di soldi non lo turbava affatto, lui aveva generato la creatura, le aveva impresso il suo soffio, e questo sembrava essere condizione sufficiente di appagamento. O forse un profitto economico lo aveva, in realtà. Mariano mi aveva raccontato che gli ammiratori gli versavano danaro ogni tanto: omaggi di capitale, migliaia di dollari sul suo conto, doni preziosi dall'Africa, si parlava di una maschera tribale d'oro regalatagli da Mobutu e di un baldacchino d'avorio intarsiato inviatogli da Bokassa; dalla Cina invece si diceva gli fosse arrivato addirittura un treno, con tanto di locomotore e vagoni, donatogli da Deng Xiaoping che sapeva delle difficoltà del generale a salire su un aereo. Ma queste erano soltanto leggende, voci circolanti sui taccuini dei giornalisti che – non riuscendo a intervistare il generale, che senza presentazioni importanti non riceveva nessuno – intervistavano gli operai della fabbrica di armi di Izhevsk.

Michail Kalashnikov rispondeva automaticamente, sempre le stesse risposte qualunque fosse la domanda, servendosi di un inglese liscio, imparato da adulto, usato come un cacciavite per svitare un bullone. Mariano gli faceva domande inutili e generiche – un modo per abbassare il suo livello di ansia – sul mitra: «Non ho inventato quell'arma perché venisse venduta a scopo di lucro, ma solo ed esclusivamente per difendere la madre patria all'epoca in cui ne aveva bisogno. Se potessi tornare indietro rifarei le stesse cose e vivrei nello stesso modo. Ho lavorato tutta la vita e la mia vita è il mio lavoro». Una risposta che ripete a ogni domanda sul suo mitra.

Al mondo non esiste cosa, organica o disorganica, oggetto metallico, elemento chimico, che abbia fatto più morti dell'AK-47. Il kalashnikov ha ucciso più della bomba atomica di Hiroshima e Nagasaki, più del virus dell'HIV, più della peste bubbonica, più della malaria, più di tutti gli attentati dei fondamentalisti islamici, più della somma dei morti di tutti i terremoti che hanno agitato la crosta terrestre. Un numero esponenziale di carne umana impossibile persino da immaginare. Solo un pubblicitario riuscì, a un convegno, a dare una descrizione convincente: consigliava che per immaginare i morti uccisi dal mitra si sarebbe dovuto riempire una bottiglia con lo zucchero, facendo cascare i granelli dal foro sulla punta del pacco. Ogni grano di zucchero è un morto ucciso dal kalashnikov.

L'AK-47 è un mitra che riesce a sparare nelle condizioni più disparate. Incapace di incepparsi, pronto a sparare anche sporco di terra, anche se zuppo d'acqua, comodo da impugnare, con un grilletto morbido che può essere premuto anche da un bambino. Fortuna, errore, imprecisione, tutti gli elementi che fanno salva la vita durante gli scontri sembrano eliminati dalla certezza dell'AK-47, uno strumento che ha impedito al fato di avere un ruolo. Facile da usare, facile da trasportare, spara con un'efficienza che permette di uccidere senza nessun tipo d'addestramento. «È capace di trasformare in combattente anche una scimmia» dichiarava Cabila, il temibile leader politico congolese. Nei conflitti degli ultimi trent'anni più di cinquanta paesi hanno usato il kalashnikov come fucile d'assalto dei loro eserciti. Stragi perpetrate col kalashnikov – accertate dall'ONU – sono avvenute in Algeria, Angola, Bosnia, Burundi, Cambogia, Cecenia, Colombia, Congo, Haiti, Kashmir, Mozambico, Ruanda, Sierra Leone, Somalia, Sri Lanka, Sudan, Uganda. Più di cinquanta eserciti regolari possiedono il kalashnikov, ed è impossibile fare una statistica dei gruppi irregolari, paramilitari, guerriglieri che lo utilizzano.

Sono morti sotto il fuoco del kalashnikov Sadat nel 1981, il generale Dalla Chiesa nel 1982, Ceausescu nel 1989. Nel palazzo della Moneda, Salvador Allende fu trovato con in corpo proiettili di kalashnikov. E queste morti eccellenti sono il vero ufficio stampa storico del mitra. L'AK-47 è persino finito nella bandiera del Mozambico e in centinaia di simboli di gruppi politici, da Al Fatah in Palestina all'MRTA in Perù. Quando compare in video, sulle montagne, Osama Bin Laden lo usa come unico simbolo minaccioso. Ha accompagnato ogni ruolo: quello del liberatore, quello dell'oppressore, del guerrigliero dell'esercito regolare, del terrorista, del rapitore, della testa di cuoio che scorta i presidenti. Kalashnikov ha creato un'arma efficientissima capace di crescere negli anni, un'arma che ha avuto diciotto varianti e ventidue nuovi modelli foggiati a partire dal progetto iniziale. È il vero simbolo del liberismo. L'icona assoluta. Potrebbe divenirne l'emblema: non importa chi sei, non importa che pensi, non importa da dove provieni, non importa che religione hai, non importa contro chi e a favore di cosa, basta che quello che fai lo fai con il nostro prodotto. Con cinquanta milioni di dollari è possibile acquistare circa duecentomila mitra. Ossia, con cinquanta milioni di dollari è possibile creare un piccolo esercito. Tutto ciò che distrugge i vincoli politici e di mediazione, tutto ciò che permette un enorme consumo e un esponenziale potere diviene vincente sul mercato; e Michail Kalashnikov, con la sua invenzione, ha permesso a tutti i gruppi di potere e di micropotere di avere uno strumento militare. Nessuno, dopo l'invenzione del kalashnikov, può dire di essere stato sconfitto perché non poteva accedere alle armi. Ha svolto un'operazione d'eguaglianza: armi per tutti, massacri per ognuno. La battaglia non più territorio solo per eserciti. Su scala internazionale il kalashnikov ha fatto ciò che i clan secondiglianesi hanno fatto a livello locale, liberalizzando in maniera totale la cocaina e permettendo a chiunque di diventare narcotrafficante, consumatore, venditore al dettaglio, liberando il mercato dalla mera mediazione criminale e gerarchica. Allo stesso modo il kalashnikov ha permesso di far divenire soldati tutti, anche bambini e ragazzine smilze; e ha trasformato in generali di corpo d'armata persone che non riuscirebbero a guidare un gregge di dieci pecore. Comprare mitra, sparare, consumare persone e cose, e tornare a comprare. Il resto è solo dettaglio. Il viso di Kalashnikov è sereno in ogni foto. Con la fronte spigolosa slava e gli occhi da mongolo che invecchiando divengono sempre più feritoie sottili. Dorme il sonno dei giusti. Va a letto magari non felice ma sereno, le pantofole sotto il letto, in ordine; anche quando è serio ha le labbra tirate ad arco come il viso di Palla di Lardo in *Full Metal Jacket*. Sorridono le labbra, ma non il viso.

Quando guardo i ritratti di Michail Kalashnikov penso sempre ad Alfred Nobel, famoso per il premio omonimo, ma in realtà padre della dinamite. Le foto di Nobel negli anni successivi alla realizzazione della dinamite – dopo che comprese l'uso che avrebbero fatto della sua miscela di nitroglicerina e argilla – lo ritraggono devastato dall'ansia, con le dita che tormentano la barba. Sarà forse una mia suggestione, ma quando guardo le foto di Nobel, le sopracciglia tirate in alto e gli occhi persi, sembrano dire un'unica cosa: "Non volevo. Intendevo aprire le montagne, sbriciolare massi, creare gallerie. Non volevo tutto quello che è accaduto". Kalashnikov ha invece sempre un'aria serena, di vecchio pensionato russo, con tanti ricordi per la testa. Te lo immagini con l'alito di vodka a raccontarti di qualche amico con cui ha vissuto il tempo della guerra, o mentre a tavola ti bisbiglia che da giovane riusciva a resistere a letto ore senza fermarsi mai. Sempre nel gioco infantile delle suggestioni, la faccia di Michail Kalashnikov sembra dire "Va tutto bene, non sono problemi miei, ho solo inventato un mitra. Come lo usano gli altri non mi riguarda". Una responsabilità tracciata entro i confini della propria carne, circoscritta dal gesto. Quello che la propria mano ha fatto è quello che compete alla propria coscienza. È questo uno degli elementi che credo faccia diventare il vecchio generale l'icona involontaria dei clan dell'intero globo. Michail Kalashnikov non è un trafficante d'armi, non conta nulla nelle mediazioni d'acquisto dei mitra, non ha influenza politica, non possiede personalità carismatica ma porta con sé l'imperativo quotidiano dell'uomo al tempo del mercato: fa' quello che devi fare per vincere, il resto non ti riguarda.

Mariano aveva a tracolla uno zaino e indossava una felpa col cappuccio: tutto firmato Kalashnikov. Il generale aveva diversificato gli investimenti e stava facendo di se stesso un imprenditore di talento. Nessuno più di lui poteva godere di un nome arcinoto. Così un imprenditore tedesco aveva messo su un'azienda di vestiti griffati Kalashnikov, e il generale aveva preso gusto a distribuire il suo cognome, investendo anche in una ditta di estintori. Mentre Mariano raccontava bloccò il filmato d'improvviso e si catapultò fuori dal bar. Aprì il cofano della sua auto e, cacciata una valigetta militare, la posò sul bancone del bar. Credevo fosse completamente impazzito nella sua mistica da mitra. Temevo avesse attraversato mezza Europa con un mitra nel portabagagli e che lo volesse sfoderare davanti a tutti. Invece da quella valigia militare uscì un piccolo kalashnikov di cristallo pieno di vodka. Era una bottiglia molto kitsch con un tappo in punta di canna. E nell'agro aversano tutti i bar che dovevano rifornirsi da Mariano, dopo il suo viaggio, avevano come proposta commerciale la vodka Kalashnikov. Già immaginavo la riproduzione di cristallo campeggiare alle spalle di tutti i baristi tra Teverola e Mondragone. Il filmino stava finendo, gli occhi – a forza di strizzarli per attenuare i gradi di miopia – mi facevano male. Ma l'ultima immagine era davvero imperdibile. Due vecchietti sull'uscio di casa che, le pantofole ai piedi, salutavano con la mano il giovane ospite con ancora in bocca l'ultimo pezzo di mozzarella. Intorno a me e Mariano intanto s'era accalcato un gruppo di ragazzini che guardava il reduce come un eletto, una sorta di eroe dell'incontro. Uno che aveva conosciuto Michail Kalashnikov. Mariano mi guardò con un'espressione di una complicità finta che non avevo mai avuto con lui. Tolse l'elastico alle fotografie e iniziò a scorrerle. Dopo averne sfogliate decine ne tirò fuori una: «Questa è per te. E non dire che non ti penso».

Sul ritratto del vecchio generale una scritta a pennarello nero: "To Roberto Saviano with Best Regards M. Kalashnikov".

Agli istituti di ricerca economica internazionali servono continuamente dati. Produrli come cibo quotidiano per i giornali, le riviste, i partiti politici. Il celebre indice "big Mac", per esempio, che valuta tanto più florido un paese quanto più il panino costa caro nei McDonald's. Per valutare lo stato dei diritti umani invece gli analisti osservano il prezzo a cui viene venduto il kalashnikov. Meno costoso è il mitra, più i diritti umani sono violati, lo Stato di diritto è in cancrena, l'ossatura degli equilibri sociali è marcia e in disfacimento. Nell'ovest dell'Africa può arrivare a cinquanta dollari. Addirittura in Yemen è possibile rintracciare AK-47 usati di seconda e terza mano anche a *sei* dollari. Il dominio all'est dei clan, la zampata sui depositi di armi dei paesi socialisti in disfacimento hanno fatto dei clan casertani e napoletani i referenti migliori per i trafficanti di armi, assieme alle cosche calabresi con cui sono in perenne contatto.

La camorra – gestendo una grossa fetta del mercato internazionale di armi – determinerebbe i prezzi dei kalashnikov, divenendo indirettamente il giudice dello stato di salute dei diritti dell'uomo in Occidente. Come se drenasse il livello del diritto, lentamente, come la goccia che casca nel catetere. Mentre i gruppi criminali francesi e americani usavano l'M16 di Eugene Stoner, il fucile d'assalto dei marines grosso, ingombrante, pesante; un fucile che dev'essere oliato, pulito, se non vuoi che ti s'inceppi in mano, in Sicilia e in Campania, da Cinisi a Casal di Principe, i kalashnikov già negli anni '80 passavano di mano in mano. Nel 2003, dalle dichiarazioni di un pentito – Raffaele Spinello del clan Genovese, egemone ad Avellino e nell'avellinese – saltò fuori il rapporto tra i baschi dell'ETA e la camorra. Il clan Genovese è alleato ai Cava di Quindici e alle famiglie del casertano. Non è un clan di prim'ordine, eppure era in grado di fornire armi a uno dei principali gruppi armati europei che, nel corso di una trentennale lotta, aveva battuto strade molteplici per l'approvvigionamento di armi. Ma i clan campani risultavano interlocutori privilegiati. Due *etarras*, i militanti baschi José Miguel Arreta e Gracia Morillo Torres trattarono – secondo indagini della Procura di Napoli del 2003 – per dieci giorni in una suite di un albergo di Milano. Prezzi, percorsi, scambi. Si misero d'accordo. L'ETA inviava cocaina attraverso i militanti dell'organizzazione per ricevere in cambio armi. L'ETA avrebbe costantemente abbassato il costo della coca che si procurava attraverso i contatti con i gruppi guerriglieri colombiani e si assumeva i costi e le responsabilità dell'arrivo della merce in Italia: tutto pur di mantenere rapporti con i cartelli campani, gli unici forse in grado di fornire interi arsenali. Ma l'ETA non voleva solo kalashnikov. Chiedeva armi pesanti, esplosivi potenti e soprattutto lanciamissili.

I rapporti tra camorra e guerriglieri sono sempre stati prolifici. Persino in Perù, da sempre patria d'elezione dei narcos napoletani. Nel 1994 il Tribunale di Napoli si è rivolto per rogatoria alle autorità peruviane per svolgere indagini dopo che una decina di italiani erano stati fatti fuori a Lima. Indagini indirizzate a svelare i rapporti che i clan napoletani avevano intrattenuto – attraverso i fratelli Rodriguez – con il MRTA. I guerriglieri dal fazzoletto rosso e bianco tirato a triangolo sul volto. Anche loro avevano trattato con i clan, *persino* loro. Coca in cambio di armi. Nel 2002 venne arrestato un avvocato, Francesco Magliulo, legato secondo le accuse al clan Mazzarella, la potente famiglia di San Giovanni a Teduccio con un pied-à-terre criminale nella città di Napoli, al quartiere Santa Lucia e Forcella. Lo avevano seguito per oltre due anni, nei suoi affari tra Egitto, Grecia e Inghilterra. Una telefonata intercettata proveniva da Mogadiscio, dalla villa del generale Aidid, il signore della guerra somalo che – contrapponendosi alle bande di Ali Mahdi – aveva ridotto la Somalia a un corpo dilaniato e marcio da seppellire assieme ai rifiuti tossici di mezz'Europa. Le indagini sui rapporti tra il clan Mazzarella e la Somalia proseguirono in ogni direzione, e sicuramente l'elemento del traffico d'armi divenne una pista fondamentale. Anche i signori della guerra divengono signorine davanti alla necessità di approvvigionarsi di armi con i clan campani.

Nel marzo 2005 fu impressionante la potenza di fuoco ritrovata a Sant'Anastasia, paese alle falde del Vesuvio. Una scoperta avvenuta un po' per caso, un po' per indisciplina dei trafficanti che iniziarono a pestarsi per strada perché committenti e trasportatori non si erano accordati sui prezzi. Quando arrivarono i carabinieri smontarono i pannelli all'interno del furgoncino, fermo vicino alla scazzottata, trovando una delle più grandi santabarbare mobili che si siano mai viste. Mitragliatrici Uzi complete di quattro serbatoi, sette caricatori e centododici proiettili calibro 380, mitragliatori di origine russa e ceca capaci di sparare a raffica novecentocinquanta colpi al minuto. Seminuove, ben oliate, la matricola intatta, le mitragliette erano appena arrivate da Cracovia. Novecentocinquanta colpi al minuto era il potere di fuoco degli elicotteri americani in Vietnam. Armi che avrebbero sventrato divisioni di uomini e di cingolati, e non batterie di fuoco di famiglie camorriste del vesuviano. La potenza delle armi diviene così l'ennesima possibilità di raccogliere le leve del potere reale del Leviatano che impone l'autorità in nome della sua violenza potenziale. Nelle armerie vengono trovati bazooka, bombe a mano, mine anticarro, mitragliatori, ma risultano essere usati esclusivamente kalashnikov, mitra Uzi e pistole automatiche e semiautomatiche. Il resto fa parte della dotazione da utilizzare nella costruzione della propria potenza militare, da mostrare sul campo. Con queste potenzialità belliche, i clan non si contrappongono alla violenza legittima dello Stato, ma tendono a monopolizzare loro la violenza. In Campania non c'è alcuna ossessione alla tregua, come quella dei vecchi clan di Cosa Nostra. Le armi sono l'estensione diretta delle dinamiche di assestamento dei capitali e dei territori, il mischiarsi di gruppi di potere emergenti e di famiglie concorrenti. È come se possedessero in esclusiva il concetto di violenza, la carne della violenza, gli strumenti della violenza. La violenza diviene un loro territorio, esercitarla significa addestrarsi al loro potere, al potere del Sistema. I clan hanno persino creato nuove armi disegnate, progettate e realizzate direttamente dagli affiliati. A Sant'Antimo – a nord di Napoli – nel 2004 gli agenti di polizia trovarono nascosto in una buca scavata nel terreno e poi coperta da fasci di erbaccia un fucile strano, avvolto in un telo di cotone impregnato d'olio. Una sorta di micidiale fucile fai da te che sul mercato si trova a un prezzo di duecentocinquanta euro: nulla, paragonato a una semiautomatica che ha un prezzo medio di duemilacinquecento euro. Il fucile dei clan è formato da un incastro di due tubi che possono viaggiare separati, una volta assemblati però divengono un micidiale fucile a canne mozze caricato a cartucce o a pallettoni. Progettato sul modello di un vecchio fucile giocattolo degli anni '80 che sparava palline da ping pong se si tirava violentemente il calcio e lasciava scattare una molla all'interno. Uno di quei fucili giocattolo come il "pimpamperi" che hanno addestrato migliaia di bambini italiani nelle guerre da salotto. Ma da lì, proprio da quei modelli giocattolo proviene quello che qui chiamano solo "'o tubo". È composto da due tubi, il primo di diametro più grande e lungo una quarantina di centimetri con una impugnatura.

Dentro è saldata una grossa vite metallica, la cui punta funge da otturatore. La seconda parte è costituita da un tubo che ha un diametro inferiore, capace di contenere una cartuccia calibro 20, e una impugnatura laterale. Incredibilmente semplice e terribilmente potente. Questo fucile aveva come vantaggio quello di non creare complicanze dopo l'utilizzo: non è necessario fuggire e distruggere le armi dopo l'agguato. Basta smontarlo e il fucile diviene soltanto un tubo spezzato in due, innocuo a ogni eventuale perquisizione.

Prima del sequestro, sentii parlare di questo fucile da un povero cristo, un pastore, uno di quegli emaciati contadini italiani che ancora si aggirano, col loro gregge, per le campagne che circoscrivono i viadotti autostradali e i casermoni di periferia. Spesso questo pastore trovava le sue pecore divise in due, spaccate piuttosto che tagliate, questi corpi magrissimi di pecore napoletane dal cui manto si vedono persino le costole, che masticano erba pregna di diossina che fa marcire i denti e ingrigire la lana. Il pastore credeva fosse un'avvisaglia, una provocazione dei suoi miserabili concorrenti di greggi malati. Non capiva. In realtà i fabbricanti del tubo provavano su animali leggeri la potenza del colpo. Le pecore erano il bersaglio migliore per capire nell'immediato la forza dei proiettili e la qualità dell'arma. Lo si comprendeva da quanto l'impatto le faceva capovolgere e spezzare in due nell'aria come bersagli di un videogame.

La questione delle armi è tenuta nascosta nel budello dell'economia, chiusa in un pancreas di silenzio. L'Italia spende in armi ventisette miliardi di dollari. Più soldi della Russia, il doppio di Israele. La classifica l'ha stesa l'Istituto internazionale di Stoccolma per la ricerca sulla pace, il SIPRI. Se a questi dati dell'economia legale si aggiunge che secondo l'EURISPES tre miliardi e trecento milioni è il business delle armi in mano a camorra, 'ndrangheta, Cosa Nostra e Sacra Corona Unita, significa che seguendo l'odore delle armi che Stato e clan gestiscono si arriva ai tre quarti delle armi che circolano in mezzo mondo. Il cartello dei Casalesi è in assoluto il gruppo imprenditorial-criminale capace di fornire sul piano internazionale referenti non solo di gruppi, ma di interi eserciti. Durante la guerra anglo-argentina del 1982, la guerra delle Falkland, l'Argentina visse il suo periodo di isolamento economico più cupo. Così la camorra entrò in affari con la difesa argentina divenendo l'imbuto attraverso cui far discendere le armi che nessuno le avrebbe venduto ufficialmente. I clan si erano equipaggiati per una lunga guerra, invece il conflitto era iniziato a marzo e a giugno già se ne vedeva la conclusione. Pochi colpi, pochi morti, pochi consumi. Una guerra che serviva più ai politici che agli imprenditori, più alla diplomazia che all'economia. Ai clan casertani non conveniva svendere per accaparrarsi un guadagno immediato. Il giorno stesso in cui venne decretata la fine del conflitto fu intercettata dai servizi segreti inglesi una telefonata intercontinentale tra l'Argentina e San Cipriano d'Aversa. Due sole frasi, sufficienti però a comprendere la potenza delle famiglie casertane e la loro capacità diplomatica:

«Pronto?»

«Sì.»

«Qua la guerra è finita, mo che dobbiamo fare?»

«Nun te preoccupa', un'altra guerra ci sarà...»

La saggezza del potere possiede una pazienza che spesso gli imprenditori più abili non hanno. I Casalesi nel 1977 avevano trattato l'acquisto di carri armati, i servizi segreti italiani segnalarono che un Leopard smontato e pronto per essere spedito, si trovava alla stazione di Villa Literno. Il commercio dei carri armati Leopard è stato a lungo mercato gestito dalla camorra. Nel febbraio del 1986 venne intercettata una telefonata dove esponenti del clan dei Nuvoletta trattavano l'acquisto di alcuni Leopard con l'allora Germania dell'Est. Anche con l'avvicendarsi dei capi, i Casalesi rimasero sul piano internazionale referenti non solo di gruppi ma di interi eserciti. Un'informativa del SISMI e del centro di controspionaggio di Verona del 1994 segnala che Zeljco Raznatovic, meglio conosciuto come la "tigre Arkan", ebbe rapporti con Sandokan Schiavone, capo dei Casalesi. Arkan fu fatto fuori nel 2000 in un albergo di Belgrado. È stato uno dei criminali di guerra serbi più spietati, capace con le sue incursioni di radere al suolo i paesi musulmani della Bosnia, fondatore di un gruppo nazionalista, i "Volontari della Guardia Serba". Le due tigri si allearono. Arkan chiese armi per i suoi guerriglieri, e soprattutto la possibilità di aggirare l'embargo imposto alla Serbia, facendo entrare capitali e armi sotto forma di aiuti umanitari: ospedali da campo, medicinali e attrezzature mediche. Secondo il sismi però le forniture – del valore complessivo di svariate decine di milioni di dollari – erano in realtà pagate dalla Serbia mediante prelievi dai propri depositi presso una banca austriaca, ammontanti a ottantacinque milioni di dollari. Quei soldi venivano poi girati a un ente alleato dei clan serbi e campani, che avrebbe dovuto provvedere a ordinare alle varie industrie interessate i beni da dare come aiuto umanitario, pagando con soldi provenienti da attività illecite, e attuando così il riciclaggio degli stessi capitali. E proprio in questo passaggio entrano in scena i clan Casalesi. Sono loro ad aver messo a disposizione le ditte, i trasporti, i beni per effettuare l'operazione di riciclaggio. Servendosi dei suoi intermediari Arkan, secondo le informative, chiese l'intervento dei Casalesi per mettere a tacere i mafiosi albanesi che avrebbero potuto rovinare la sua guerra finanziaria, attaccando da sud o bloccando il commercio di armi. I Casalesi calmarono i loro alleati albanesi, dando armi e concedendo ad Arkan una serena guerriglia. In cambio aziende, imprese, negozi, masserie, allevamenti furono acquistati dagli imprenditori del clan a ottimo prezzo e l'impresa italiana si disseminò in mezza Serbia. Prima di entrare nel fuoco della guerra, Arkan ha interpellato la camorra. Le guerre, dal Sud America ai Balcani, si fanno con gli artigli delle famiglie campane.

Cemento armato

Mancavo da Casal di Principe da molto. Se per le arti marziali la patria era considerata il Giappone, per il surf l'Australia, per i diamanti la Repubblica della Sierra Leone, per il potere imprenditoriale della camorra è Casal di Principe la capitale. Nella provincia napoletana e casertana il solo provenire da Casale era come una sorta di garanzia di immunità, significava essere più di se stesso, come direttamente emanato dalla ferocia dei gruppi criminali casertani. Si godeva di un rispetto garantito, di una sorta di timore naturale. Persino Benito Mussolini aveva voluto eliminare questo marchio di provenienza, quest'aura criminale, e aveva ribattezzato i due comuni di San Cipriano d'Aversa e Casal di Principe col nome di Albanova. Per inaugurare una nuova alba di giustizia, mandò anche decine di carabinieri incaricati di risolvere il problema "col ferro e col fuoco". Oggi del nome Albanova non rimane che la stazione rugginosa di Casale.

Puoi aver dato pugni al sacco per ore, aver passato pomeriggi sotto un bilanciere a pressare i pettorali, esserti ingollato blister e blister di pillole che fanno gonfiare i muscoli, ma davanti a un accento giusto, davanti a un gesticolare forte, è come se tutti i corpi a terra coperti dai lenzuoli si materializzassero. Ci sono vecchi modi di dire in questi luoghi che riescono a sintetizzare bene la carica letale di certa mitologia violenta: "Camorristi si diventa, ma casalesi si nasce". Oppure quando si litiga, quando ci si sfida con gli sguardi, un attimo prima di prendersi a cazzotti o a coltellate si rende chiara la propria visione di vita: "Vita e morte per me è 'a stessa cosa!". A volte la propria origine, il proprio paese di provenienza possono fare comodo, si possono usare come elemento di fascino, lasciarsi confondere volentieri con l'immagine di violenza, utilizzarli come intimidazione dissimulata. Puoi avere sconti al cinema e credito presso qualche commessa paurosa. Ma capita anche che il tuo paese d'origine ti dia una carica pregiudiziale troppo forte e non vuoi neanche stare lì a dire che non tutti sono affiliati, non tutti sono criminali, che i camorristi sono una minoranza, e prendi una scorciatoia correndo con la mente a un paese vicino, più anonimo, che possa allontanare accostamenti tra te e i criminali: Secondigliano diviene genericamente Napoli, Casal di Principe, Aversa o Caserta. Ci si vergogna o si è orgogliosi a seconda del gioco, a seconda del momento, della situazione, come un vestito, ma che è lui a decidere quando indossarti.

Corleone, in confronto a Casal di Principe, è una città progettata da Walt Disney. Casal di Principe, San Cipriano d'Aversa, Casapesenna. Un territorio con meno di centomila abitanti, ma con milleduecento condannati per 416 bis, il reato di associazione mafiosa, e un numero esponenziale di indagati e condannati per concorso esterno in associazione mafiosa. Questa terra subisce da tempo infinito il peso delle famiglie camorriste, una borghesia violenta e feroce che possiede nel clan la sua avanguardia più cruenta e potente. Il clan dei Casalesi – che prende il nome proprio da Casal di Principe – è una confederazione che riunisce in sé in un rapporto di autonomia federativa tutte la famiglie camorristiche del casertano: da Castelvolturno, Villa Literno, Gricignano, San Tammaro, Cesa, sino a Villa di Briano, Mondragone, Carinola, Marcianise, San Nicola La Strada, Calvi Risorta, Lusciano e altre decine e decine di paesi. Ciascuno con il suo capozona, ciascuno inquadrato nella rete dei Casalesi. Il capostipite delle famiglie Casalesi, Antonio Bardellino, era stato il primo in Italia a comprendere che sul lungo termine la cocaina avrebbe di gran lunga soppiantato l'eroina. Eppure per Cosa Nostra e molte famiglie di camorra, l'eroina continuava a essere la merce principale. Gli eroinomani venivano visti come vere e proprie casseforti, mentre la coca negli anni '80 aveva la caratteristica di essere una droga d'élite. Antonio Bardellino aveva compreso però che il grande mercato sarebbe stato di una droga capace di non massacrare in breve tempo, in grado di essere come un aperitivo borghese e non un veleno da reietti. Creò così una ditta di import-export di farina di pesce che esportava dal Sud America e importava nell'aversano. Farina di pesce che nascondeva tonnellate di coca. L'eroina che trattava, Bardellino la smerciava anche in America mandandola a John Gotti, inserendo la droga nei filtri di macchine per il caffè espresso. Una volta sessantasette chili di eroina vennero intercettati dalla narcotici americana, ma per il boss di San Cipriano d'Aversa non fu una disfatta. Fece telefonare a Gotti pochi giorni dopo: «Adesso ne mandiamo il doppio con altri mezzi». Dall'agro aversano nacque il cartello che seppe opporsi a Cutolo e la ferocia di quella guerra è ancora presente nel codice genetico dei clan casertani. Negli anni '80 le famiglie cutoliane vennero eliminate con poche operazioni militari, ma di potenza violentissima. I Di Matteo, quattro uomini e quattro donne, vennero massacrati in pochi giorni. I Casalesi lasciarono vivo solo un bambino di otto anni. I Simeone invece furono uccisi in sette, quasi tutti contemporaneamente. Al mattino la famiglia era viva, presente e potente, la notte stessa era scomparsa. Massacrata. A Ponte Annicchino – nel marzo dell'82 – i Casalesi posizionarono su una collina una mitraglietta da campo, di quelle usate nelle trincee, e spararono massacrando quattro cutoliani.

Antonio Bardellino era affiliato a Cosa Nostra, legato a Tano Badalamenti, sodale e amico di Tommaso Buscetta, con cui aveva diviso una villa in Sud America. Quando i Corleonesi spazzarono il potere di Badalamenti-Buscetta tentarono di eliminare anche Bardellino, ma senza successo. I siciliani, durante la prima fase di ascesa della Nuova Camorra Organizzata, tentarono di eliminare anche Raffaele Cutolo. Mandarono un killer, Mimmo Bruno, con un traghetto da Palermo, ma questi venne ucciso appena messo piede fuori dal porto. Cosa Nostra ha avuto nei confronti dei Casalesi sempre una sorta di rispetto e soggezione, ma quando, nel 2002, i Casalesi uccisero Raffaele Lubrano – boss di Pignataro Maggiore vicino Capua – uomo affiliato a Cosa Nostra, *combinato* direttamente da Totò Riina, in molti temevano lo scoppio di una faida. Ricordo che il giorno dopo l'agguato un giornalaio, vendendo il quotidiano locale, si rivolse al cliente biascicando tra i denti i suoi timori:

«Mo se vengono a combattere pure i siciliani perdiamo la pace per tre anni.»

«Quali siciliani? I mafiosi?»

«Sì, i mafiosi.»

«Quelli si devono inginocchiare davanti ai Casalesi e succhiare. Solo questo devono fare, *zucare* tutto e basta.»

Una delle dichiarazioni che più mi avevano sconvolto sui mafiosi siciliani l'aveva rilasciata Carmine Schiavone, pentito del clan dei Casalesi, in un'intervista del 2005. Parlava di Cosa Nostra come di un'organizzazione schiava dei politici, incapace di ragionare in termini di affari, come invece facevano i camorristi casertani. Per Schiavone la mafia voleva porsi come anti-Stato, e questo non era un discorso da imprenditori. Non esiste il paradigma Stato-anti Stato. Ma solo un territorio in cui si fanno affari: con, attraverso e senza lo Stato:

Noi vivevamo con lo Stato. Per noi lo Stato doveva esistere e doveva essere quello Stato che c'era, solo che noi avevamo una filosofia diversa dai siciliani. Mentre Riina usciva da un isolamento isolano, da montagna, vecchio pecoraio insomma, noi avevamo superato questi limiti, noi volevamo vivere con lo Stato. Se qualcuno nello Stato ci faceva ostruzionismo, ne trovavamo un altro disposto a favorirci.

Se era un politico non lo votavamo, se era uno delle istituzioni si trovava il metodo per raggirare.

Carmine Schiavone, cugino del boss Sandokan, fu il primo a scoperchiare gli affari del clan dei Casalesi. Quando scelse di collaborare con la giustizia, sua figlia Giuseppina gli lanciò una terribile condanna, forse persino più letale di una condanna a morte. Scrisse infatti parole di fuoco ad alcuni giornali:

«È un grande falso, bugiardo, cattivo e ipocrita che ha venduto i suoi fallimenti. Una bestia. Non è mai stato mio padre. Io non so neanche cosa sia la camorra.»

Imprenditori. Così si definiscono i camorristi del casertano: null'altro che imprenditori. Un clan formato da aziendalisti violenti, manager killer, da edili e proprietari terrieri. Ognuno con le proprie bande armate, consorziati tra loro con interessi in ogni ambito economico. La forza del cartello dei Casalesi è sempre stata quella di trattare grandi partite di droga senza avere necessità di alimentare un mercato interno. La grande piazza romana è il loro riferimento di spaccio, ma molta più rilevanza ha assunto il carattere di mediazione nella compravendita di grosse partite. Gli atti della Commissione Antimafia del 2006 segnalano che i Casalesi rifornivano di droga le famiglie palermitane. L'alleanza con i clan nigeriani e albanesi gli ha permesso di emanciparsi dalla gestione diretta dello spaccio e del narcotraffico. I patti con i clan nigeriani di Lagos e Benin City, le alleanze con le famiglie mafiose di Pristina e Tirana, gli accordi con i mafiosi ucraini di Leopoli e Kiev avevano emancipato i clan Casalesi dalle attività criminali di primo livello. Allo stesso tempo i Casalesi ricevevano un trattamento privilegiato negli investimenti compiuti nei paesi dell'est e nell'acquisto di coca dai trafficanti internazionali con basi in Nigeria. I nuovi leader, le nuove guerre, tutto era avvenuto dopo l'esplosione del clan Bardellino, origine del potere imprenditoriale della camorra di queste terre. Antonio Bardellino, dopo aver raggiunto un dominio totale in ogni ambito economico legale e illegale, dal narcotraffico all'edilizia, si era stabilito a Santo Domingo con una nuova famiglia. Aveva dato ai figli sudamericani gli stessi nomi di quelli di San Cipriano, un modo semplice e comodo per non confondersi. I suoi uomini più fedeli avevano in mano le redini del clan sul territorio. Erano usciti indenni dalla guerra con Cutolo, avevano sviluppato aziende e autorevolezza, si erano espansi ovunque, in Italia settentrionale e all'estero. Mario Iovine, Vincenzo De Falco, Francesco Schiavone "Sandokan", Francesco Bidognetti "Cicciotto di Mezzanotte", Vincenzo Zagaria erano i capi della confederazione Casalese. All'inizio degli anni '80 Cicciotto di Mezzanotte e Sandokan erano responsabili militari, ma anche imprenditori con interessi in ogni ambito, avevano ormai maturato la possibilità di dirigere l'enorme multicefalo della confederazione. Trovavano però in Mario Iovine, un boss troppo legato a Bardellino, un capo restio a una scelta d'autonomia. Attuarono così una strategia sibillina, ma politicamente efficace. Usarono le spigolosità della diplomazia camorristica nell'unico modo che poteva permettere di realizzare i loro scopi: fare scoppiare una guerra interna al sodalizio.

Come racconta il pentito Carmine Schiavone, i due boss pressarono Antonio Bardellino per farlo ritornare in Italia e spingerlo a eliminare Mimì Iovine, fratello di Mario, che aveva un mobilificio ed era formalmente estraneo alle dinamiche di camorra, ma che secondo i due boss aveva per troppe volte svolto il ruolo di confidente dei carabinieri. Per convincere il boss gli avevano raccontato che persino Mario era disposto a sacrificare suo fratello, pur di mantenere ben saldo il potere del clan. Bardellino si lasciò convincere e fece ammazzare Mimì mentre stava andando al lavoro nel suo mobilificio. Subito dopo l'agguato Cicciotto di Mezzanotte e Sandokan fecero pressione su Mario Iovine perché eliminasse Bardellino, dicendogli che aveva osato uccidere suo fratello per un pretesto, soltanto per una voce. Un doppio gioco che sarebbe riuscito a mettere l'uno contro l'altro. Iniziarono a organizzarsi. I delfini di Bardellino erano tutti d'accordo per eliminare il capo dei capi, l'uomo che più di tutti in Campania aveva creato un sistema di potere criminal-imprenditoriale. Il boss fu convinto a spostarsi da Santo Domingo nella villa brasiliana. Gli raccontarono che aveva l'Interpol alle costole. In Brasile, nel 1988, lo andò a trovare Mario Iovine con il pretesto di mettere a punto i loro affari circa l'impresa di import-export di farina di pesce-coca. Un pomeriggio Iovine – non trovandosi più nei calzoni la pistola – prese una mazzuola e sfondò il cranio di Bardellino. Seppellì il corpo in una buca scavata sulla spiaggia brasiliana, dove però non fu mai trovato, e così nacque la leggenda che Antonio Bardellino fosse in realtà ancora vivo a godersi le sue ricchezze in qualche isola sudamericana. Eseguita l'operazione, il boss telefonò immediatamente a Vincenzo De Falco per comunicare la notizia e dare inizio alla mattanza di tutti i bardelliniani. Paride Salzillo, nipote di Bardellino e suo vero erede sul territorio, venne invitato a un summit tra tutti i dirigenti del cartello casalese. Racconta il pentito Carmine Schiavone che lo fecero sedere a capotavola, in rappresentanza dello zio. Poi d'improvviso Sandokan lo aggredì e iniziò a strangolarlo, mentre suo cugino, suo omonimo conosciuto come "Cicciariello", e altri due affiliati Raffaele Diana e Giuseppe Caterino, gli tenevano gambe e braccia. Avrebbe potuto ammazzarlo con una pistolettata o una coltellata allo stomaco come facevano i vecchi boss. Era invece con le mani che doveva ucciderlo, come si ammazzano i vecchi sovrani scalzati dai nuovi. Da quando, nel 1345, Andrea d'Ungheria venne strangolato ad Aversa in una congiura organizzata da sua moglie Giovanna I e dai nobili napoletani comandati da Carlo di Durazzo che ambiva al trono di Napoli, nell'agro aversano lo strangolamento era divenuto il simbolo della successione al trono, dell'avvicendarsi violento dei sovrani. Sandokan doveva mostrare a tutti i boss che lui era l'erede, che lui per diritto di ferocia era il nuovo leader dei Casalesi.

Antonio Bardellino aveva creato un sistema complesso di

dominio e tutte le cellule imprenditoriali che si erano genera-
te nel suo seno non potevano restare ancora per lungo tempo
compattate negli scompartimenti da lui diretti. Erano giunte
a maturazione, dovevano esprimere tutto il loro potere, senza più vincoli di gerarchia. Sandokan Schiavone divenne così
il leader. Aveva messo su un sistema efficientissimo legato
tutto alla sua famiglia. Il fratello Walter coordinava le batterie di fuoco, il cugino Carmine gestiva l'aspetto economico e
finanziario, il cugino Francesco fu eletto sindaco di Casal di
Principe e l'altro cugino Nicola assessore alle Finanze. Passaggi importanti per riuscire ad affermarsi in paese, che nella
fase d'ascesa significa molto. Il potere di Sandokan si affermò
nei primi anni del suo dominio anche attraverso stretti legami politici. Per un conflitto con la vecchia Democrazia Cristiana, a Casal di Principe i clan appoggiarono nel 1992 il
Partito Liberale Italiano che ebbe la più grande impennata
della sua storia: da un risicato 1 per cento balzò, dopo il sostegno del clan, al 30 per cento. Ma tutti gli altri uomini di
primo piano del clan erano ostili alla leadership assoluta di
Sandokan. Soprattutto i De Falco, gruppo capace di avere
dalla propria carabinieri e poliziotti, alleanze imprenditoriali
e politiche. Nel 1990 ci furono diverse riunioni dei dirigenti
Casalesi. A una fu invitato anche Vincenzo De Falco, soprannominato "'o fuggiasco". I boss avrebbero voluto eliminarlo.
Lui non arrivò. Arrivarono invece i carabinieri che arrestarono i convitati. Nel 1991 Vincenzo De Falco venne ucciso, lo
crivellarono di colpi nella sua macchina. La polizia lo trovò
accasciato su se stesso con lo stereo a palla e una cassetta di
Modugno che ancora girava. Dopo questa morte ci fu una
spaccatura tra tutte le famiglie della confederazione dei Casalesi. Da un lato le famiglie vicine a Sandokan-Iovine: Zagaria, Reccia, Bidognetti, e Caterino; dall'altra le famiglie vicine
ai De Falco: Quadrano, La Torre, Luise, Salzillo. I De Falco ri-
sposero alla morte del "fuggiasco" ammazzando Mario Iovine a Cascais, in Portogallo nel 1991. Lo crivellarono di colpi
mentre era in una cabina telefonica. Con la morte di Iovine fu

terreno aperto per Sandokan Schiavone. Ci furono quattro anni di guerre, massacri, quattro anni di mattanze continue tra le famiglie vicine a Schiavone e quelle dei De Falco. Anni di stravolgimenti di alleanze, di clan che passavano da una parte all'altra dello schieramento, non ci fu una vera e propria soluzione, ma una spartizione di territori e poteri. Sandokan divenne l'emblema della vittoria del suo cartello sulle altre famiglie. Dopo, tutti i suoi nemici si riconvertirono in suoi alleati. Cemento e narcotraffico, racket, trasporti, rifiuti e monopolio nel commercio e nelle imposizioni di forniture. Questo era il territorio aziendale dei Casalesi di Sandokan. I consorzi del cemento divennero un'arma fondamentale per i clan Casalesi.

Ogni impresa edile deve rifornirsi di cemento dai consorzi, e così questo meccanismo diventava fondamentale per mettere in relazione i clan con tutti gli imprenditori edili esistenti sul territorio e con tutti gli affari possibili. Il prezzo del cemento dei consorzi gestiti dai clan, come dichiarato spesso da Carmine Schiavone, riusciva ad avere vantaggi esponenziali perché, oltre al cemento, le navi dei consorzi distribuivano armi ai paesi mediorientali con embargo. Questo secondo livello di commercio permetteva di abbattere i costi del livello legale. I clan Casalesi guadagnavano in ogni passaggio dell'economia dell'edilizia. Fornendo cemento, fornendo ditte in subappalto per la costruzione e ricevendo una tangente sui grossi affari. Tangente che risultava essere il punto di partenza, poiché senza versarla, le loro ditte economiche ed efficienti non avrebbero lavorato, e nessun'altra ditta avrebbe potuto farlo senza danno alcuno e a buon mercato. Il giro d'affari che la famiglia Schiavone gestisce è quantificabile in cinque miliardi di euro. L'intera potenza economica del cartello delle famiglie Casalesi tra beni immobili, masserie, azioni, liquidità, ditte edili, zuccherifici, cementifici, usura, traffico di droga e di armi, si aggira intorno ai trenta miliardi di euro. La camorra casalese è diventata un'impresa polivalente; la più affidabile della Campania, in grado di partecipare a tutti gli affari. La quantità di capitali accumulati illegalmente le consente di avere spesso un credito agevolato che permette alle sue imprese di sbaragliare la concorrenza con prezzi bassi o con intimidazioni. La nuova borghesia camorrista casalese ha trasformato il rapporto estorsivo in una sorta di servizio aggiuntivo, il racket in una partecipazione all'impresa di camorra. Pagare un mensile al clan può significare concedergli esclusivamente danaro per i suoi affari, ma al contempo può significare anche ricevere protezione economica con le banche, camion in orario, agenti commerciali rispettati. Il racket come un acquisto imposto di servizi. Questa nuova concezione del racket emerge da un'indagine del 2004 della Questura di Caserta, conclusasi con l'arresto di diciotto persone. Francesco Schiavone Sandokan, Michele Zagaria e il clan Moccia erano i più importanti soci di Cirio e Parmalat in Campania. In tutto il casertano, in parte consistente del napoletano, in tutto il basso Lazio, in parte delle Marche e dell'Abruzzo, in parte della Lucania, il latte distribuito dalla Cirio e poi dalla Parmalat aveva conquistato il 90 per cento del mercato. Un risultato ottenuto grazie all'alleanza stretta con la camorra casalese e alle tangenti che le aziende pagavano ai clan per mantenere una posizione di preminenza. Diversi i marchi coinvolti, tutti riconducibili all'impero Eurolat, l'azienda passata nel 1999 dalla Cirio di Cragnotti alla Parmalat di Tanzi.

I magistrati avevano disposto il sequestro di tre concessionarie e diverse aziende per la distribuzione e la vendita del latte, tutte, secondo l'accusa, controllate dalla camorra casalese. Le aziende del latte erano intestate a prestanome che agivano per conto dei Casalesi. Prima Cirio, e poi Parmalat, per ottenere il ruolo di cliente speciale, avevano trattato direttamente con il cognato di Michele Zagaria, latitante da un decennio e reggente del clan dei Casalesi. Il trattamento di favore era conquistato innanzitutto attraverso politiche commerciali. I marchi della Cirio e della Parmalat concedevano ai distributori uno sconto speciale – dal 4 al 6,5 per cento, invece del consueto 3 per cento circa – oltre a vari premi di produzione, così anche i supermercati e i dettaglianti potevano strappare buoni sconti sui prezzi: i Casalesi costruivano in questo modo un consenso diffuso nei confronti del loro predominio commerciale. Dove poi non arrivavano il pacifico convincimento e l'interesse comune, entrava in azione la violenza: minacce, estorsioni, distruzione dei camion per il trasporto delle merci. Pestavano i camionisti, rapinavano i Tir delle aziende concorrenti, bruciavano i depositi. Un clima di paura diffusa, tanto che nelle zone controllate dai clan era impossibile non solo distribuire, ma anche trovare qualcuno che fosse disposto a vendere marchi diversi da quelli imposti dai Casalesi. A pagare, alla fine, erano i consumatori: perché in una situazione di monopolio e di mercato bloccato, i prezzi finali erano fuori da ogni controllo per mancanza di una vera concorrenza.

Il grande accordo tra le aziende nazionali del latte e la camorra era venuto fuori nell'autunno del 2000, quando un affiliato dei Casalesi, Cuono Lettiero, aveva cominciato a collaborare con i magistrati e a raccontare i rapporti commerciali stretti dai clan. La certezza di avere una vendita costante era il modo più diretto e automatico per avere garanzie con le banche, era il sogno di ogni grande impresa. In una situazione del genere Cirio e Parmalat risultavano ufficialmente "parti offese" cioè vittime delle estorsioni, ma gli investigatori si sono convinti che il clima degli affari era relativamente disteso e le due parti, le imprese nazionali e i camorristi locali agivano con reciproca soddisfazione.

Mai Cirio e Parmalat avevano denunciato di subire in Campania le imposizioni dei clan, seppure nel 1998 un funzionario della Cirio era stato vittima di un'aggressione nella sua abitazione nel casertano, dov'era stato selvaggiamente picchiato con un bastone sotto gli occhi della moglie e della figlia di nove anni perché non aveva obbedito a ordini dei clan. Nessuna ribellione, nessuna denuncia: la sicurezza del monopolio era meglio dell'incertezza del mercato. I soldi distribuiti per mantenere il monopolio e occupare il mercato campano dovevano essere giustificati nei bilanci delle aziende: nessun problema, nel Paese della finanza creativa e della depenalizzazione del falso in bilancio. False fatturazioni, false sponsorizzazioni, falsi premi di fine anno sui volumi di latte venduto risolvevano ogni problema contabile. Dal 1997 risultano finanziate, a questo proposito, manifestazioni inesistenti: la Sagra della mozzarella, Musica in piazza, persino la festa di San Tammaro, patrono di Villa Literno. La Cirio finanziava, come attestato di stima per il lavoro svolto, anche una società sportiva gestita di fatto dal clan Moccia, la Polisportiva Afragolese, oltre a una fitta rete di club sportivi, musicali, ricreativi: la "società civile" dei Casalesi nel territorio.

Il potere del clan negli ultimi anni è cresciuto enormemente riuscendo ad arrivare nell'est Europa: Polonia, Romania, Ungheria. Proprio in Polonia, nel marzo 2004, era stato arrestato Francesco Schiavone, Cicciariello, il cugino di Sandokan, il boss baffuto e tracagnotto, una delle personalità principali del sodalizio camorristico. Era ricercato per dieci omicidi, tre sequestri di persona, nove tentativi di omicidio e numerose violazioni delle leggi in materia di armi, oltre che per estorsione. Lo beccarono mentre era andato a fare la spesa con la sua compagna romena, Luiza Boetz di venticinque anni. Cicciariello si faceva chiamare Antonio e risultava un semplice imprenditore italiano di cinquantuno anni. Ma che qualcosa non andasse nella sua vita, la compagna doveva averlo intuito, visto che Luiza, per raggiungerlo a Krosno, vicino a Cracovia, in Polonia, aveva fatto un giro tortuoso in treno, per depistare eventuali segugi di polizia. Un viaggio con varie tappe, l'avevano pedinata attraverso tre frontiere e poi l'inseguimento in auto fino alla periferia della città polacca. Cicciariello l'avevano fermato alla cassa del supermercato, si era tagliato i baffi, stirato i capelli crespi, era dimagrito. Si era trasferito in Ungheria ma continuava a incontrare la sua compagna in Polonia. Aveva enormi affari, allevamenti, terre edificabili acquistate, mediazioni con imprenditori del luogo. Il rappresentante italiano del seci, il centro dell'Europa sudorientale contro la criminalità transfrontaliera, aveva denunciato che Schiavone e i suoi uomini andavano spesso in Romania e avevano avviato affari importanti nelle città di Barlad (est del paese), Sinaia (centro), Cluj (ovest) e anche sul litorale del Mar Nero. Cicciariello Schiavone aveva due amanti: oltre a Luiza Boetz anche Cristina Coremanciau, anche lei romena. A Casale la notizia del suo arresto, "per mezzo di una donna", sembrò giungere come uno sberleffo al boss. Un giornale locale titolò, quasi come per sbeffeggiarlo, "Cicciariello arrestato con l'amante". In realtà le due amanti erano vere e proprie manager che avevano curato per lui gli investimenti in Polonia e Romania, divenendo fondamentali per i suoi affari. Cicciariello era uno degli ultimi boss della famiglia Schiavone a essere arrestato. Molti dirigenti e gregari del clan dei Casalesi erano finiti dentro in vent'anni di potere e faide. Il maxiprocesso "Spartacus", chiamato come il gladiatore ribelle che proprio da queste terre tentò la più grande insurrezione che Roma avesse conosciuto, raccoglieva la summa delle indagini contro il cartello dei Casalesi e tutte le sue diramazioni.

Il giorno della sentenza andai al Tribunale di Santa Maria Capua Vetere. Infilai la mia Vespa in un interstizio tra due auto, e riuscii a entrare in tribunale. Mi aspettavo telecamere, macchine fotografiche. Ce n'erano pochissime, e solo di giornali e tv locali. Carabinieri e poliziotti invece erano dappertutto. Circa duecento. Due elicotteri sorvolavano il tribunale a bassa quota, lasciando entrare il rumore delle pale nelle orecchie di tutti. Cani antibomba, volanti. Una tensione altissima. Eppure la stampa nazionale e le tv erano assenti. Il più grande processo contro un cartello criminale per numero di imputati e condanne proposte era stato completamente ignorato dai media. Gli addetti ai lavori conoscono il processo "Spartacus" per un numero: 3615, che è il numero del registro generale attribuito all'inchiesta con circa milletrecento inquisiti avviata dalla DDA nel 1993, partendo dalle dichiarazioni di Carmine Schiavone.

Un processo durato sette anni e ventuno giorni, per seicentoventisei udienze complessive. Il processo di mafia più complesso in Italia negli ultimi quindici anni. Cinquecento testimoni sentiti, oltre ai ventiquattro collaboratori di giustizia, di cui sei imputati. Acquisiti novanta faldoni di atti, sentenze di altri processi, documenti, intercettazioni. Dopo quasi un anno dal blitz del 1995, arrivarono anche le inchieste-figlie di "Spartacus". "Spartacus 2" e "Regi Lagni", ossia il recupero dei canali borbonici che risalivano al diciottesimo secolo, che da allora non ricevevano ristrutturazione adeguata. Il recupero dei Regi Lagni fu per anni pilotato dai clan che generarono – secondo le accuse – appalti miliardari inutilizzati per ristrutturare le vecchie strutture borboniche, e invece fatti defluire verso le loro imprese edili che sarebbero divenute vincenti in tutt'Italia negli anni successivi. E poi il processo "Aima", le truffe che i clan Casalesi avevano fatto nei famosi centri dello *scamazzo*, ossia dove la Comunità europea raccoglieva, *scamazzandola*, la frutta prodotta in eccesso dando in cambio un indennizzo ai contadini. Nei grandi crateri dove veniva sversata la frutta, i clan ci gettavano monnezza, ferro, rimasugli di lavori edili. Prima però tutta la schifezza se la facevano pesare come se fosse stata frutta. E ricevevano ovviamente i soldi di indennizzo, mentre la frutta dei loro appezzamenti continuava a essere venduta ovunque. Furono emessi centotrentuno decreti di sequestro riguardanti imprese, terreni, aziende agricole, per un valore complessivo di centinaia di milioni di euro. Destinatarie dei sequestri anche due società di calcio, l'Albanova, che militava nel campionato C2, e il Casal di Principe.

L'inchiesta prese in esame anche l'imposizione da parte del clan dell'affidamento di subappalti per opere pubbliche a imprese vicine all'organizzazione, con la conseguente gestione di forniture di calcestruzzo e le attività di movimentazione terra. Un altro rilevante capitolo dell'inchiesta concerneva le truffe ai danni della CEE, in particolare riguardo ai contributi ottenuti illecitamente nel comparto agro-alimentare. E poi centinaia di omicidi, alleanze imprenditoriali. Mentre ero lì in attesa della sentenza come tutti, pensavo che quello non era un processo come altri, non un semplice e ordinario processo contro famiglie camorriste della provincia meridionale. Quello sembrava una sorta di processo alla storia, come una Norimberga di una generazione di camorra, ma a differenza dei generalissimi del Reich, molti dei camorristi che erano lì continuavano a comandare, a essere i riferimenti dei loro imperi. Una Norimberga senza vincitori. Gli imputati nelle gabbie, in silenzio. Sandokan era in videoconferenza, immobile nel carcere di Viterbo. Sarebbe stato troppo rischioso spostarlo. In aula si sentiva solo il vociare degli avvocati: oltre venti studi legali coinvolti e più di cinquanta tra avvocati e assistenti avevano studiato, seguito, osservato, difeso. I parenti degli imputati erano tutti ammucchiati in una saletta di fianco all'aula bunker, fissavano tutti il monitor. Quando il presidente della corte Catello Marano prese le trenta pagine del dispositivo del processo, calò il silenzio. I respiri pesanti, il deglutire di centinaia di gole, il ticchettio di centinaia di orologi, il vibrare silenzioso di decine di cellulari privati della suoneria. Il silenzio era nervoso, accompagnato da un'orchestra di suoni d'ansia di contorno. Il presidente iniziò a leggere prima l'elenco dei condannati, poi quello degli assolti. Ventuno ergastoli, oltre settecentocinquanta anni di galera inflitti. Per ventuno volte il presidente ripeté la condanna di carcere a vita, e spesso ripeteva anche i nomi dei condannati. E altre settanta volte diede lettura degli anni che altri uomini, i gregari e i manager, dovevano trascorrere in carcere per pagare il prezzo delle loro alleanze con il terribile potere casalese. All'una e mezzo tutto stava per concludersi. Sandokan chiese di parlare. Si agitava, voleva reagire alla sentenza, ribadire la sua tesi, quella del suo collegio difensivo: che lui era un imprenditore vincente, che un complotto di magistrati invidiosi e marxisti aveva considerato la potenza della borghesia dell'agro aversano una forza criminale e non il frutto di capacità imprenditoriali ed economiche. Voleva sbraitare che la sentenza era un'ingiustizia. Tutti i morti del casertano, nel suo solito ragionamento, venivano ascritti a faide dovute alla cultura contadina del posto e non a conflitti di camorra. Ma a Sandokan quella volta non fu permesso di parlare. Venne zittito come uno scolaro rumoroso. Iniziò a sbraitare e i giudici fecero togliere l'audio. Si continuò a vedere un omone barbuto che si dimenava sino a quando anche il video si spense. L'aula si svuotò immediatamente, i poliziotti e i carabinieri andarono lentamente via, mentre l'elicottero continuava a sorvolare l'aula bunker. È strano, ma non avevo la sensazione che il clan dei Casalesi fosse stato sconfitto. Molti uomini erano stati sbattuti per un po' di anni in carcere, dei boss non sarebbero più usciti di galera per tutta la loro vita, qualcuno magari avrebbe col tempo deciso di pentirsi e riprendersi così un po' di esistenza fuori dalle sbarre. La rabbia di Sandokan doveva essere quella asfissiante dell'uomo di potere che possiede nella testa l'intera mappa del suo impero, ma non può controllarla direttamente.

I boss che decidono di non pentirsi vivono di un potere metafisico, quasi immaginario, e devono fare di tutto per dimenticare gli imprenditori che loro stessi hanno sostenuto e lanciato e che, non essendo membri del clan, riescono a farla franca. I boss, se ne avessero voglia, potrebbero far finire in galera anche loro, ma dovrebbero pentirsi, e questo interromperebbe immediatamente la loro autorità massima e metterebbe a rischio tutti i loro familiari. E poi, cosa ancora più tragica per un boss, molte volte i percorsi dei loro danari, i loro investimenti legali, non riuscirebbero neanche a mapparli. Pur confessando, pur svelando il loro potere non saprebbero mai sino in fondo dove sono finiti i loro soldi. I boss pagano sempre, non possono non pagare. Ammazzano, gestiscono batterie militari, sono il primo anello dell'estrazione di capitale illegale e questo renderà i loro crimini sempre identificabili e non diafani come i crimini economici dei loro colletti bianchi. Del resto i boss non possono essere eterni. Cutolo lascia a Bardellino, Bardellino a Sandokan, Sandokan a Zagaria, La Monica a Di Lauro, Di Lauro agli Spagnoli e loro a chissà quali altri. La forza economica del Sistema camorra è proprio nel continuo ricambio di leader e di scelte criminali. La dittatura di un uomo nei clan è sempre a breve termine, se il potere di un boss durasse a lungo farebbe levitare i prezzi, inizierebbe a monopolizzare i mercati irrigidendoli, investirebbe sempre negli stessi spazi di mercato non esplorandone di nuovi. Invece che divenire un valore aggiunto all'economia criminale diverrebbe ostacolo agli affari. E allora appena un boss raggiunge il potere, dopo poco emergeranno nuove figure pronte a prenderne il posto con la volontà di espandersi e camminare sulle spalle dei giganti che loro stessi hanno contribuito a creare. Lo ricordava sempre uno dei più attenti osservatori delle dinamiche di potere, il giornalista Riccardo Orioles: «La criminalità non è il potere, ma uno dei poteri». Non ci sarà mai un boss che vuole sedere al governo. Se la camorra fosse tutto il potere non ci sarebbe il suo business che risulta essenziale nel meccanismo dello scalino legale e illegale. In questo senso ogni arresto, ogni maxiprocesso, sembra piuttosto un modo per avvicendare capi, per interrompere fasi, piuttosto che un'azione capace di distruggere un sistema di cose.

I visi pubblicati in successione il giorno dopo dai giornali, uno a fianco all'altro, i visi dei boss, dei gregari, dei ragazzini affiliati e di vecchi avanzi di galera, rappresentavano non un girone infernale di criminali, ma tasselli di un mosaico di potere che nessuno per vent'anni aveva potuto ignorare o sfidare. Dopo la sentenza "Spartacus", i boss in carcere iniziarono a lanciare minacce implicite ed esplicite ai giudici, ai magistrati, ai giornalisti, a tutti coloro che ritenevano responsabili di aver fatto di un manipolo di manager del cemento e delle bufale dei killer agli occhi della legge.

Il senatore Lorenzo Diana continuava a essere il bersaglio privilegiato del loro odio. Con lettere inviate a giornali locali, esplicite minacce lanciate durante i processi. Subito dopo la sentenza "Spartacus" alcune persone erano entrate nell'allevamento di trote del fratello del senatore, le avevano sparse d'intorno, e fatte morire lentamente, lasciandole dimenare in terra, asfissiate dall'aria. Alcuni pentiti avevano addirittura segnalato tentativi di agguato da parte di "falchi" dell'organizzazione contro il senatore. Operazioni poi fermate dalla mediazione dei settori più diplomatici del clan. Ad averli dissuasi era stata anche la scorta. La scorta armata non è mai un limite per i clan. Non hanno paura di auto blindate e poliziotti, ma è un segnale, il segnale che quell'uomo che vogliono eliminare non è solo, non potranno facilmente sbarazzarsene come se si trattasse di un individuo la cui morte non interesserebbe che la propria cerchia di familiari. Lorenzo Diana è uno di quei politici che ha deciso di mostrare la complessità del potere casalese e non di denunciare genericamente dei criminali. È nato a San Cipriano d'Aversa, ha vissuto osservando da vicino l'emergere del potere di Bardellino e di Sandokan, le faide, i massacri, gli affari. Può, più di ogni altro, raccontare quel potere, e i clan temono la sua conoscenza e la sua memoria. Temono che da un momento all'altro possa risvegliarsi l'attenzione dei media nazionali sul potere casalese, temono che in Commissione Antimafia il senatore possa denunciare ciò che ormai la stampa ignora, relegando tutto a crimine di provincia. Lorenzo Diana è uno di quei rari uomini che sa che combattere il potere della camorra comporta una pazienza certosina, quella di ricominciare ogni volta da capo, dall'inizio, tirare a uno a uno i fili della matassa economica e raggiungerne il capo criminale. Lentamente ma con costanza, con rabbia, anche quando ogni attenzione si dilegua, anche quando tutto sembra davvero inutile e perso in una metamorfosi che lascia alternare poteri criminali a poteri criminali, senza sconfiggerli mai.

Con il processo giunto a sentenza tra i Bidognetti e gli Schiavone poteva scoppiare un conflitto aperto. Per anni si erano fronteggiati attraverso vari clan a loro confederati, poi gli affari comuni avevano sempre prevalso sui contrasti.

I Bidognetti dispongono di potenti batterie di fuoco, il loro territorio è il nord del casertano, un dominio che giunge sino alla costa domizia. Ferocissimi, a Castelvolturno avevano bruciato vivo un barista, Francesco Salvo, titolare del locale in cui lavorava, il Tropicana, punito per aver osato sostituire i videopoker dei Bidognetti con quelli gestiti da un clan rivale. I Mezzanotte erano arrivati a lanciare una bomba al fosforo contro l'auto di Gabriele Spenuso, mentre camminava sulla Nola-Villa Literno. Domenico Bidognetti aveva ordinato l'eliminazione di Antonio Magliulo nel 2001, perché aveva osato fare avances, nonostante fosse un uomo sposato, a una ragazza, cugina di un boss. L'avevano legato a una sedia, su una spiaggia, e dinanzi al mare avevano iniziato a imbottirgli la bocca e le narici di sabbia. Per respirare Magliulo inghiottiva e sputava sabbia e cercava di soffiarla fuori dal naso. Vomitava, masticava, agitava il collo, impastava con la saliva la rena creando una specie di primitivo cemento, una materia collosa che lentamente lo affogò. La ferocia dei Mezzanotte era direttamente proporzionale al potere imprenditoriale. Legati al ciclo dei rifiuti, i Bidognetti avevano stretto – secondo diverse indagini della DDA di Napoli del 1993 e del 2006 – alleanze con la massoneria deviata della P2. Smaltivano illegalmente, e a prezzi molto convenienti, i rifiuti tossici di imprenditori legati alla loggia. Un nipote di Cicciotto di Mezzanotte, Gaetano Cerci, arrestato nell'ambito dell'operazione "Adelphi" sulle ecomafie, era il contatto tra la camorra casalese e alcuni massoni, e si incontrava molto spesso per affari direttamente con Licio Gelli. Affare che gli inquirenti sono riusciti a scoprire nel volume finanziario di una sola impresa coinvolta e che è stato quantificato in oltre trentacinque milioni di euro. I due boss, Bidognetti e Schiavone, entrambi in galera, entrambi con ergastoli sulle spalle, avrebbero potuto tentare di sfruttare ognuno la condanna dell'altro per sguinzagliare i propri uomini e tentare di eliminare il clan rivale. Ci fu un momento in cui tutto sembrò crollare in un enorme conflitto, di quelli che portano morti a grappolo ogni giorno.

Nella primavera del 2005 il figlio più piccolo di Sandokan era andato a una festa a Parete, territorio dei Bidognetti, e qui aveva iniziato – secondo le indagini – a corteggiare una ragazza, nonostante questa fosse già accompagnata. Il rampollo degli Schiavone era senza scorta e credeva che il solo fatto di essere figlio di Sandokan lo avrebbe reso immune da ogni tipo di aggressione. Non andò così. Un gruppetto di persone lo trascinò fuori casa e lo riempì di schiaffi, di pugni e calci nel sedere. Dopo il *mazziatone* dovette correre in ospedale a farsi suturare la testa. Il giorno dopo una quindicina di persone, in moto e in macchina, si presentarono dinanzi al bar Penelope, dove si ritrovavano solitamente i ragazzi che avevano pestato il rampollo. Entrarono con mazze da baseball e sfasciarono ogni cosa, pestarono a sangue chiunque si trovasse dentro, ma non riuscirono a individuare i responsabili dell'affronto a Schiavone, che molto probabilmente erano riusciti a scappare, forse da un'altra uscita del bar. Allora il commando li aveva rincorsi in strada e aveva iniziato a sparare una decina di colpi, tra la gente, in piazza, colpendo all'addome un passante. Per risposta il giorno dopo tre moto giunsero al caffè Matteotti di Casal di Principe, dove spesso si ritrovano gli affiliati più giovani del clan Schiavone. I motociclisti scesero lentamente, per dare il tempo ai passanti di scappare, e iniziarono anche loro a sfasciare ogni cosa. Vennero segnalate scazzottate e più di sedici accoltellati. L'aria era pesante, una nuova guerra era pronta a partire.

A far aumentare la tensione giunse inaspettata la confessione di un pentito, Luigi Diana, il quale aveva dichiarato, secondo un giornale locale, che Bidognetti era il responsabile del primo arresto di Schiavone, era lui che aveva collaborato con i carabinieri rivelando la latitanza in Francia del boss. Le batterie di fuoco si stavano preparando e i carabinieri erano pronti a raccogliere i cadaveri della mattanza. Tutto fu fermato da Sandokan stesso, con un gesto pubblico. Nonostante il regime di carcere duro riuscì a mandare una lettera aperta a un giornale locale, pubblicata il 21 settembre 2005 direttamente in prima pagina. Il boss, come un manager affermato, risolse il conflitto smentendo ciò che aveva detto il pentito, a cui tra l'altro poche ore dopo il pentimento avevano ucciso un familiare:

"La soffiata, anzi chi mise fiato alle trombe e permise il mio arresto in Francia, fu, come accertato probatoriamente fatta da Carmine Schiavone, e non già Cicciotto Bidognetti. La verità è che tale individuo che risponde al nome del pentito Luigi Diana dice falsità e vuole mettere zizzania per tornaconti personali."

Inoltre "suggerisce" al direttore del giornale di raccontare bene le notizie:

"Vi prego di non farvi strumentalizzare da questo delatore, molto, ma molto prezzolato e di non incorrere nell'errore di trasformare il vostro quotidiano di cronaca in un giornale scandalistico, che inevitabilmente perderebbe di credibilità come un giornale vostro concorrente a cui non ho rinnovato l'abbonamento, cosa che come me molti faranno, non comprando un giornale così strumentalizzato."

Con la lettera, Sandokan delegittima il giornale concorrente del quotidiano a cui ha indirizzato la lettera, e ufficialmente lo elegge a suo nuovo interlocutore.

"Non commento nemmeno il fatto che il giornale vostro concorrente è abituato a scrivere falsità. Il sottoscritto è come l'acqua di fonte: trasparente in tutto!"

Sandokan invitò i suoi uomini a comprare il nuovo giornale e non più il vecchio, da decine di carceri in tutt'Italia arrivarono richieste d'abbonamento per il nuovo giornale prescelto dal boss e disdette d'abbonamento per quello criticato. Il boss chiuse la sua lettera di pace con Bidognetti scrivendo:

"La vita ti chiede sempre ciò che sei capace di affrontare. A questi cosiddetti pentiti la vita gli ha chiesto di affrontare il fango. Come ai porci!"

Il cartello dei Casalesi non era sconfitto. Risultava persino rinvigorito. Secondo le indagini della Procura Antimafia di Napoli, il cartello è attualmente gestito da una diarchia retta da Antonio Iovine, detto "'o ninno" ossia il poppante, perché raggiunse i vertici del clan ancora ragazzino, e Michele Zagaria, il boss manager di Casapesenna, detto "capastorta" per l'irregolarità del suo viso, ma che pare ora si faccia chiamare "Manera". Entrambi i boss sono latitanti da anni e inseriti nell'elenco del Ministero dell'Interno tra i più pericolosi fuggiaschi italiani. Irreperibili, eppure sicuramente sempre presenti nel loro paese. Nessun boss può, per troppo tempo, abbandonare le proprie radici perché è su queste che tutto il potere si edifica e tutto il potere può crollare.

Poche manciate di chilometri, paesi minuscoli, budelli di viottoli, e masserie sperdute per le campagne, eppure impossibile beccarli. Sono in paese. Si muovono su percorsi internazionali ma tornano in paese, per la parte maggiore dell'anno stanno in paese. Lo sanno tutti. Eppure non li beccano. Le strutture di copertura sono così efficienti da impedire l'arresto. Le loro ville continuano a essere abitate da parenti e famiglie. Quella di Antonio Iovine a San Cipriano somiglia a un palazzotto liberty, mentre la villa di Michele Zagaria è un vero e proprio complesso edilizio tra San Cipriano e Casapesenna, una casa con al posto del tetto una cupola di vetro per permettere alla luce di entrare e alimentare la crescita di un enorme albero che troneggia al centro del salone. La famiglia Zagaria possiede decine di aziende satellite in tutta Italia ed è – secondo i magistrati della DDA di Napoli – la prima impresa italiana nel movimento terre. La più potente in assoluto. Una supremazia economica che non nasce dalla diretta attività criminosa, ma dalla capacità di equilibrare capitali leciti e illeciti.

Queste ditte riescono a proporsi in modo profondamente concorrenziale. Hanno vere e proprie colonie criminali in Emilia, Toscana, Umbria e Veneto, dove certificazioni e controlli antimafia sono più blandi e permettono il trasferimento di interi rami d'azienda. I Casalesi prima imponevano il pizzo agli imprenditori campani al nord adesso gestiscono direttamente il mercato. Nel modenese e nell'aretino i Casalesi hanno in mano la maggior parte degli affari edilizi e si portano dietro manodopera essenzialmente casertana.

Le indagini in corso mostrano che le imprese edili legate al clan dei Casalesi si sono infiltrate nei lavori dell'alta velocità al nord, dopo averlo fatto al sud. Come dimostra un'inchiesta coordinata dal giudice Franco Imposimato del luglio 1995, le grandi imprese vincitrici dell'appalto della TAV Napoli-Roma avevano subappaltato i lavori a Edilsud, legata proprio a Michele Zagaria, ma anche ad altre decine di imprese legate al cartello casalese. Un affare, quello dell'alta velocità Napoli-Roma, che ha fruttato circa diecimila miliardi di lire.

Le inchieste dimostrarono che il clan Zagaria aveva già fatto accordi con le 'ndrine calabresi per partecipare con le proprie aziende agli appalti, qualora le linee dell'alta velocità avessero raggiunto Reggio Calabria. Erano pronti i Casalesi, come lo sono ora. La costola di Casapesenna del sodalizio casalese è riuscita a penetrare – secondo le indagini della Procura Antimafia di Napoli degli ultimi anni – in una serie di lavori pubblici al centro-nord partecipando alla ricostruzione dell'Umbria dopo il terremoto del 1997. Ogni grande appalto e cantiere le ditte di camorra dell'agro aversano lo possono dominare in ogni passaggio. Noli a freddo, movimento terre, trasporti, inerti, manodopera.

Le ditte dell'agro aversano sono pronte per intervenire: organizzate, economiche, veloci, efficienti. Le imprese edili a Casal di Principe sono ufficialmente cinquecentodiciassette. Moltissime sono diretta emanazione dei clan, altre centinaia si trovano in tutti i paesi dell'agro aversano, un esercito pronto a cementificare ogni cosa. I clan non sembrano aver bloccato lo sviluppo del territorio, quanto piuttosto dirottato nelle loro casse i vantaggi. In un fazzoletto di pochissimi chilometri negli ultimi cinque anni sono stati edificati dei veri e propri troni commerciali di cemento: uno dei più grandi cinema multisala d'Italia, a Marcianise, il più grande centro commerciale del sud Italia a Teverola, il più grande centro commerciale d'Europa sempre a Marcianise, tutto in una regione con altissimi tassi di disoccupazione e con un'emorragia continua di emigrazione. Enormi agglomerati commerciali che piuttosto che *nonluoghi* – come li avrebbe definiti l'etnologo Marc Augé – parevano degli *inizioluoghi*. Supermercati dove tutto ciò che poteva essere comprato e consumato deve permettere alla cartamoneta di far battezzare capitali e danari che altrimenti non avrebbero trovato precisa origine legittima. Luoghi da dove deve iniziare l'origine legale del danaro, il battesimo ufficiale. Più centri commerciali si edificano, più cantieri si innalzano, più merci giungono, più fornitori lavorano, più trasporti avvengono, più velocemente il danaro riuscirà a oltrepassare i perimetri frastagliati dei territori illegali in quelli legali.

I clan hanno beneficiato dello sviluppo strutturale della provincia e sono pronti a prendere parte al bottino. Attendono con ansia l'inizio delle grandi opere sul territorio: la metropolitana di Aversa e l'aeroporto di Grazzanise, che sarà uno dei più grandi d'Europa, costruito a poca distanza dalle masserie che furono di Cicciariello e di Sandokan.

I Casalesi hanno disseminato la provincia di loro beni. Soltanto i beni immobili sequestrati dalla DDA di Napoli nell'ultima manciata di anni ammontano a settecentocinquanta milioni di euro. Gli elenchi sono spaventosi. Solo per il procedimento del processo "Spartacus" avevano sequestrato centonovantanove fabbricati, cinquantadue terreni, quattordici società, dodici autovetture e tre imbarcazioni. Nel corso degli anni erano stati sequestrati a Schiavone e ai suoi fiduciari, in un procedimento del 1996, beni per quattrocentocinquanta miliardi, aziende, villini, terreni, fabbricati e automobili di grossa cilindrata (tra cui la Jaguar su cui trovarono Sandokan all'epoca del primo arresto). Sequestri che avrebbero distrutto qualsiasi azienda, perdite che avrebbero messo sul lastrico ogni imprenditore, vere e proprie mazzate

economiche che avrebbero ingolfato qualsiasi gruppo economico. Qualsiasi, ma non il cartello dei Casalesi. Ogni volta
che leggevo dei sequestri di immobili, ogni volta che avevo
dinanzi agli occhi gli elenchi di beni che la DDA sequestrava
ai boss, mi saliva una sensazione di sconforto e stanchezza,
ovunque mi girassi sembrava che tutto fosse loro. Tutto. Terre, bufale, masserie, cave, rimessaggi d'auto e caseifici, alberghi e ristoranti. Una sorta di onnipotenza camorrista, non
riuscivo a vedere altro che non fosse loro proprietà.

C'era un imprenditore che più d'ogni altro aveva avuto
questo potere totale, quello di divenire padrone d'ogni cosa:
Dante Passarelli di Casal di Principe. Venne arrestato anni fa
per associazione camorristica, accusato di essere il cassiere
del clan dei Casalesi, l'accusa propose la condanna a otto anni di reclusione per 416 bis. Non era semplicemente uno dei
moltissimi imprenditori che facevano affari con e per mezzo
dei clan. Passarelli era l'Imprenditore in assoluto, il numero
uno, il più vicino, il più fidato. Era un ex salumiere con grandi capacità commerciali e queste qualità gli erano bastate,
poiché venne prescelto – secondo le accuse – per divenire
l'investitore di una parte dei capitali del clan. Divenne grossista e poi industriale. Da imprenditore della pasta era diventato anche imprenditore edile e poi dallo zucchero era
passato al catering, fino al calcio. Il patrimonio di Dante Passarelli, secondo una stima della DIA, valeva tra i trecento e i
quattrocento milioni di euro. Buona parte di quella ricchezza
era frutto di partecipazioni azionarie e cospicue quote di
mercato nel settore agro-alimentare. Era di sua proprietà l'I-
pam, uno dei più importanti zuccherifici italiani. Era leader
nella distribuzione dei pasti con la Passarelli Dante e figli,
che si era aggiudicata l'appalto per le mense degli ospedali
di Santa Maria Capua Vetere, Capua e Sessa Aurunca, era
proprietario di centinaia di appartamenti, sedi commerciali e
industriali. Al momento del suo arresto, il 5 dicembre 1995,
quei beni furono sottoposti a sequestro: nove fabbricati a Villa Literno; un appartamento a Santa Maria Capua Vetere; un

altro a Pinetamare; un fabbricato a Casal di Principe. E poi: terreni a Castelvolturno, a Casal di Principe, a Villa Literno, a Cancello Arnone, il complesso agricolo La Balzana, a Santa Maria la Fossa, composto da duecentonove ettari di terreno e quaranta fabbricati rurali. E poi il suo fiore all'occhiello, *Anfra III*, un lussuosissimo yacht con decine di stanze, parquet, e vasca idromassaggio a bordo, tenuto in rimessaggio a Gallipoli. Su *Anfra III* Sandokan e consorte avevano fatto una crociera nelle isole greche. Le indagini stavano procedendo alla progressiva confisca dei beni quando Dante Passarelli venne trovato morto, nel novembre 2004, caduto dal balcone di una delle sue case. Fu la moglie a trovare il corpo. La testa spaccata, la spina dorsale frantumata. Le indagini sono tuttora in corso. Non si comprende ancora se è stata fatalità, o una notissima mano anonima a far cadere l'imprenditore dal balcone in costruzione. Con la sua morte tutti i beni, che sarebbero dovuti passare alla disponibilità dello Stato, sono tornati alla famiglia. Il destino di Passarelli è stato quello di un commerciante che per la sua qualità imprenditoriale aveva ricevuto capitali che mai avrebbe potuto gestire, e li ha fatti levitare in maniera egregia. Poi è arrivato l'intoppo, le inchieste giudiziarie, e lo stesso patrimonio non è riuscito a difenderlo dal sequestro. Come la qualità d'aziendalista gli aveva dato un impero, così la sconfitta dei sequestri gli aveva dato la morte. I clan non permettono errori. Quando segnalarono a Sandokan, durante un processo, che Dante Passarelli era morto, il boss serenamente disse: «Pace all'anima sua».

Il potere dei clan rimaneva il potere del cemento. Era sui cantieri che sentivo fisicamente, nelle budella, tutta la loro potenza. Per diverse estati ero andato a lavorare nei cantieri, per farmi impastare cemento non mi bastava altro che comunicare al capomastro la mia origine e nessuno mi rifiutava il lavoro. La Campania forniva i migliori edili d'Italia, i più bravi, i più veloci, i più economici, i meno rompicoglioni. Un lavoro bestiale che non sono mai riuscito a imparare particolarmente bene, un mestiere che ti può fruttare un gruzzolo cospicuo solo se sei disposto a giocarti ogni forza, ogni muscolo, ogni energia. Lavorare in ogni condizione climatica, con il passamontagna in viso così come in mutande. Avvicinarmi al cemento, con le mani e col naso, è stato l'unico modo per capire su cosa si fondava il potere, quello vero.

Fu quando morì Francesco Iacomino però che compresi sino in fondo i meccanismi dell'edilizia. Aveva trentatré anni quando lo trovarono con la tuta da lavoro sul selciato, all'incrocio tra via Quattro Orologi e via Gabriele D'Annunzio a Ercolano. Era caduto da un'impalcatura. Dopo l'incidente erano scappati tutti, geometra compreso. Nessuno ha chiamato l'autoambulanza, temendo potesse arrivare prima della loro fuga. Allora, mentre scappavano, avevano lasciato il corpo a metà strada, ancora vivo, mentre sputava sangue dai polmoni. Quest'ennesima notizia di morte, uno dei trecento edili che crepavano ogni anno nei cantieri in Italia si era come ficcata in qualche parte del mio corpo. Con la morte di Iacomino mi si innescò una rabbia di quelle che somigliano più a un attacco d'asma piuttosto che a una smania nervosa. Avrei voluto fare come il protagonista de *La vita agra* di Luciano Bianciardi che arriva a Milano con la volontà di far saltare in aria il Pirellone per vendicare i quarantotto minatori di Ribolla, massacrati da un'esplosione in miniera, nel maggio 1954, nel pozzo Camorra. Chiamato così per le infami condizioni di lavoro. Dovevo forse anch'io scegliermi un palazzo, *il* Palazzo, da far saltare in aria, ma ancor prima di infilarmi nella schizofrenia dell'attentatore, appena entrai nella crisi asmatica di rabbia mi rimbombò nelle orecchie l'*Io so* di Pasolini come un *jingle* musicale che si ripeteva sino all'assillo. E così invece di setacciare palazzi da far saltare in aria, sono andato a Casarsa, sulla tomba di Pasolini. Ci sono andato da solo, anche se queste cose per renderle meno patetiche bisognerebbe farle in compagnia. In banda. Un gruppo di fedeli lettori, una fidanzata. Ma io ostinatamente sono andato da solo.

Casarsa è un bel posto, uno di quei posti dove ti viene facile pensare a qualcuno che voglia campare di scrittura, e invece ti è difficile pensare a qualcuno che se ne va dal paese per scendere più giù, oltre la linea dell'inferno. Andai sulla tomba di Pasolini non per un omaggio, neanche per una celebrazione. Pier Paolo Pasolini. Il nome uno e trino, come diceva Caproni, non è il mio santino laico, né un Cristo letterario. Mi andava di trovare un posto. Un posto dove fosse ancora possibile riflettere senza vergogna sulla possibilità della parola. La possibilità di scrivere dei meccanismi del potere, al di là delle storie, oltre i dettagli. Riflettere se era ancora possibile fare i nomi, a uno a uno, indicare i visi, spogliare i corpi dei reati e renderli elementi dell'architettura dell'autorità. Se era ancora possibile inseguire come porci da tartufo le dinamiche del reale, l'affermazione dei poteri, senza metafore, senza mediazioni, con la sola lama della scrittura.

Presi il treno da Napoli per Pordenone, un treno lentissimo dal nome assai eloquente sulla distanza che doveva percorrere: Marco Polo. Una distanza enorme sembra separare il Friuli dalla Campania. Partito alle otto meno dieci arrivai in Friuli alle sette e venti del giorno dopo, attraversando una notte freddissima che non mi diede tregua per dormire neanche un po'. Da Pordenone con un bus arrivai a Casarsa e scesi camminando a testa bassa come chi sa già dove andare e la strada può anche riconoscerla guardandosi la punta delle scarpe. Mi persi, ovviamente. Ma dopo aver vagato inutilmente riuscii a raggiungere via Valvasone, il cimitero dove è sepolto Pasolini e tutta la sua famiglia. Sulla sinistra, poco dopo l'ingresso, c'era un'aiuola di terra nuda. Mi avvicinai a questo quadrato con al centro due lastre di marmo bianco, piccole, e vidi la tomba. "Pier Paolo Pasolini (1922-1975)." Al fianco, poco più in là, quella della madre. Mi sembrò d'essere meno solo, e lì iniziai a biascicare la mia rabbia, con i pugni stretti sino a far entrare le unghie nella carne del palmo. Iniziai a articolare il mio *io so*, l'io so del mio tempo.

Io so e ho le prove. Io so come hanno origine le economie e dove prendono l'odore. L'odore dell'affermazione e della vittoria. Io so cosa trasuda il profitto. Io so. E la verità della parola non fa prigionieri perché tutto divora e di tutto fa prova. E non deve trascinare controprove e imbastire istruttorie. Osserva, soppesa, guarda, ascolta. Sa. Non condanna in nessun gabbio e i testimoni non ritrattano. Nessuno si pente. Io so e ho le prove. Io so dove le pagine dei manuali d'economia si dileguano mutando i loro frattali in materia, cose, ferro, tempo e contratti. Io so. Le prove non sono nascoste in nessuna *pen-drive* celata in buche sotto terra. Non ho video compromettenti in garage nascosti in inaccessibili paesi di montagna. Né possiedo documenti ciclostilati dei servizi segreti. Le prove sono inconfutabili perché parziali, riprese con le iridi, raccontate con le parole e temprate con le emozioni rimbalzate su ferri e legni. Io vedo, trasento, guardo, parlo, e così testimonio, brutta parola che ancora può valere quando sussurra: «È falso» all'orecchio di chi ascolta le cantilene a rima baciata dei meccanismi di potere. La verità è parziale, in fondo se fosse riducibile a formula oggettiva sarebbe chimica. Io so e ho le prove. E quindi racconto. Di queste verità.

Cerco sempre di calmare quest'ansia che mi prende ogni volta che cammino, ogni volta che salgo scale, prendo ascensori, quando struscio le suole su zerbini e supero soglie. Non posso fermare un rimuginio d'anima perenne su come sono stati costruiti palazzi e case. E se poi ho qualcuno a portata di parola riesco con difficoltà a trattenermi dal raccontare come si tirano su piani e balconi sino al tetto. Non è un senso di colpa universale che mi pervade, né un riscatto morale verso chi è stato cassato dalla memoria storica. Piuttosto cerco di dismettere quel meccanismo brechtiano che invece ho connaturato, di pensare alle mani e ai piedi della storia. Insomma più alle ciotole perennemente vuote che portarono alla presa della Bastiglia che ai proclami della Gironda e dei Giacobini. Non riesco a non pensarci. Ho sempre questo vizio. Come qualcuno che guardando Vermeer pensasse a chi ha mescolato i colori, tirato la tela coi legni, assemblato gli orecchini di perle, piuttosto che contemplare il ritratto. Una vera perversione. Non riesco proprio a scordarmi come funziona il ciclo del cemento quando vedo una rampa di scale, e non mi distrae da come si mettono in torre le impalcature il vedere una verticale di finestre. Non riesco a far finta di nulla. Non riesco proprio a vedere solo il parato e penso alla malta e alla cazzuola. Sarà forse che chi nasce in certi meridiani ha rapporto con alcune sostanze in modo singolare, unico. Non tutta la materia viene recepita allo stesso modo in ogni luogo. Credo che in Qatar l'odore di petrolio e benzina rimandi a sensazioni e sapori che sanno di residenze immense, occhiali da sole e limousine. Lo stesso odore acido del carbonfossile, a Minsk, credo rimandi a facce scure, fughe di gas, e città affumicate mentre in Belgio rimanda all'odore d'aglio degli italiani e alla cipolla dei maghrebini. Lo stesso accade col cemento per l'Italia, per il Mezzogiorno. Il cemento. Petrolio del sud. Tutto nasce dal cemento. Non esiste impero economico nato nel Mezzogiorno che non veda il passaggio nelle costruzioni: gare d'appalto, appalti, cave, cemento, inerti, malta, mattoni, impalcature, operai. L'armamentario dell'imprenditore italiano è questo. L'imprenditore italiano che non ha i piedi del suo impero nel cemento non ha speranza alcuna. È il mestiere più semplice per far soldi nel più breve tempo possibile, conquistare fiducia, assumere persone nel tempo adatto di un'elezione, distribuire salari, accaparrarsi finanziamenti, moltiplicare il proprio volto sulle facciate dei palazzi che si edificano. Il talento del costruttore è quello del mediatore e del rapace. Possiede la pazienza del certosino compilatore di documentazioni burocratiche, di attese interminabili, di autorizzazioni sedimentate come lente gocce di stalattiti. E poi il talento di rapace, capace di planare su terreni insospettabili, sottrarli per pochi quattrini e poi serbarli sino a quando ogni loro centimetro e ogni buco divengono rivendibili a prezzi esponenziali. L'imprenditore rapace sa come usare becco e artigli. Le banche italiane sanno accordare ai costruttori il massimo credito, diciamo che le banche italiane sembrano edificate per i costruttori. E quando proprio non ha meriti e le case che costruirà non bastano come garanzie, ci sarà sempre qualche buon amico che garantirà per lui. La concretezza del cemento e dei mattoni è l'unica vera materialità che le banche italiane conoscono. Ricerca, laboratorio, agricoltura, artigianato, i direttori di banca li immaginano come territori vaporosi, iperurani senza presenza di gravità. Stanze, piani, piastrelle, prese del telefono e della corrente, queste le uniche concretezze che riconoscono. Io so e ho le prove. So come è stata costruita mezz'Italia. E più di mezza. Conosco le mani, le dita, i progetti. E la sabbia. La sabbia che ha tirato su palazzi e grattacieli. Quartieri, parchi, ville. A Castelvolturno nessuno dimentica le file infinite dei camion che depredavano il Volturno della sua sabbia. Camion in fila, che attraversavano le terre costeggiate da contadini che mai avevano visto questi mammut di ferro e gomma. Erano riusciti a rimanere, a resistere senza emigrare e sotto i loro occhi gli portavano via tutto. Ora quella sabbia è nelle pareti dei condomini abruzzesi, nei palazzi di Varese, Asiago, Genova. Ora non è più il fiume che va al mare, ma il mare che entra nel fiume. Ora nel Volturno si pescano le spigole, e i contadini non ci sono più. Senza terra hanno iniziato ad allevare le bufale, dopo le bufale hanno messo su piccole imprese edili assumendo giovani nigeriani e sudafricani sottratti ai lavori stagionali, e quando non si sono consorziati con le imprese dei clan hanno incontrato la morte precoce. Io so e ho le prove. Le ditte d'estrazione vengono autorizzate a sottrarre quantità minime, e in realtà mordono e divorano intere montagne. Montagne e colline sbriciolate e impastate nel cemento finiscono ovunque. Da Tenerife a Sassuolo. La deportazione delle cose ha seguito quella degli uomini. In una trattoria di San Felice a Cancello ho incontrato don Salvatore, vecchio mastro. Una specie di salma ambulante, non aveva più di cinquant'anni, ma ne dimostrava ottanta. Mi ha raccontato che per dieci anni ha avuto il compito di smistare nelle impastatrici le polveri di smaltimento fumi. Con la mediazione delle ditte dei clan lo smaltimento

236

occultato nel cemento è divenuta la forza che permette alle imprese di presentarsi alle gare d'appalto con prezzi da manodopera cinese. Ora garage, pareti e pianerottoli hanno nel loro petto i veleni. Non accadrà nulla sin quando qualche operaio, magari maghrebino, inalerà le polveri crepando qualche anno dopo e incolperà la malasorte per il suo cancro.

Io so e ho le prove. Gli imprenditori italiani vincenti provengono dal cemento. Loro stessi sono parte del ciclo del cemento. Io so che prima di trasformarsi in uomini di fotomodelle, in manager da barca, in assalitori di gruppi finanziari, in acquirenti di quotidiani, prima di tutto questo e dietro tutto questo c'è il cemento, le ditte in subappalto, la sabbia, il pietrisco, i camioncini zeppi di operai che lavorano di notte e scompaiono al mattino, le impalcature marce, le assicurazioni fasulle. Lo spessore delle pareti è ciò su cui poggiano i trascinatori dell'economia italiana. La Costituzione dovrebbe mutare. Scrivere che si fonda sul cemento e sui costruttori. Sono loro i padri. Non Ferruccio Parri, non Luigi Einaudi, non Pietro Nenni, non il comandante Valerio. Furono i palazzinari a tirare per lo scalpo l'Italia affossata dal crac Sindona e dalla condanna senza appello del Fondo Monetario Internazionale. Cementifici, appalti, palazzi e quotidiani.

Nell'edilizia finiscono gli affiliati al giro di boa. Dopo che si fa una carriera da killer, da estorsore o da palo, si finisce nell'edilizia o a raccogliere spazzatura. Piuttosto che filmati e conferenze a scuola, potrebbe essere interessante prendere i nuovi affiliati e portarli a fare un giro per cantieri mostrando il destino che li attende. Se galera e morte dovessero risparmiarli staranno su un cantiere, invecchiando e scatarrando sangue e calce. Mentre imprenditori e affaristi che i boss credevano di gestire avranno committenze milionarie. Di lavoro si muore. In continuazione. La velocità di costruzioni, la necessità di risparmiare su ogni tipo di sicurezza e su ogni rispetto d'orario. Turni disumani nove-dodici ore al giorno compreso sabato e domenica. Cento euro a settimana la paga con lo straordinario notturno e domenicale di cinquanta euro ogni dieci ore. I più giovani se ne fanno anche quindici. Magari tirando coca. Quando si muore nei cantieri, si avvia un meccanismo collaudato. Il corpo senza vita viene portato via e viene simulato un incidente stradale. Lo mettono in un'auto che poi fanno cadere in scarpate o dirupi, non dimenticando di incendiarla prima. La somma che l'assicurazione pagherà verrà girata alla famiglia come liquidazione. Non è raro che per simulare l'incidente si feriscano anche i simulatori in modo grave, soprattutto quando c'è da ammaccare un'auto contro il muro, prima di darle fuoco con il cadavere dentro. Quando il mastro è presente il meccanismo funziona bene. Quando è assente spesso il panico attanaglia gli operai. E allora si prende il ferito grave, il quasi cadavere e lo si lascia quasi sempre vicino a una strada che porta all'ospedale. Si passa con la macchina, si adagia il corpo e si fugge. Quando proprio lo scrupolo è all'eccesso si avverte un'autoambulanza. Chiunque prende parte alla scomparsa o all'abbandono del corpo quasi cadavere sa che lo stesso faranno i colleghi qualora dovesse accadere al suo corpo di sfracellarsi o infilzarsi. Sai per certo che chi ti è a fianco in caso di pericolo ti soccorrerà nell'immediato per sbarazzarsi di te, ti darà il colpo di grazia. E così si ha una specie di diffidenza nei cantieri. Chi ti è a fianco potrebbe essere il tuo boia, o tu il suo. Non ti farà soffrire, ma sarà colui che ti lascerà crepare da solo su un marciapiede o ti darà fuoco in un'auto. Tutti i costruttori sanno che funziona in questo modo. E le ditte del sud danno garanzie migliori. Lavorano e scompaiono e ogni guaio se lo risolvono senza clamore. Io so e ho le prove. E le prove hanno un nome. In sette mesi nei cantieri a nord di Napoli sono morti quindici operai edili. Caduti, finiti sotto pale meccaniche, o spiaccicati da gru gestite da operai stremati dalle ore di lavoro. Bisogna far presto. Anche se i cantieri durano anni, le ditte in subappalto devono lasciar posto subito ad altre. Guadagnare, battere cassa e andare altrove. Oltre il 40 per cento delle ditte che operano in Italia sono del sud. Agro aversano, napoletano, salernitano. A sud possono

ancora nascere gli imperi, le maglie dell'economia si possono forzare e l'equilibrio dell'accumulazione originaria non è
stato ancora completato. A sud bisognerebbe appendere,
dalla Puglia alla Calabria, dei cartelloni con il BENVENUTO
per gli imprenditori che vogliono lanciarsi nell'agone del cemento e in pochi anni entrare nei salotti romani e milanesi.
Un BENVENUTO che sa di buona fortuna dato che la ressa è
molta e pochissimi galleggiano sulle sabbie mobili. Io so. E
ho le prove. E i nuovi costruttori, proprietari di banche e di
panfili, principi del gossip e maestà di nuove baldracche ce-
lano il loro profitto. Forse hanno ancora un'anima. Hanno
vergogna di dichiarare da dove vengono i propri guadagni.
Nel loro paese modello, negli USA, quando un imprenditore
riesce a divenire riferimento finanziario, quando raggiunge
fama e successo accade che convoca analisti e giovani econo-
misti per mostrare la propria qualità economica, e svelare le
strade battute per la vittoria sul mercato. Qui silenzio. E il
danaro è solo danaro. E gli imprenditori vincenti che vengono dall'aversano, da una terra malata di camorra, rispondono senza vergogna a chi li interroga sul loro successo: «Ho
comprato a dieci e venduto a trecento». Qualcuno ha detto
che a sud si può vivere come in un paradiso. Basta fissare il
cielo e mai, mai osare guardare in basso. Ma non è possibile.
L'esproprio d'ogni prospettiva ha sottratto anche gli spazi
della vista. Ogni prospettiva si imbatte in balconi, soffitte,
mansarde, condomini, palazzi abbracciati, quartieri annodati. Qui non pensi che qualcosa possa cascare dal cielo. Qui
scendi giù. Ti inabissi. Perché c'è sempre un abisso nell'abisso. Così quando calpesto scale e stanze, quando salgo negli
ascensori, non riesco a non sentire. Perché io so. Ed è una
perversione. E così quando mi trovo tra i migliori e vincenti
imprenditori non mi sento bene. Anche se questi signori sono eleganti, parlano con toni pacati, e votano a sinistra. Io
sento l'odore della calce e del cemento, che esce dai calzini,
dai gemelli di Bulgari, dalle loro librerie. Io so. Io so chi ha
costruito il mio paese e chi lo costruisce anche adesso. So che

stanotte parte un treno da Reggio Calabria che si fermerà a Napoli a mezzanotte e un quarto e sarà diretto a Milano. Sarà colmo. E alla stazione i furgoncini e le Punto polverose preleveranno i ragazzi per nuovi cantieri. Un'emigrazione senza residenza che nessuno studierà e valuterà poiché rimarrà nelle orme della polvere di calce e solo lì. Io so qual è la vera Costituzione del mio tempo, qual è la ricchezza delle imprese. Io so in che misura ogni pilastro è il sangue degli altri. Io so e ho le prove. Non faccio prigionieri.

Don Peppino Diana

Quando penso alla lotta ai clan di Casal di Principe, di San Cipriano, di Casapesenna e in tutti i territori egemonizzati da loro, da Parete a Formia, penso sempre ai lenzuoli bianchi. Ai lenzuoli bianchi che pendono da ogni balcone, legati a ogni ringhiera, annodati a tutte le finestre. Bianco, tutto bianco, una pioggia di stoffe candide. Furono il rabbioso lutto issato quando si svolsero i funerali di don Peppino Diana. Avevo sedici anni, era il marzo 1994. Mi svegliò mia zia, come sempre, ma con una violenza strana, mi svegliò tirandomi il lenzuolo in cui ero rannicchiato, come si fa quando si srotola un salame dalla carta. Quasi cascai giù dal letto. Mia zia non disse niente e camminava facendo un rumore fortissimo, come se sfogasse tutto il nervosismo sui talloni. Annodava questi lenzuoli alle ringhiere di casa, stretti, neanche un tornado avrebbe potuto scioglierli. Spalancava le finestre, faceva entrare le voci, uscire i rumori di casa, persino gli stipi dei mobili erano aperti. Ricordo il fiume di scout che avevano dismesso la loro aria scanzonata da bravi figli di famiglia e sembravano portare annodata ai loro bizzarri foulard gialli e verdi una rabbia forte, perché don Peppino era uno di loro. Mai più mi è capitato di rivedere scout così nervosi e così poco attenti a tutte quelle forme di ordine e compostezza che invece li accompagnano sempre nelle loro lunghe marce. Di quel giorno ho solo ricordi a chiazze, una memoria a pelle di dalmata. Don Peppino Diana ha avuto una storia strana, una di quelle che una volta conosciuta, bisogna poi conservarla da qualche parte del proprio corpo. In fondo alla gola, stretta nel pugno, vicino al muscolo del petto, sulle coronarie. Una storia rara, sconosciuta ai più.

Don Peppino aveva studiato a Roma e lì doveva rimanere a fare carriera lontano dal paese, lontano dalla terra di provincia, lontano dagli affari sporchi. Una carriera clericale, da buon figlio borghese. Ma aveva d'improvviso deciso di tornare a Casal di Principe come chi non riesce a togliersi di dosso un ricordo, un'abitudine, un odore. Forse come chi ha perennemente la sensazione smaniosa di dover fare qualcosa e di non riuscire a trovare pace fin quando non la realizza o almeno tenta di farlo. Don Peppino divenne giovanissimo sacerdote della chiesa di San Nicola di Bari, una chiesa dalla struttura moderna che sembrava, anche nell'estetica, perfetta per la sua idea di impegno. Girava per il paese in jeans e non in tonaca come era accaduto sino ad allora ai preti che si portavano addosso un'autorità cupa come l'abito talare. Don Peppino non orecchiava le beghe delle famiglie, non disciplinava le scappatelle dei maschi, né andava confortando donne cornute, aveva cambiato con naturalezza il ruolo del prete di provincia. Aveva deciso di interessarsi delle dinamiche di potere: non solo dei corollari della miseria, non voleva soltanto nettare la ferita, ma comprendere i meccanismi della metastasi, bloccare la cancrena, fermare l'origine di ciò che rendeva la sua terra una miniera di capitali e un tracciato di cadaveri. Fumava anche il sigaro ogni tanto in pubblico, altrove poteva sembrare un gesto innocuo. Da queste parti i preti tendevano ad avere atteggiamenti di finta privazione del superfluo e nelle loro stanze davano sfogo alle pigre debolezze. Don Peppino aveva deciso di lasciare somigliare la sua faccia sempre più a se stesso, come una garanzia di trasparenza in una terra dove i volti invece devono orientarsi in smorfie pronte a mimare ciò che si rappresenta, aiutati dai soprannomi che caricano il proprio corpo del potere che si vuole suturare alla propria epidermide. Aveva l'ossessione del fare, aveva iniziato a realizzare un centro di accoglienza dove offrire vitto e alloggio ai primi immigrati africani. Era necessario accoglierli, evitare – come poi accadrà – che i clan potessero iniziare a farne dei perfetti soldati. Per realizzare il progetto aveva devoluto anche alcuni risparmi personali accumulati con l'insegnamento. Attendere aiuti istituzionali può essere cosa così lenta e complicata da divenire il più reale dei motivi per l'immobilità. Da quando era sacerdote aveva visto l'avvicendarsi dei boss, l'eliminazione di Bardellino e il potere di Sandokan e di Cicciotto di Mezzanotte, i massacri tra bardelliniani e Casalesi poi tra i dirigenti vincenti.

Un episodio rimasto famoso nelle cronache di quel periodo fu un corteo di diverse automobili che sfilò per le strade del paese. Erano circa le sei del pomeriggio quando una decina di auto fecero una sorta di carosello sotto le case dei nemici. I gruppi vincenti di Schiavone andarono a sfidare sotto le loro case gli avversari. Ero un ragazzino, ma i miei cugini giurano di averlo visto con i propri occhi. Le auto procedevano lentamente per le strade di San Cipriano, Casapesenna e Casal di Principe, e gli uomini sedevano cavalcioni sui finestrini con una gamba dentro l'auto e l'altra penzoloni. Tutti con i mitra in mano e il volto scoperto. Procedendo a passo lento, il corteo raccoglieva progressivamente altri affiliati che scendevano di casa con fucili e semiautomatiche, e proseguivano a piedi dietro le auto. Una vera e propria manifestazione pubblica armata di affiliati contro altri. Si fermavano sotto le case degli avversari. Di chi aveva osato opporsi al loro predominio.

«Scendete uomini di merda! Scendete di casa... se avete le palle!»

Durò almeno un'ora questo corteo. Girò indisturbato mentre le saracinesche dei negozi, dei bar, si abbassavano all'istante. Per due giorni ci fu un coprifuoco totale. Nessuno uscì di casa, neanche per comprare il pane. Don Peppino comprese che era necessario programmare un piano di lotta.

Era necessario tracciare apertamente un percorso da seguire, non più testimoniare singolarmente, ma organizzare la testimonianza e coordinare un nuovo impegno delle chiese del territorio. Scrisse, firmandolo assieme a tutti i preti della foranìa di Casal di Principe, un documento inaspettato, un testo religioso, cristiano, con una traccia di disperata dignità umana, che rese quelle parole universali, capaci di superare i perimetri religiosi e di far tremare sin nella voce le sicurezze dei boss, che arrivarono a temere quelle parole più di un blitz dell'Antimafia, più del sequestro delle cave e delle betoniere, più delle intercettazioni telefoniche che tracciano un ordine di morte. Era un documento vivo con un titolo romanticamente forte: "Per amore del mio popolo non tacerò". Distribuì lo scritto il giorno di Natale, non appese le pagine alle porte della sua chiesa, non doveva come Lutero riformare nessuna chiesa romana, aveva altro cui pensare don Peppino. Tentare di comprendere come poter creare una strada trasversale ai poteri, l'unica in grado di mettere in crisi l'autorità economica e criminale delle famiglie di camorra.

Don Peppino scavò un percorso nella crosta della parola, erose dalle cave della sintassi quella potenza che la parola pubblica, pronunciata chiaramente, poteva ancora concedere. Non ebbe l'indolenza intellettuale di chi crede che la parola ormai abbia esaurito ogni sua risorsa che risulta capace solo di riempire gli spazi tra un timpano e l'altro. La parola come concretezza, materia aggregata di atomi per intervenire nei meccanismi delle cose, come malta per costruire, come punta di piccone. Don Peppino cercava una parola necessaria come secchiata d'acqua sugli sguardi imbrattati. Il tacere in queste terre non è la banale omertà silenziosa che si rappresenta di coppole e sguardo abbassato. Ha molto più a che fare col "non mi riguarda". L'atteggiamento solito in questi luoghi, e non solo, una scelta di chiusura che è il vero voto messo nel seggio dello stato di cose. La parola diviene un urlo. Controllato e lanciato acuto e alto contro un vetro blindato: con la volontà di farlo esplodere.

Assistiamo impotenti al dolore di tante famiglie che vedono i loro figli finire miseramente vittime o mandanti delle organizzazioni della camorra. [...] La camorra oggi è una forma di terrorismo che incute paura, impone le sue leggi e tenta di diventare componente endemica nella società campana. I camorristi impongono con violenza, armi in pugno, regole inaccettabili: estorsioni che hanno visto le nostre zone diventare sempre più aree sussidiate, assistite senza alcuna autonoma capacità di sviluppo; tangenti al venti per cento e oltre sui lavori edili, che scoraggerebbero l'imprenditore più temerario, traffici illeciti per l'acquisto e lo spaccio delle sostanze stupefacenti il cui uso produce schiere di giovani emarginati, e manovalanza a disposizione delle organizzazioni criminali; scontri tra diverse fazioni che si abbattono come veri flagelli devastatori sulle famiglie delle nostre zone; esempi negativi per tutta la fascia adolescenziale della popolazione, veri e propri laboratori di violenza e del crimine organizzato [...]

Don Peppino aveva come priorità ricordare che bisognava, dinanzi all'ondata del potere dei clan, non più contenere l'attività nel silenzio del confessionale. Setacciò così la voce dei profeti per sostenere la necessità prioritaria di scendere per le strade, di denunciare, di agire come condizione assoluta per dare ancora un senso al proprio essere.

Il nostro impegno profetico di denuncia non deve e non può venire meno, Dio ci chiama a essere profeti.
Il Profeta fa da sentinella: vede l'ingiustizia, la denuncia e richiama il progetto originario di Dio (*Ezechiele* 3,16-18);
Il Profeta ricorda il passato e se ne serve per cogliere nel presente il nuovo (*Isaia* 43);
Il Profeta invita a vivere e lui stesso vive la solidarietà nella sofferenza (*Genesi* 8,18-23);
Il Profeta indica come prioritaria la via della giustizia (*Geremia* 22,3 – *Isaia* 58).
Ai preti nostri pastori e confratelli chiediamo di parlare chiaro nelle omelie e in tutte quelle occasioni in cui si richiede una testimonianza coraggiosa. Alla chiesa che non rinunci al suo ruolo "profetico" affinché gli strumenti del-

la denuncia e dell'annuncio si concretizzino nella capacità di produrre nuova coscienza nel segno della giustizia, della solidarietà dei valori etici e civili.

Il documento non aveva la volontà di risultare corretto verso il potere politico, che non considerava soltanto sostenuto dai clan ma anzi persino determinato da scopi comuni, né accondiscendente verso la realtà sociale. Don Peppino non voleva credere che il clan fosse la scelta del male fatta da qualcuno, ma era invece il risultato di condizioni precise, di meccanismi determinati, di cause identificabili e incancrenite. Mai la Chiesa, mai nessuno in questi territori aveva avuto un tale impegno chiarificatore.

La diffidenza e la sfiducia dell'uomo del sud nei confronti delle istituzioni per la secolare insufficienza di una politica atta a risolvere i pesanti problemi che travagliano il Mezzogiorno, particolarmente quelli relativi al lavoro, alla casa, alla sanità e all'istruzione;
il sospetto, non sempre infondato, di una complicità con la camorra da parte di uomini politici che, in cambio del sostegno elettorale, o addirittura per scopi comuni, assicurano copertura e favori;
il diffuso senso di insicurezza personale e di rischio permanente, derivante dalla insufficiente tutela giuridica delle persone e dei beni, dalla lentezza della macchina giudiziaria, dalle ambiguità degli strumenti legislativi.[...] il che determina, non di rado, il ricorso alla difesa organizzata per clan o all'accettazione della protezione camorristica;
la mancanza di chiarezza nel mercato del lavoro, per cui trovare una occupazione è più una operazione di tipo camorristico-clientelare che il perseguimento di un diritto fondato sulla legge del collocamento;
la carenza o l'insufficienza, anche nell'azione pastorale, di una vera educazione sociale, quasi che si possa formare un cristiano maturo senza formare l'uomo e il cittadino maturo.

Don Peppino aveva organizzato una marcia anticamorra alla fine degli anni '80, dopo che c'era stato un assalto di massa alla caserma dei carabinieri di San Cipriano d'Aversa. Decine di persone volevano distruggere gli uffici e pestare gli ufficiali perché alcuni carabinieri avevano osato intervenire durante un litigio tra due ragazzi del paese nel bel mezzo di una serata di spettacolo per i festeggiamenti del santo patrono. La caserma di San Cipriano è schiacciata in un vicolo, non c'era via di salvezza per marescialli e appuntati. Dovettero intervenire i capizona del clan per sedare la rivolta, mandati direttamente dai boss a salvare il manipolo di carabinieri. All'epoca dominava ancora Antonio Bardellino, e suo fratello Ernesto era il sindaco del paese.

> Noi, Pastori delle Chiese della Campania, non intendiamo, però, limitarci a denunciare queste situazioni; ma, nell'ambito delle nostre competenze e possibilità, intendiamo contribuire al loro superamento, anche mediante una revisione e integrazione dei contenuti e dei metodi dell'azione pastorale.

Don Peppino iniziò a mettere in dubbio la fede cristiana dei boss, a negare esplicitamente che ci potesse essere alleanza tra il credo cristiano e il potere imprenditoriale, militare e politico dei clan. In terra di camorra il messaggio cristiano non viene visto in contraddizione con l'attività camorristica: il clan che finalizza la propria attività al vantaggio di tutti gli affiliati considera il bene cristiano rispettato e perseguito dall'organizzazione. La necessità di uccidere i nemici e i traditori viene vista come una trasgressione lecita, il non uccidere inscritto nelle tavole di Mosè può nell'argomentazione dei boss essere sospeso se l'omicidio avviene per un motivo superiore, ovvero la salvaguardia del clan, degli interessi dei suoi dirigenti, del bene del gruppo e quindi di tutti. Ammazzare è un peccato che verrà compreso e perdonato da Cristo in nome della necessità dell'atto.

A San Cipriano d'Aversa Antonio Bardellino affiliava con il rituale della pungitura, usato anche da Cosa Nostra: una modalità che apparteneva a rituali che progressivamente sono andati scomparendo. Il polpastrello destro dell'aspirante veniva punto con uno spillo e il sangue fatto colare sull'immagine della Madonna di Pompei. Poi questa veniva fatta bruciare su una candela e passata di mano in mano a tutti i dirigenti del clan che erano disposti in piedi lungo il perimetro di una tavola. Se tutti gli affiliati baciavano la Madonna, il nuovo presentato diveniva ufficialmente parte del clan. La religione è un riferimento costante per l'organizzazione camorristica, non soltanto come forma scaramantica o residuo culturale ma come forza spirituale che ne determina le scelte più intime. Le famiglie camorristiche, e in particolar modo i boss maggiormente carismatici, spesso considerano il proprio agire come un calvario, un assumersi sulla propria coscienza il dolore e il peso del peccato per il benessere del gruppo e degli uomini su cui regnano.

A Pignataro Maggiore il clan Lubrano fece restaurare a proprie spese un affresco raffigurante una Madonna. È detta la "Madonna della camorra", poiché a lei si sono rivolti per chiedere protezione i più importanti latitanti di Cosa Nostra fuggiti dalla Sicilia a Pignataro Maggiore. Non è difficile infatti immaginarsi Totò Riina, Michele Greco, Luciano Liggio o Bernardo Provenzano, chini sugli scranni dinanzi all'affresco della Madonna, che implorano di essere illuminati nelle loro azioni e protetti nelle loro fughe.

Quando Vincenzo Lubrano venne assolto organizzò un pellegrinaggio con diversi pullman a San Giovanni Rotondo per ringraziare Padre Pio, artefice, secondo lui, dell'assoluzione. Statue a grandezza naturale di Padre Pio, copie di terracotta e bronzo del Cristo che campeggia a braccia aperte sul Pão de Açucar di Rio, sono presenti in moltissime ville di boss della camorra. A Scampia nei laboratori di stoccaggio della droga spesso vengono tagliati trentatré panetti di hashish per volta, come gli anni di Cristo. Poi ci si ferma per trentatré minuti, si fa il segno della croce e si riprende il lavoro. Una sorta di omaggio a Cristo per propiziarsi guadagni e tranquillità. Lo stesso accade con le bustine di coca che spesso, prima della distribuzione ai pusher, il capozona bagna e benedice con l'acqua di Lourdes sperando che le partite non uccidano nessuno, anche perché della cattiva qualità della roba ne risponderebbe lui direttamente.

Il Sistema camorra è un potere che non coinvolge soltanto i corpi, né dispone soltanto della vita di tutti, ma pretende di artigliare anche le anime. Don Peppino volle iniziare a fare chiarezza sulle parole, sui significati, sui perimetri dei valori.

La camorra chiama "famiglia" un clan organizzato per scopi delittuosi, in cui è legge la fedeltà assoluta, è esclusa qualunque espressione di autonomia, è considerata tradimento, degno di morte, non solo la defezione, ma anche la conversione all'onestà; la camorra usa tutti i mezzi per estendere e consolidare tale tipo di "famiglia", strumentalizzando persino i sacramenti. Per il cristiano, formato alla scuola della Parola di Dio, per "famiglia" si intende soltanto un insieme di persone unite tra loro da una comunione di amore, in cui l'amore è servizio disinteressato e premuroso, in cui il servizio esalta chi lo offre e chi lo riceve. La camorra pretende di avere una sua religiosità, riuscendo, a volte, a ingannare, oltre che i fedeli, anche sprovveduti o ingenui pastori di anime.

Il documento tentò addirittura di entrare nel merito dei sacramenti. Tenere lontano ogni sorta di sovrapposizione tra la comunione, il ruolo del padrino, il matrimonio e le strategie camorristiche. Allontanare i patti, le alleanze dei clan dai simboli religiosi. Al solo pensiero di pronunciare una cosa del genere i preti del luogo sarebbero scappati in bagno dalla paura tenendosi lo stomaco in mano. Chi avrebbe cacciato dall'altare un boss pronto a battezzare il figlio di un affiliato? Chi avrebbe rifiutato di celebrare un matrimonio solo perché frutto dell'alleanza tra famiglie? Don Peppino era stato chiaro.

Non permettere che la funzione di "padrino" nei sacramenti che lo richiedono sia esercitata da persone di cui non sia notoria l'onestà della vita privata e pubblica e la maturità cristiana. Non ammettere ai sacramenti chiunque tenti di esercitare indebite pressioni in carenza della necessaria iniziazione sacramentale.

Don Peppino sfidò il potere della camorra nel momento in cui Francesco Schiavone, Sandokan, era latitante, quando si nascondeva nel bunker sotto la sua villa in paese, mentre le famiglie Casalesi erano in guerra tra loro e i grandi affari del cemento e dei rifiuti divenivano le nuove frontiere dei loro imperi. Don Peppino non voleva fare il prete consolatore, che accompagna le bare dei ragazzini soldato massacrati alla fossa e bisbiglia «fatevi coraggio» alle madri in nero. In un'intervista dichiarò: «Noi dobbiamo fendere la gente per metterla in crisi». Prese anche posizione politica, chiarendo che la priorità sarebbe stata la lotta al potere politico come espressione di quello imprenditorial-criminale, che l'appoggio sarebbe andato ai progetti concreti, alle scelte di rinnovamento, non ci sarebbe stata alcuna imparzialità da parte sua. «Il partito si confonde con il suo rappresentante, spesso i candidati favoriti dalla camorra non hanno né politica né partito, ma solo un ruolo da giocare o un posto da occupare.» L'obiettivo non era vincere la camorra. Come lui stesso ricordava «vincitori e vinti sono sulla stessa barca». L'obiettivo era invece comprendere, trasformare, testimoniare, denunciare, fare l'elettrocardiogramma al cuore del potere economico come un modo per comprendere come spaccare il miocardio dell'egemonia dei clan.

Mai per un momento nella mia vita mi sono sentito devoto, eppure la parola di don Peppino aveva un'eco che riusciva ad andare oltre il tracciato religioso. Foggiava un metodo nuovo che andava a rifondare la parola religiosa e politica. Una fiducia nella possibilità di azzannare la realtà, senza lasciarla se non dilaniandola. Una parola capace di inseguire il percorso del danaro seguendone il tanfo.

Si crede che il danaro non abbia odore, ma questo è vero solo nella mano dell'imperatore. Prima che giunga nel suo palmo, pecunia olet. E è un puzzo di latrina. Don Peppino operava in una terra dove il danaro reca traccia del suo odore, ma per un attimo. L'istante in cui viene estratto, prima che diventi altro, prima che possa trovare legittimazione. Simili odori si sanno riconoscere solo quando le narici si strofinano contro ciò che li emana. Don Peppino Diana aveva compreso che doveva tenere la faccia su quella terra, attaccarla sulle schiene, sugli sguardi, non allontanarsi per poter continuare a vedere e denunciare, e capire dove e come le ricchezze delle imprese si accumulano e come si innescano le mattanze e gli arresti, le faide e i silenzi. Tenendo sulla punta della lingua lo strumento, l'unico possibile per tentare di mutare il suo tempo: la parola. E questa parola, incapace al silenzio, fu la sua condanna a morte. I suoi killer non scelsero una data a caso. Il giorno del suo onomastico, il 19 marzo del 1994. Mattina prestissimo. Don Peppino non si era ancora vestito con gli abiti talari. Stava nella sala riunioni della chiesa, vicino allo studio. Non era immediatamente riconoscibile.

«Chi è don Peppino?»

«Sono io...»

L'ultima risposta. Cinque colpi che rimbombarono nelle navate, due pallottole lo colpirono al volto, le altre bucarono la testa, il collo e una mano. Avevano mirato alla faccia, i colpi l'avevano morso da vicino. Un'ogiva del proiettile gli era rimasta addosso, tra il giubbotto e il maglione. Una pallottola gli aveva falciato il mazzo di chiavi agganciato ai pantaloni. Don Peppino si stava preparando per celebrare la prima messa. Aveva trentasei anni.

Uno dei primi che accorse in chiesa e trovò il suo corpo ancora per terra fu Renato Natale, sindaco comunista di Casal di Principe. Era stato eletto da appena quattro mesi. Non fu un caso, quel corpo lo vollero far cadere anche sulla sua breve, brevissima gestione politica. Natale era stato il primo sindaco di Casal di Principe che aveva posto come priorità assoluta la lotta ai clan. Aveva per protesta anche abbandonato il consiglio comunale perché secondo lui si era ridotto a luogo di ratifica di decisioni prese altrove. Un giorno a Casale i carabinieri avevano fatto irruzione nella casa di un assessore, Gaetano Corvino, dove erano riuniti tutti i massimi dirigenti del clan dei Casalesi. Una riunione fatta mentre l'assessore era in municipio per una seduta della giunta comunale. Da un lato gli affari del paese, dall'altra gli affari attraverso il paese. Fare affari è l'unico motivo che ti fa alzare dal letto la mattina, ti tira per il pigiama e ti mette in piedi.

Ho sempre guardato Renato Natale da lontano, come si fa con quelle persone che diventano, senza volerlo, dei simboli di una qualche idea di impegno, resistenza, coraggio. Simboli quasi metafisici, irreali, archetipici. Con un imbarazzo da adolescente, ho sempre osservato il suo adoperarsi nel creare ambulatori per gli immigrati, denunciare negli anni bui delle faide il potere delle famiglie della camorra casalese e i loro affari di cemento e monnezza. L'avevano avvicinato, minacciato di morte, gli avevano detto che se non avesse smesso la sua scelta si sarebbe ritorta contro i suoi familiari, ma lui continuava a denunciare, con ogni mezzo, persino attacchinando in giro per il paese manifesti che rivelavano cosa i clan stavano decidendo e imponendo. Più agiva con costanza e coraggio, più aumentava la sua protezione metafisica. Bisognerebbe conoscere la storia politica di queste terre per capire che peso specifico hanno i termini impegno e volontà.

Da quando è stata promulgata la legge che scioglie i comuni per infiltrazione mafiosa, sedici sono le amministrazioni comunali sciolte per camorra in provincia di Caserta. Cinque di esse sono state commissariate due volte. Carinola, Casal di Principe, Casapesenna, Castelvolturno, Cesa, Frignano, Grazzanise, Lusciano, Mondragone, Pignataro Maggiore, Recale, San Cipriano, Santa Maria la Fossa, Teverola, Villa di Briano, San Tammaro. I sindaci che si oppongono ai clan in questi paesi, quando riescono a farsi eleggere battendo voto di scambio e strategie economiche che trasversalmente avvinghiano ogni schieramento politico, si trovano a dover fare i conti con i limiti degli amministratori locali, pochi spiccioli e marginalità assoluta. Devono iniziare ad abbattere, smontando mattone per mattone. Con budget da paese devono fronteggiare multinazionali, con caserme di provincia arginare enormi batterie di fuoco. Come nel 1988 quando Antonio Cangiano, assessore di Casapesenna, si oppose alla penetrazione del clan in alcuni appalti. Lo minacciarono, lo pedinarono, gli spararono alla schiena, in piazza, davanti a tutti. Lui non aveva fatto camminare il clan dei Casalesi, i Casalesi non avrebbero più fatto camminare lui. Costrinsero Cangiano alla sedia a rotelle. I presunti responsabili dell'agguato sono stati assolti nel 2006.

Casal di Principe non è un paese della Sicilia aggredito dalla mafia, dove opporsi all'imprenditoria criminale è cosa dura ma al fianco della propria azione ci sono cortei di telecamere, giornalisti affermati e in via d'affermazione, e stuoli di dirigenti antimafia nazionali che in qualche modo riescono ad amplificare il proprio impegno. Qui tutto ciò che fai rimane nel perimetro degli spazi ristretti, nella condivisione dei pochi. È proprio in questa solitudine credo, che si foggia quello che potrebbe chiamarsi coraggio, una sorta di panoplia a cui non pensi, te la porti addosso senza rendertene conto. Vai avanti, fai quello che devi fare, il resto non vale nulla. Perché la minaccia non è sempre una pallottola tra gli occhi, o i quintali di merda di bufala che ti scaricano fuori alla porta di casa.

Ti sfogliano lentamente. Una foglia al giorno, fin quando ti trovi nudo e solo a credere che stai combattendo con qualcosa che non esiste, che è un delirio del tuo cervello. Inizi a credere alle calunnie che ti indicano come un insoddisfatto che se la prende con chi è riuscito e per frustrazione li chiama camorristi. Giocano con te come con lo shangai. Tolgono tutte le bacchette di legno senza mai farti muovere, così alla fine rimani da solo e la solitudine ti trascina per i capelli. È uno stato d'animo che qui non ti puoi permettere. È un rischio, abbassi la guardia, non riesci più a comprendere i meccanismi, i simboli, le scelte. Rischi di non accorgerti più di niente. E allora devi dare fondo a tutte le tue risorse. Devi trovare qualcosa che carburi lo stomaco dell'anima per andare avanti. Cristo, Buddha, l'impegno civile, la morale, il marxismo, l'orgoglio, l'anarchismo, la lotta al crimine, la pulizia, la rabbia costante e perenne, il meridionalismo. Qualcosa. Non un gancio a cui appendersi. Piuttosto una radice sotto terra, inattaccabile. Nell'inutile battaglia in cui sei certo di ricoprire il ruolo di sconfitto, c'è qualcosa che devi preservare e sapere. Devi essere certo che si rafforzerà grazie allo spreco del tuo impegno che ha il sapore della follia e dell'ossessione. Quella radice a fittone che si incunea nel terreno ho imparato a riconoscerla negli sguardi di chi ha deciso di fissare in volto certi poteri.

I sospetti sull'omicidio di don Peppino caddero subito sul gruppo di Giuseppe Quadrano, un affiliato che si era posto al fianco dei nemici di Sandokan. C'erano anche due testimoni: un fotografo che si trovava lì per fare gli auguri a don Peppino e il sagrestano della chiesa di San Nicola. Appena iniziò a circolare la notizia che la polizia aveva orientato i suoi sospetti su Quadrano, il boss Nunzio De Falco detto "'o lupo", che stava a Granada in Andalusia, dote nella spartizione territoriale dei poteri tra Casalesi, telefonò alla Questura di Caserta per chiedere un incontro con dei poliziotti e chiarire le questioni che riguardavano un affiliato al suo gruppo. Due funzionari della Questura di Caserta lo andarono a incontrare nel suo territorio. All'aeroporto la moglie del boss andò a prendere i due e si inoltrò con la macchina nelle bellissime campagne andaluse. Nunzio De Falco li aspettava, non nella sua villa a Santa Fe, ma in un ristorante dove con grande probabilità la maggior parte dei clienti erano figuranti pronti a intervenire in caso i poliziotti avessero commesso qualche imprudenza. Il boss subito chiarì che li aveva chiamati per fornire la sua versione sull'episodio, una sorta di interpretazione di un fatto storico e non una delazione o una denuncia. Una premessa chiara e necessaria per non infangare il nome e l'autorevolezza della famiglia. Non poteva mettersi a collaborare con la polizia. Il boss dichiarò senza perifrasi che a uccidere don Peppino Diana erano stati gli Schiavone, la famiglia rivale. Avevano ucciso il prete per far cadere sui De Falco la responsabilità dell'omicidio. "'O lupo" sostenne che non avrebbe mai potuto dare ordine d'uccidere don Peppino Diana, visto che suo fratello Mario gli era molto legato. Don Diana era infatti riuscito a non farlo diventare un dirigente del clan, a tenere con lui un dialogo capace di sottrarlo dal Sistema camorra. Era uno dei risultati più forti di don Peppino, ma il boss De Falco lo usò come suo alibi. A dare manforte alle tesi di De Falco intervennero altri due affiliati al clan: Mario Santoro e Francesco Piacenti.

Anche Giuseppe Quadrano era in Spagna. Prima andò ospite nella villa di De Falco, poi si stabilì in un paese vicino a Valencia. Voleva mettere su un gruppo, aveva tentato di fare affari con dei carichi di droga che avrebbero dovuto fungere da acceleratore economico per edificare l'ennesimo clan imprenditorial-criminale italiano nel sud della Spagna. Ma non ci riuscì. In fondo Quadrano era sempre stato un comprimario. Si consegnò alla polizia spagnola dichiarandosi disponibile a collaborare con la giustizia. Smentì la versione che Nunzio De Falco aveva raccontato ai poliziotti. Quadrano inserì l'omicidio all'interno della faida che stava avvenendo tra il suo gruppo e gli Schiavone. Quadrano era capozona di Carinaro e i Casalesi di Sandokan gli avevano fatto fuori in poco tempo quattro affiliati, due zii e il marito della sorella. Quadrano raccontò che aveva deciso assieme a Mario Santoro di ammazzare Aldo Schiavone, un cugino di Sandokan, per vendicare l'affronto. Prima dell'operazione chiamarono De Falco in Spagna, nessuna operazione militare può essere compiuta senza il consenso di dirigenti, ma il boss da Granada bloccò tutto poiché Schiavone, dopo la morte del cugino, avrebbe ordinato il massacro di tutti i parenti di De Falco rimasti ancora in Campania. Il boss segnalò che avrebbe inviato Francesco Piacenti come messaggero e organizzatore di un suo ordine. Piacenti si fece Granada-Casal di Principe a bordo della sua Mercedes, la macchina negli anni '80 e '90 simbolo di questo territorio. Il giornalista Enzo Biagi rimase sconvolto alla fine degli anni '90 quando ebbe per un suo articolo i dati di vendita delle Mercedes in Italia. Casal di Principe risultava tra le prime posizioni in Europa di vetture acquistate. Ma notò anche un altro primato: l'area urbana col più alto tasso di omicidi d'Europa era proprio Casal di Principe. Una relazione quella tra Mercedes e morti ammazzati che potrebbe rimanere una costante d'osservazione per i territori di camorra. Piacenti – secondo la prima rivelazione di Quadrano – comunicò che bisognava uccidere don Giuseppe Diana. Nessuno sapeva il motivo della decisione ma tutti erano sicuri che "il Lupo sapeva quello che stava facendo". Piacenti dichiarò – secondo il pentito – che avrebbe lui stesso commesso l'omicidio, a patto che con lui fosse andato anche Santoro o qualcun altro del clan. Mario Santoro invece titubava, chiamò De Falco dicendo che era contrario all'omicidio, ma alla fine accettò. Per non perdere il ruolo di mediatore nel narcotraffico con la Spagna che gli aveva concesso "'o lupo", non poteva sottrarsi a un ordine così importante. Ma l'omicidio di un prete, e per di più senza un motivo chiaro, non riusciva a essere accettato come un compito analogo ad altri. Nel Sistema camorra l'omicidio risulta necessario, è come un versamento in banca, come l'acquisto di una concessionaria, come interrompere un'amicizia. Non è un gesto che si differenzia dal proprio quotidiano: è parte dell'alba e del tramonto di ogni famiglia, di ogni boss, di ogni affiliato. Ma uccidere un prete, esterno alle dinamiche di potere, faceva galleggiare la coscienza. Secondo la dichiarazione di Quadrano, Francesco Piacenti si ritirò dicendo che a Casale lo conoscevano in troppi e quindi non poteva partecipare all'agguato. Mario Santoro invece accettò, ma con la compagnia di Giuseppe Della Medaglia, affiliato al clan Ranucci di Sant'Antimo, e già compagno di altre operazioni. Secondo il pentito si organizzarono per il giorno dopo, alle sei del mattino. Ma la notte fu tormentosa per l'intero commando. Non prendevano sonno, litigavano con le mogli, si agitavano. Faceva paura più quel prete che le bocche di fuoco dei clan rivali.

Della Medaglia non si presentò all'appuntamento, ma riuscì nella notte a contattare un'altra persona da mandare, Vincenzo Verde. Gli altri componenti del gruppo non furono particolarmente felici della scelta, Verde aveva spesso crisi epilettiche. Rischiava, dopo aver sparato, di sciogliersi a terra in convulsioni, crisi, lingua tagliata dai denti e bava alla bocca. Avevano tentato così di coinvolgere al suo posto Nicola Gaglione, ma lui aveva categoricamente rifiutato. Santoro iniziò ad avere crisi di labirintite. Non riusciva a tenere a mente nessun percorso, così Quadrano mandò suo fratello Armando ad accompagnare Santoro. Un'operazione semplice, un auto davanti alla chiesa che aspetta e i killer che tornano a passo lento dopo aver fatto il servizio. Come una preghiera a prima mattina. Dopo l'esecuzione il gruppo di fuoco non ebbe fretta di fuggire. Quadrano fu invitato la sera stessa ad andare in Spagna, ma rifiutò. Si sentiva tutelato dal fatto che l'assassinio di don Peppino era un'azione del tutto slegata dalla prassi militare sino ad allora seguita. E come non era noto a loro il motivo di quell'uccisione non sarebbe stato noto neanche ai carabinieri. Appena però le indagini di polizia iniziarono a orientarsi in ogni direzione, Quadrano si trasferì in Spagna. Lui stesso dichiarò che Francesco Piacenti gli aveva rivelato che Nunzio De Falco, Sebastiano Caterino e Mario Santoro dovevano farlo fuori, forse perché nutrivano il sospetto che volesse pentirsi ma il giorno dell'agguato lo videro in macchina assieme al figlio piccolo e lo risparmiarono.

A Casal di Principe, Sandokan sentiva sempre più spesso il suo nome associato all'eliminazione del sacerdote. Così fece sapere ai familiari di don Peppino che se i suoi uomini avessero messo le mani su Quadrano prima della polizia, l'avrebbero tagliato in tre pezzi e gettato sul sagrato della chiesa. Più che una vendetta era un chiaro messaggio di non responsabilità nell'agguato a don Diana. Poco dopo, per reagire alle dichiarazioni di estraneità di Francesco Schiavone, in Spagna avvenne un incontro tra gli uomini del clan De Falco, in cui Giuseppe Quadrano propose di ammazzare un parente di Schiavone, tagliarlo a pezzi e lasciarlo in un sacco fuori alla chiesa di don Peppino. Un modo per far cadere la responsabilità su Sandokan. Entrambe le fazioni, pur non conoscendo l'una le intenzioni dell'altra, erano giunte alla medesima soluzione. Tagliare cadaveri e spargerne i pezzi è il miglior modo per rendere indelebile un messaggio. Mentre i suoi assassini parlavano di tagliare la carne per suggellare una posizione, pensavo ancora una volta alla battaglia di don Peppino, alla priorità della parola. A quanto fosse davvero incredibilmente nuova e potente la volontà di porre la parola al centro di una lotta contro i meccanismi di potere. Parole davanti a betoniere e fucili. E non metaforicamente. Realmente. Lì a denunciare, testimoniare, esserci. La parola con l'unica sua armatura: pronunciarsi. Una parola che è sentinella, testimone: vera a patto di non smettere mai di tracciare. Una parola orientata in tal senso la puoi eliminare solo ammazzando.

Il tribunale di Santa Maria Capua Vetere nel 2001 condannò con sentenza di primo grado all'ergastolo Vincenzo Verde, Francesco Piacenti, Giuseppe Della Medaglia. Giuseppe Quadrano aveva iniziato da tempo un'opera finalizzata a screditare la figura di don Peppino. Durante gli interrogatori almanaccava su una serie di moventi dell'omicidio volti a strozzare l'impegno di don Peppino dentro un cappio di interpretazioni criminali. Raccontò che Nunzio De Falco aveva dato a don Diana delle armi, poi girate senza autorizzazione a Walter Schiavone: e per questo grave sgarro era stato punito. Inoltre si raccontò di un delitto passionale, cioè che l'avevano ammazzato perché aveva insidiato la cugina di un boss. Come per interrompere ogni tipo di riflessione su una donna è sufficiente definirla "mignotta", così accusare un prete di essere mignottaro è il modo più veloce per chiudere un giudizio. Alla fine uscì fuori la storia che don Peppino era stato ucciso per non aver fatto il suo dovere di prete, per non aver voluto celebrare in chiesa i funerali di un parente di Quadrano. Moventi inverosimili, risibili, finalizzati al tentativo di evitare di fare di don Peppino un martire, a non voler far diffondere i suoi scritti, a non considerarlo una vittima di camorra ma un soldato dei clan. Chi non conosce le dinamiche di potere della camorra spesso crede che uccidere un innocente sia un gesto di terribile ingenuità da parte dei clan perché legittima e amplifica il suo esempio, le sue parole. Come una conferma alle sue verità. Errore. Non è mai così. Appena muori in terra di camorra, vieni avvolto da molteplici sospetti, e l'innocenza è un'ipotesi lontana, l'ultima possibile. Sei colpevole sino a prova contraria. La teoria del diritto moderno nella terra dei clan è capovolta.

L'attenzione è talmente poca che basta un sospetto, e le agenzie di stampa non battono la notizia della morte di un innocente. E poi, se non ci sono più morti nessuno tornerà sul caso. E così distruggere l'immagine di don Peppino Diana è stata una strategia fondamentale per alleggerire le pressioni sui clan, l'assillo di un interesse nazionale che avrebbe gravato troppo.

Un quotidiano locale fece da cassa di risonanza alla campagna di screditamento di don Peppino. Con titoli così carichi di grassetto che le lettere ti rimanevano stampate sui polpastrelli quando sfogliavi il giornale: "Don Diana era un camorrista" e pochi giorni dopo: "Don Diana a letto con due donne". Il messaggio era chiaro: nessuno può schierarsi contro la camorra. Chi lo fa ha sempre un interesse personale, una bega, una questione privata che rotola nello stesso lerciume.

A difenderne la memoria c'erano gli amici di sempre, i familiari e le persone che lo seguivano, come il giornalista Raffaele Sardo che ha custodito la sua memoria in articoli e libri, e la giornalista Rosaria Capacchione che ha monitorato le strategie dei clan, le furbizie dei pentiti, il loro potere complicato e bestiale.

La sentenza di secondo grado del 2003 mise in discussione alcuni passaggi della prima versione di Giuseppe Quadrano scagionando Vincenzo Verde e Giuseppe Della Medaglia. Quadrano aveva confessato verità parziali pianificando – fin dal primo momento – la strategia di non dichiarare la propria responsabilità. Ma il killer è stato lui, riconosciuto da alcuni testimoni e confermato dalle perizie balistiche. Giuseppe Quadrano è il killer di don Peppino Diana. La sentenza di secondo grado prosciolse Verde e Della Medaglia. Il commando era composto da Quadrano e Santoro, che aveva funzioni da autista. Francesco Piacenti aveva fornito diverse informazioni su don Diana ed era il supervisore direttamente mandato dalla Spagna da De Falco per dirigere l'operazione. L'ergastolo a Piacenti e Santoro fu confermato anche dal secondo grado d'appello. Quadrano aveva persino registrato delle telefonate con diversi affiliati, dove più volte ripeteva che non c'entrava con l'omicidio. Registrazioni che poi consegnò alla polizia. Quadrano capiva che l'ordine di morte era stato deciso da De Falco, e non voleva essere scoperto come mero braccio armato dell'operazione. Molto probabilmente tutti i personaggi coinvolti nella prima versione di Quadrano se l'erano fatta sotto e non avevano voluto partecipare in nessun modo all'agguato. A volte mitra e pistole non sono sufficienti per affrontare un viso disarmato e parole chiare.

Nunzio De Falco fu arrestato ad Albacete mentre viaggiava sull'intercity Valencia-Madrid. Aveva messo su un potente cartello criminale assieme a uomini della 'ndrangheta e alcuni sbandati di Cosa Nostra. Tentò anche – secondo le indagini della polizia spagnola – di dare una struttura da gruppo criminale ai gitani presenti nel sud della Spagna. Aveva costruito un impero. Villaggi turistici, case da gioco, negozi, alberghi. La Costa del Sol aveva conosciuto un salto di qualità nelle infrastrutture turistiche da quando clan Casalesi e napoletani avevano deciso di farne una perla del turismo di massa.

De Falco venne condannato nel gennaio 2003 all'ergastolo

come mandante dell'omicidio di don Peppino Diana. Mentre la sentenza veniva letta in tribunale mi venne da ridere. Una risata che riuscii a contenere lasciando gonfiare le guance. Non potevo resistere all'assurdità che in quell'aula si materializzava. Nunzio De Falco era difeso dall'avvocato Gaetano Pecorella, che era allo stesso tempo presidente della Commissione Giustizia della Camera dei Deputati e difensore di uno dei massimi boss del cartello camorristico casalese. Ridevo perché i clan erano così forti da aver persino ribaltato gli assiomi della natura e delle fiabe. Un lupo si faceva difendere da una pecorella. Ma il mio, forse, fu un delirio di stanchezza e un crollo di nervi.

Nunzio De Falco ha il suo soprannome stampato in faccia. Ha davvero la faccia del lupo. La foto segnaletica è riempita verticalmente dal viso lungo coperto da una barba rada e ispida come un tappeto d'aghi, e orecchie a punta. Capelli crespi, pelle scura e bocca triangolare. Sembra proprio uno di quei licantropi da iconografia horror. Eppure un giornale locale, lo stesso che aveva millantato i rapporti tra don Peppino e il clan, dedicò prime pagine alla sua qualità di amatore, ardentemente desiderato da donne e ragazze. Il titolo in prima pagina del 17 gennaio 2005 era eloquente: "Nunzio De Falco re degli sciupafemmine".

Casal di Principe (Ce)
Non sono belli ma piacciono perché sono boss; è così. Se si dovesse fare una classifica tra i boss playboy della provincia a detenere il primato sono due pluripregiudicati di Casal di Principe non certamente belli come poteva esserlo quello che invece è sempre stato il più affascinante di tutti cioè don Antonio Bardellino. Si tratta di Francesco Piacenti alias Nasone e Nunzio De Falco alias 'o Lupo. Secondo quello che si racconta ha avuto 5 mogli e il secondo 7. Naturalmente ci riferiamo non a rapporti matrimoniali veri e propri ma anche a rapporti duraturi da cui hanno avuto figli. Nunzio De Falco infatti, sembra che avrebbe oltre do-

261

dici figli avuti da diverse donne. Ma particolare interessante è un altro quello che le donne in questione non sono tutte italiane. Una spagnola un'altra inglese un'altra è portoghese. Ogni luogo dove si rifugiavano anche in periodo di latitanza mettevano su famiglia. Come marinai? Quasi [...] Non a caso nei loro processi sono state chieste le testimonianze anche di alcune loro donne tutte belle e molto eleganti. È spesso anche il gentil sesso la causa dei tramonti dei tanti boss. Spesso sono state loro che indirettamente anche loro hanno condotto alla cattura dei boss più pericolosi. Gli investigatori pedinandole hanno permesso la cattura di boss del calibro di Francesco Schiavone Cicciariello [...] Insomma le donne croce e delizia anche di boss.

La morte di don Peppino fu il prezzo pagato alla pace tra i clan. Anche la sentenza fa riferimento a questa ipotesi. Tra i due gruppi in lotta si doveva trovare un accordo, e questo forse è stato siglato sulla carne di don Peppino. Come un capro espiatorio sacrificato. Eliminarlo significava risolvere un problema per tutte le famiglie e al contempo distogliere l'attenzione delle indagini dai loro affari.

Avevo sentito parlare di un amico di gioventù di don Peppino, Cipriano, che aveva scritto un'arringa da leggere al funerale, un'invettiva ispirata a un discorso di don Peppino, ma non aveva avuto neanche la forza di muoversi quella mattina. Era andato via dal paese molti anni prima, viveva nei dintorni di Roma, aveva deciso di non mettere più piede in Campania. Mi avevano detto che il dolore per la morte di don Peppino l'aveva cucito a letto per mesi. Quando chiedevo di lui a una sua zia, lei rispondeva sistematicamente e con lo stesso tono funereo: «S'è chiuso. Ormai Cipriano s'è chiuso!».

Ogni tanto qualcuno si chiude. Da queste parti poi non è raro sentirsi dire una cosa del genere. Ogni volta che ascolto quest'espressione mi viene in mente Giustino Fortunato, che nei primi anni del '900 – per conoscere la situazione dei paesi della dorsale dell'Appennino meridionale – aveva camminato a piedi per mesi, raggiungendoli tutti, soggiornando nelle case dei braccianti, ascoltando le testimonianze dei contadini più rabbiosi, imparando che voce e che odore avesse la questione meridionale. Quando poi era diventato senatore, gli capitava di tornare in questi paesi e chiedeva delle persone che aveva incontrato anni prima, quelle più combattive che avrebbe voluto coinvolgere nei suoi progetti politici di riforma. Spesso però i parenti gli rispondevano: «Quello s'è chiuso!». Chiudersi, diventare silenzioso, quasi muto, una volontà di scappare dentro di sé e smettere di sapere, di capire, di fare. Smettere di resistere, una scelta di eremitaggio presa un momento prima di sciogliersi nei compromessi dell'esistente. Anche Cipriano s'era chiuso. Mi raccontavano in paese che aveva iniziato a chiudersi da quando una volta si era presentato a un colloquio di lavoro, per essere assunto come responsabile delle risorse umane in un'azienda di spedizioni di Frosinone. Leggendo il suo curriculum ad alta voce, l'esaminatore si fermò sul paese di residenza.

«Ah sì, ho capito da dove viene! È il paese di quel boss famoso... Sandokan, no?»

«No, è il paese di Peppino Diana!»

«Chi?»

Cipriano si era alzato dalla sedia e se n'era andato. Per vivere aveva preso in gestione un'edicola a Roma. Ero riuscito a sapere l'indirizzo da sua madre, l'avevo incontrata per caso, mi ero trovato dietro di lei in fila al supermercato. Doveva averlo avvertito del mio arrivo perché Cipriano non rispondeva al citofono. Sapeva forse di cosa gli volevo parlare. Ma avevo aspettato sotto casa sua per ore, ero pronto a dormire sul suo pianerottolo. Si decise a scendere. A stento mi salutò. Entrammo in un piccolo parco vicino a casa sua. Mi fece prendere posto su una panchina, aprì un quaderno a righe, uno di quelli delle elementari con le righe striminzite e su quelle pagine, scritte a mano, c'era l'arringa. Chissà se tra quei fogli c'era anche la grafia di don Peppino. Non osai chiederlo. Un discorso che avrebbero voluto firmare insieme. Ma poi erano arrivati i killer, la morte, le calunnie, la solitudine abissale. Iniziò a leggere con un tono da frate eretico, con dei gesti da dolciniano in giro per le strade ad annunciare l'Apocalisse:

Non permettiamo uomini che le nostre terre diventino luoghi di camorra, diventino un'unica grande Gomorra da distruggere! Non permettiamo uomini di camorra, e non bestie, uomini come tutti, che quello che altrove diventa lecito trovi qui la sua energia illecita, non permettiamo che altrove si edifichi ciò che qui viene distrutto. Create il deserto attorno alle vostre ville, non frapponete tra ciò che siete e ciò che volete solo la vostra assoluta volontà. Ricordate. Allora il SIGNORE fece piovere dal cielo su Sodoma e Gomorra zolfo e fuoco; egli distrusse quelle città, tutta la pianura, tutti gli abitanti delle città e quanto cresceva sul suolo. Ma la moglie di Lot si volse a guardare indietro e diventò una statua di sale. (*Genesi* 19,12-29). Dobbiamo rischiare di divenire di sale, dobbiamo girarci a guardare cosa sta accadendo, cosa si accanisce su Gomorra, la distruzione totale dove la vita è sommata o sottratta alle vostre operazioni economiche. Non vedete che questa terra è Gomorra, non lo vedete? Ricordate. Quando vedranno che tutto il suo suolo sarà zolfo, sale, arsura e non vi sarà più sementa, né prodotto, né erba di sorta che vi cresca, come dopo la rovina di Sodoma, di Gomorra, di Adma e di Seboim che il SIGNORE distrusse nella sua ira e nel suo furore, (*Deuteronomio* 29,22). Si muore per un sì e per un no, si dà la vita per un ordine e una scelta di qualcuno, fate decenni di carcere per raggiungere un potere di morte, guadagnate montagne di danaro che investirete in case che non abiterete, in banche dove non entrerete mai, in ristoranti che non gestirete, in aziende che non dirigerete, comandate un potere di morte cercando di dominare una vita che consumate nascosti sotto terra, circondati da guardaspalle. Uccidete e venite uccisi in una partita di scacchi il cui re non siete voi ma coloro che da voi prendono ricchezza facendovi mangiare l'uno con l'altro fin quando nessuno potrà fare scacco e ci sarà una solo pedina sulla scacchiera. E non sarete voi. Quello che divorate qui lo sputate altrove, lontano, facendo come le uccelle che vomitano il cibo nella bocca dei loro pulcini. Ma non sono pulcini quelli che imbeccate ma avvoltoi e voi non siete uccelle ma bufali pronti a distruggersi in un luogo dove sangue e potere sono i termini della vittoria. È giunto *il tempo che smettiamo di essere una Gomorra...*

Cipriano smise di leggere. Sembrava che in mente avesse immaginato tutte le facce a cui avrebbe voluto sbattere sul grugno quelle parole. Respirava con un affanno strozzato, da asmatico. Chiuse il quaderno e se ne andò senza salutarmi.

Hollywood

A Casal di Principe, a don Peppino Diana hanno dedicato un "Centro di pronta e temporanea accoglienza per minori in affido". Un centro organizzato in una villa sequestrata a un affiliato al clan dei Casalesi, Egidio Coppola. Una villa fastosa, da cui è stato possibile ricavare moltissime stanze. L'Agenzia per l'innovazione, lo sviluppo e la sicurezza sul territorio, la AGRORINASCE che riunisce i comuni di Casapesenna, Casal di Principe, San Cipriano d'Aversa e Villa Literno è riuscita a trasformare alcuni beni dei camorristi in strutture utili alla gente del paese. Le ville dei boss sequestrate, sino a quando non verranno realmente riutilizzate, continueranno ad avere il marchio di chi le ha edificate e abitate. Anche se abbandonate conservano il simbolo del dominio. Attraversando l'agro aversano sembra di avere sotto gli occhi una sorta di catalogo di sintesi di tutti gli stili architettonici degli ultimi trent'anni. Le ville più imponenti dei costruttori e dei proprietari terrieri tracciano il modello per i villini degli impiegati e commercianti. Se le prime troneggiano su quattro colonnati dorici di cemento armato, le seconde ne avranno due e le colonne saranno alte la metà. Il gioco all'imitazione fa sì che il territorio si dissemini di agglomerati di ville che gareggiano in imponenza, complessità e inviolabilità in una ricerca di stranezze e singolarità, come per esempio farsi riprodurre le linee di un quadro di Mondrian sulla cancellata esterna.

Le ville dei camorristi sono le perle di cemento nascoste nelle strade dei paesi del casertano, protette da mura e telecamere. Sono decine e decine. Marmi e parquet, colonnati e scale, camini con le iniziali dei boss incise nel granito. Ma ce n'è una particolarmente celebre, la più fastosa di tutte o semplicemente quella che intorno a sé ha creato più leggende. Per tutti in paese è "Hollywood". Basta pronunciare il nome per capire. Hollywood è la villa di Walter Schiavone, fratello di Sandokan, per molti anni responsabile del ciclo del cemento per conto del clan. Intuire la causa del nome non è complesso. Facile immaginarsi gli spazi e il fasto. Ma non è questo il motivo reale. Con Hollywood la villa di Walter Schiavone c'entra davvero. Si racconta a Casal di Principe che il boss aveva chiesto al suo architetto di costruirgli una villa identica a quella del gangster cubano di Miami, Tony Montana, in *Scarface*. Il film l'aveva visto e rivisto. L'aveva colpito sin nel profondo, al punto tale da identificarsi nel personaggio interpretato da Al Pacino. E effettivamente il suo volto scavato poteva sovrapporsi, con qualche fantasia, al viso dell'attore. Tutto ha il tono di leggenda. Al suo architetto, raccontano in paese, il boss consegnò direttamente il vhs del film. Il progetto doveva essere quello del film *Scarface* e nient'altro. Questa mi pareva una di quelle storie che addobbano l'ascesa al potere di ogni boss, un'aura che si impasta di leggenda, di veri e propri miti metropolitani. Ogni volta che qualcuno nominava Hollywood c'era sempre qualcun altro che da ragazzino era riuscito a vedere i lavori di costruzione, tutti in fila sulle biciclette a contemplare la villa di Tony Montana che lentamente spuntava in mezzo alle strade, direttamente da uno schermo. Una cosa rara del resto, perché a Casale i cantieri delle ville vengono tirati su soltanto dopo aver alzato alte mura. Alla storia di Hollywood non ci ho mai creduto. Vista da fuori la villa di Schiavone è un bunker, circondata da spesse mura sormontate da cancellate minacciose. Ogni accesso è protetto da cancelli blindati. Non si intuisce cosa ci sia al di là delle mura, ma pensi a qualcosa di prezioso, vista l'armatura della difesa.

Esiste un unico cenno esterno, un messaggio silenzioso, ed è proprio celebrato all'entrata principale. Ai lati della cancellata, che sembrerebbe d'una masseria di campagna, ci sono due colonnine doriche sormontate da un timpano. Non c'entrano nulla con la disciplinata sobrietà delle casette d'intorno, con le mura spesse, con il cancellaccio rosso. In realtà è il marchio di famiglia: il timpano neopagano, come messaggio destinato a chi già conosceva la villa. Solo vederla mi avrebbe dato certezza che quella costruzione di cui si favoleggiava da anni esisteva veramente. Avevo pensato di entrarci decine di volte per fissare Hollywood con i miei occhi. Pareva impossibile. Anche dopo il sequestro era presidiata dai pali del clan. Una mattina, prima che fosse decisa la destinazione d'uso, mi feci coraggio e riuscii a entrare. Passai da un accesso secondario, al riparo da sguardi indiscreti che avrebbero potuto innervosirsi per l'intrusione. La villa appariva imponente, luminosa, la facciata incuteva la stessa soggezione che si prova dinanzi a un monumento. Le colonne sorreggevano due piani con timpani di diversa grandezza organizzati in struttura verticale decrescente, con al centro un semicerchio mozzato. L'entrata era un delirio architettonico, due enormi scalinate si arrampicavano come due ali di marmo al primo piano che si affacciava a balconata sul salone sottostante. L'atrio era identico a quello di Tony Montana. C'era anche il ballatoio con un'entrata centrale allo studio, lo stesso dove si conclude tra piogge di proiettili *Scarface*. La villa è un tripudio di colonne doriche intonacate di rosa all'interno e di verde acquamarina all'esterno. I lati dell'edificio sono formati da doppi colonnati attraversati da preziose rifiniture in ferro battuto. L'intera proprietà è tremilaquattrocento metri quadri con una costruzione di ottocentocinquanta metri quadri disposta su tre livelli, il valore dell'immobile alla fine degli anni '90 era di circa cinque miliardi di lire, ora la stessa costruzione avrebbe un valore commerciale di quattro milioni di euro. Al primo piano vi sono stanze enormi, in ognuna c'è, inutilmente, almeno un bagno. Alcuni lussuosi ed enormi, altri invece piccoli e raccolti. C'è la stanza dei figli, con ancora i poster di cantanti e calciatori attaccati alle pareti, un quadretto annerito con due piccoli angioletti, forse messo alla testa del letto. Il ritaglio di un giornale: "L'Albanova affila le armi". L'Albanova era la squadra di Casal di Principe e San Cipriano d'Aversa, sciolta dall'Antimafia nel 1997, costruita con i soldi del clan, una squadra-giocattolo per i boss. Quei ritagli bruciacchiati attaccati all'intonaco marcio era ciò che rimaneva del figlio di Walter, morto in un incidente stradale ancora adolescente. Dal balcone si aveva la vista del giardino antistante, disseminato di palme, c'era anche un laghetto artificiale con un ponticello in legno che conduceva su un piccolo isolotto di piante e alberi contenuto da un muro a secco. In questa zona della casa, quando ancora la famiglia Schiavone ci abitava, scorazzavano i cani, i molossi, ennesime tracce della messa in scena del potere. Alle spalle della villa si stendeva un prato con una piscina elegante disegnata come un'ellisse sghemba, per permettere alle palme di fare ombra durante le giornate estive. Questa parte della villa era copiata dal bagno di Venere, vera perla del Giardino Inglese della Reggia di Caserta. La statua della dea si adagiava sul pelo dell'acqua con la stessa grazia di quella vanvitelliana. La villa è stata abbandonata dopo l'arresto del boss, avvenuto nel 1996 proprio in queste stanze. Walter non ha fatto come il fratello Sandokan che – latitante – si era fatto costruire sotto la sua enorme villa al centro di Casal di Principe un rifugio profondo e principesco. Sandokan, da latitante, si rifugiava in un fortino senza porte e finestre, con cunicoli e grotte naturali in grado di fornire vie di fuga di emergenza, ma anche un appartamento di cento metri quadri perfettamente organizzato.

Un appartamento surreale, illuminato da luci al neon e pavimenti di maiolica bianca. Il bunker era munito di videocitofono, aveva due accessi, impossibili da identificare dall'esterno. Praticamente quando si arrivava non si trovavano porte, poiché in realtà queste si aprivano solo lasciando scorrere pareti di cemento armato su binari. Quando c'era pericolo di perquisizioni il boss, dalla sala da pranzo, attraverso una botola nascosta raggiungeva una serie di cunicoli, ben undici, collegati tra loro, che sottoterra costituivano una specie di "ridotta", l'ultimo rifugio, dove Sandokan aveva fatto sistemare delle tende da campo. Un bunker nel bunker. Per beccarlo, nel 1998 la DIA aveva fatto appostamenti per un anno e sette mesi, arrivando a sfondare il muro con una sega elettrica per accedere al nascondiglio. Solo dopo, quando Francesco Schiavone si era arreso, è stato possibile individuare l'accesso principale nel deposito di una villa in via Salerno, tra cassette di plastica vuote e attrezzi da giardinaggio. Nel bunker non mancava nulla. C'erano due frigoriferi che contenevano generi alimentari sufficienti a sfamare almeno sei persone per una dozzina di giorni. Un'intera parete era occupata da un sofisticato impianto stereo, con videoregistratori e proiettori. La Scientifica della Questura di Napoli aveva impiegato dieci ore per controllare gli impianti di allarme e i sistemi di chiusura dei due accessi. Nel bagno non mancava la vasca con idromassaggio. Tutto sottoterra, vivendo come in una tana, tra botole e cunicoli.

Walter invece non si nascondeva sotto terra. Quando era latitante arrivava in paese per le riunioni più importanti. Tornava a casa alla luce del sole, con il suo corteo di guardaspalle certo della inaccessibilità della villa. La polizia lo arrestò quasi per caso. Stavano facendo i soliti controlli. Otto, dieci, dodici volte al giorno poliziotti e carabinieri solitamente vanno a casa delle famiglie dei latitanti, controllano, visitano, perquisiscono, ma soprattutto cercano di sfiancare i nervi e rendere sempre meno solidale la famiglia alla scelta di latitanza del proprio congiunto. La signora Schiavone riceveva i poliziotti sempre con gentilezza e spavalderia. Sempre serena nell'offrire tè e biscotti sistematicamente rifiutati. Un pomeriggio però la moglie di Walter era tesa già al citofono, dalla lentezza con cui aveva aperto il cancello i poliziotti avevano intuito subito che quella giornata aveva qualcosa di anomalo. Mentre giravano per la villa, la signora Schiavone li seguiva attaccata ai talloni e non gli parlava dal basso della scalinata lasciando rimbombare le parole per tutta la villa, come solitamente accadeva. Trovarono camicie maschili appena stirate raccolte in pila sul letto, di misura troppo grande per essere indossate dal figlio. Walter era lì. Era tornato a casa. I poliziotti capirono e iniziarono a disperdersi nelle stanze della villa per cercarlo. Lo beccarono mentre tentava di scavalcare il muro. Lo stesso che aveva fatto costruire per rendere impenetrabile la sua villa gli impedì di scappare con agilità. Acciuffato come un ladruncolo che sgambetta cercando appigli su una parete liscia. La villa venne subito sequestrata, ma per circa sei anni nessuno ne ha mai realmente preso possesso. Walter ordinò di sottrarre tutto il possibile. Se non poteva più essere a sua disposizione non doveva più esistere. O sua o di nessuno. Fece scardinare le porte, staccare gli infissi, togliere il parquet, divellere i marmi dalle scale, smantellare i preziosi camini, togliere persino le ceramiche dai bagni, estirpare i passamani in legno massello, i lampadari, la cucina, portare via i mobili ottocenteschi, le vetrine, i quadri. Diede ordine di disseminare la casa di copertoni e gli fece dare fuoco così da rovinare le pareti, gli intonaci, compromettere le colonne. Anche in questo caso però sembra aver lasciato un messaggio. L'unica cosa inalterata, lasciata intatta, è la vasca costruita al secondo piano, il vero vezzo del boss. Una vasca principesca costruita nel salone al secondo piano. Adagiata su tre gradoni con un volto di leone dorato da cui ruggiva l'acqua. Una vasca posizionata dietro una finestra con arco a botte che dava direttamente sul panorama del giardino della villa. Una traccia della sua potenza di costruttore e di camorrista, come un pittore che ha cancellato il suo dipinto, risparmiando però la sua firma sulla tela. Passeggiando lentamente per Hollywood, quelle che credevo fossero voci di esagerata leggenda mi paiono invece corrispondere al vero. I capitelli dorici, l'imponenza delle strutture dell'edificio, il doppio timpano, la vasca in camera, e soprattutto le scalinate all'entrata, sono i calchi della villa di *Scarface*.

Mi aggiravo per quelle stanze annerite, mi sentivo il petto gonfio come se gli organi interni fossero diventati un unico, grande cuore. Lo sentivo battere in ogni parte e sempre più forte. La saliva mi si era prosciugata a forza di fare lunghi respiri per calmare l'ansia. Se qualche palo del clan che ancora presidiava la villa mi avesse sorpreso mi avrebbe riempito di mazzate e avrei potuto anche strillare come un maiale sgozzato; nessuno avrebbe sentito. Ma evidentemente nessuno mi vide entrare o forse nessuno presidiava più la villa. Mi cresceva dentro una rabbia pulsante, mi passavano alla mente come un unico *blob* di visioni smontate le immagini degli amici emigrati, quelli arruolati nei clan e quelli nell'esercito, i pomeriggi pigri in queste terre di deserto, l'assenza di ogni cosa tranne gli affari, i politici spugnati dalla corruzione e gli imperi che si edificavano nel nord dell'Italia e in mezz'Europa lasciando qui soltanto monnezza e diossina. E mi venne voglia di prendermela con qualcuno. Dovevo sfogarmi. Non ho resistito. Sono salito con i piedi sul bordo della vasca e ho iniziato a pisciarci dentro. Un gesto idiota, ma più la vescica si svuotava più mi sentivo meglio. Quella villa sembrava la conferma di un luogo comune, la realizzazione concreta di una diceria. Avevo la sensazione ridicola che da una stanza stesse per uscire Tony Montana, e accogliendomi con gesticolante, impettita arroganza stesse per dirmi: "Tutto quello che ho al mondo sono le mie palle e la mia parola. Non le infrango per nessuno, capito?". Chissà se Walter avrà anche sognato e immaginato di morire come Montana, cascando dall'alto nel suo salone d'entrata crivellato dai proiettili piuttosto che finire i suoi giorni in cella consumato dal morbo di Basedow che gli stava corrodendo gli occhi e facendo esplodere la pressione sanguigna.

Non è il cinema a scrutare il mondo criminale per raccoglierne i comportamenti più interessanti. Accade esattamente il contrario. Le nuove generazioni di boss non hanno un percorso squisitamente criminale, non trascorrono le giornate per strada avendo come riferimento il guappo di zona, non hanno il coltello in tasca, né sfregi sul volto. Guardano la tv, studiano, frequentano le università, si laureano, vanno all'estero e soprattutto sono impegnati nello studio dei meccanismi d'investimento. Il caso del film *Il Padrino* è eloquente. Nessuno all'interno delle organizzazioni criminali, siciliane come campane, aveva mai usato il termine padrino, frutto invece di una traduzione poco filologica del termine inglese *godfather*. Il termine usato per indicare un capofamiglia o un affiliato è sempre stato compare. Dopo il film però le famiglie mafiose d'origine italiana negli Stati Uniti iniziarono a usare la parola padrino, sostituendo quella ormai poco alla moda di compare e compariello. Molti giovani italoamericani legati alle organizzazioni mafiose imitarono gli occhiali scuri, i gessati, le parole ieratiche. Lo stesso boss John Gotti si volle trasformare in una versione in carne e ossa di don Vito Corleone. Anche Luciano Liggio, boss di Cosa Nostra, si faceva fotografare sporgendo la mascella come il capofamiglia de *Il Padrino*.

Mario Puzo non si era ispirato a un boss siciliano, ma alla storia e all'aspetto di un boss della Pignasecca, il mercato del centro storico di Napoli, Alfonso Tieri, che prese posto – dopo la morte di Charles Gambino – al vertice delle famiglie mafiose italiane egemoni negli Stati Uniti. Antonio Spavone "'o malommo", il boss napoletano legato a Tieri, aveva dichiarato in un'intervista a un giornale americano che «se i siciliani avevavo insegnato a stare zitti e muti, i napoletani avevano fatto capire al mondo come ci si comporta quando si comanda. Fare capire con un gesto che comandare è meglio che fottere». La maggior parte degli archetipi criminali, l'acme del carisma mafioso proveniva da una manciata di chilometri in Campania. Anche Al Capone era campano d'origine. La sua famiglia proveniva da Castellammare di Stabia. Fu il primo boss a misurarsi col cinema. Il suo soprannome, Scarface, lo sfregiato, dovuto a una cicatrice sulla guancia, poi ripreso nel 1983 da

Brian De Palma per il film sul boss cubano, era già stato il titolo di un film di Howard Hawks nel 1932. Al Capone si faceva vedere sul set, arrivava con la sua scorta ogni volta che c'era qualche scena d'azione e qualche *esterna* a cui poteva assistere. Il boss voleva controllare che Tony Camonte, il personaggio di *Scarface* a lui ispirato, non venisse banalizzato. E voleva somigliare il più possibile a Tony Camonte, certo che dopo l'uscita del film sarebbe diventato lui l'emblema di Capone, e non più Capone il suo modello.

Il cinema è un modello da cui decrittare modi d'espressione. A Napoli, Cosimo Di Lauro è esemplare. Guardando la sua tenuta, a tutti doveva venire in mente *The Crow* di Brandon Lee. I camorristi debbono formarsi un'immagine criminale che spesso non hanno, e che trovano nel cinema. Articolando la propria figura su una maschera hollywoodiana riconoscibile, percorrono una sorta di scorciatoia per farsi riconoscere come personaggi da temere. L'ispirazione cinematografica arriva a condizionare anche le scelte tecniche come l'impugnatura della pistola e il modo di sparare. Una volta un veterano della Scientifica di Napoli mi raccontò come i killer di camorra imitassero quelli dei film:

> Ormai dopo Tarantino questi hanno smesso di saper sparare come Cristo comanda! Non sparano più con la canna dritta. La tengono sempre sbilenca, messa di piatto. Sparano con la pistola storta, come nei film, e questa abitudine crea disastri. Sparano al basso ventre, all'inguine, alle gambe, feriscono gravemente senza uccidere. Così sono sempre costretti a finire la vittima sparando alla nuca. Un lago di sangue gratuito, una barbarie del tutto superflua ai fini dell'esecuzione.

Le guardaspalle delle donne boss sono vestite come Uma Thurman in *Kill Bill*: caschetto biondo e tute giallo fosforescente. Una donna dei Quartieri Spagnoli, Vincenza Di Domenico, per un breve periodo collaboratrice di giustizia, aveva un soprannome eloquente, Nikita, come l'eroina killer del film di Luc Besson. Il cinema, soprattutto quello americano, non è visto come il territorio lontano dove l'aberrazione accade, non come il luogo dove l'impossibile si realizza, ma anzi come la vicinanza più prossima.

Me ne uscii dalla villa piano, liberando i piedi dal ginepraio di rovi ed erbaccia che si era impadronito del Giardino Inglese tanto voluto dal boss. Lasciai il cancello aperto. Soltanto qualche anno prima avvicinarsi a questo luogo avrebbe significato essere identificato da decine di sentinelle. Invece ero uscito, camminando con le mani in tasca e la testa appesa al mento, come quando si esce dal cinema ancora frastornati da quel che si è visto.

A Napoli non è complicato comprendere quanto il film *Il camorrista* di Giuseppe Tornatore sia in assoluto il film che più di ogni altro ha marchiato l'immaginario. Basta ascoltare le battute delle persone, sempre le stesse da anni.
«Dicitancello 'o professore che nun l'aggio tradito.»
«Io so bene chi è lui, ma so pure chi sono io!»
«'O Malacarne è nu guappo 'e cartone!»
«Chi ti manda?»
«Mi manda chi a vita va po' ddà e va po' pure llevà!»
La musica del film è diventata una sorta di colonna sonora della camorra, fischiettata quando passa un capozona, o spesso solo per far inquietare qualche negoziante. Ma il film è arrivato persino nelle discoteche, dove si ballano ben tre versioni mixate delle più celebri frasi del boss Raffaele Cutolo, pronunciate nel film da Ben Gazzarra.

In maniera mnemonica ripetevano mimando tra loro i dialoghi de *Il camorrista* anche due ragazzini di Casal di Principe, Giuseppe M. e Romeo P. Facevano vere e proprie scenette tratte dal film:
«Quanto pesa un picciotto? Quanto una piuma al vento.»
Non avevano ancora la patente quando iniziarono a asse-

diare le comitive di coetanei di Casale e San Cipriano d'Aversa. Non ce l'avevano perché nessuno dei due aveva diciotto anni. Erano due bulli. Spacconi, buffoni, mangiavano lasciando come mancia il doppio del conto. Camicia aperta sul petto con pochi peli, una camminata declamata ad alta voce, come se ogni passo dovesse essere rivendicato. Mento alto, un'ostentazione di sicurezza e potere, reali solo nella mente dei due. Giravano sempre in coppia. Giuseppe faceva il boss, sempre un passo avanti rispetto al compare. Romeo faceva il suo guardiaspalle, la parte del braccio destro, l'uomo fedele. Spesso Giuseppe lo chiamava Donnie, come Donnie Brasco. Anche se era un poliziotto infiltrato, il fatto che diventi un mafioso vero, nell'anima, lo salva, agli occhi degli ammiratori da questo peccato originale. Ad Aversa facevano tremare i neopatentati. Preferivano le coppiette, tamponavano l'auto con il motorino, e quando scendevano per raccogliere i dati per l'assicurazione, uno dei due si avvicinava alla ragazza, le sputava in faccia e aspettavano che il fidanzato reagisse per poterlo pestare a sangue. I due sfidavano però anche gli adulti, anche quelli che contavano davvero. Andavano nelle loro zone d'influenza e facevano ciò che volevano. Provenivano da Casal di Principe e nell'immaginario questo bastava. Volevano far capire che erano davvero persone temibili e da rispettare, chiunque si avvicinava loro doveva fissare i propri piedi e non trovare neanche il coraggio di guardarli in faccia. Un giorno però alzarono troppo il tiro della loro spacconeria. Scesero in strada con una mitraglietta, racimolata chissà in quale armeria dei clan, e si presentarono dinanzi a un gruppetto di ragazzi. Dovevano essersi addestrati bene perché spararono contro il gruppetto curandosi di non colpire nessuno, ma solo di far sentire il puzzo della polvere da sparo e il sibilare dei proiettili. Prima di sparare però uno dei due aveva recitato qualcosa. Nessuno aveva capito cosa blaterava, ma un testimone aveva detto che gli sembrava la Bibbia, e aveva ipotizzato che i ragazzini stessero preparandosi alla cresima. Ma smozzicando un po' di frasi era evidente che non era un brano da cresima. Era la Bibbia, in effetti, appresa non dal catechismo, ma da Quentin Tarantino. Era il brano pronunciato da Jules Winnfield in *Pulp Fiction* prima di ammazzare il ragazzotto che aveva fatto sparire la preziosissima valigetta di Marcellus Wallace:

> *Ezechiele* 25,17. Il cammino dell'uomo timorato è minacciato da ogni parte dall'iniquità degli esseri egoisti e dalla tirannia degli uomini malvagi. Benedetto sia colui che nel nome della carità e della buona volontà conduce i deboli attraverso la valle delle tenebre perché egli è in verità il pastore di suo fratello e il ricercatore dei figli smarriti e la mia giustizia calerà sopra di loro con grandissima vendetta e furiosissimo sdegno su coloro che si proverranno ad ammorbare e distruggere i miei fratelli e tu saprai che il mio nome è quello del Signore quando farò calare la mia vendetta sopra di te.

Giuseppe e Romeo la ripetevano come nel film, e poi sparavano. Giuseppe aveva un padre camorrista, prima pentito, poi nuovamente rientrato nell'organizzazione di Quadrano-De Falco sconfitta dagli Schiavone. Un perdente quindi. Ma aveva pensato che recitando la parte giusta, il film della sua vita forse poteva cambiare. I due conoscevano a memoria le battute, le parti salienti di ogni film criminale. La maggior parte delle volte picchiavano per uno sguardo. Nelle terre di camorra lo sguardo è parte di territorio, è come un'invasione nelle proprie stanze, come sfondare la porta di casa di qualcuno ed entrare con violenza. Uno sguardo è persino qualcosa in più di un insulto. Attardarsi a fissare il viso di qualcuno è già in qualche modo un'aperta sfida:
«Ehi, ce l'hai con me? No, dico, ce l'hai con me?»
E dopo il famoso monologo di *Taxi Driver* partivano gli schiaffi e i pugni sullo sterno, quelli che rimbombano nella cassa toracica e si sentono anche a parecchia distanza.
I boss Casalesi presero seriamente in considerazione il problema di questi due ragazzini. Risse, alterchi, minacce

non erano facilmente tollerati: troppe madri nervose, troppe denunce. Così li fanno "avvertire" da qualche capozona che gli fa una sorta di richiamo all'ordine. Li raggiunge al bar e dice che stanno facendo perdere la pazienza ai capi. Ma Giuseppe e Romeo continuano il loro film immaginario, picchiano chi vogliono, pisciano nei serbatoi delle moto dei ragazzi del paese. Una seconda volta li "mandano a chiamare". I boss vogliono parlare direttamente con loro, il clan non può sopportare più questi atteggiamenti in paese, la tolleranza paternalistica, solita in questi territori, si muta in dovere di punizione, e così un "mazziatone" devono averlo, una violenta sculacciata pubblica per farli rigare dritto. Loro snobbano l'invito, continuano a stare al bar stravaccati, attaccati ai videopoker, i pomeriggi incollati davanti alla televisione a vedere i dvd dei loro film, ore passate a imparare a memoria frasi e posture, modi di dire e scarpe da indossare. I due credono di potere tener testa a chiunque. Anche a chi conta. Anzi sentono che proprio tenendo testa a chi conta davvero potranno divenire realmente temuti. Senza porsi limite alcuno, come Tony e Manny in *Scarface*. Non mediano con nessuno, continuano le loro scorribande, le loro intimidazioni, lentamente sembrano diventare i viceré del casertano. I due ragazzini non avevano scelto di entrare nel clan. Non ci tentavano neanche. Era un percorso troppo lento e disciplinato, una gavetta silenziosa che non volevano fare. Da anni poi i Casalesi inserivano quelli che valevano veramente nei settori economici dell'organizzazione, e non certo nella struttura militare. Giuseppe e Romeo erano in completa antitesi con la figura del nuovo soldato di camorra. Si sentivano capaci di cavalcare l'onda della peggior fama dei loro paesi. Non erano affiliati, ma volevano godere dei privilegi dei camorristi. Pretendevano che i bar li servissero gratuitamente, la benzina per i loro motorini era un dazio dovuto, le loro madri dovevano avere la spesa pagata, e quando qualcuno osava ribellarsi arrivavano subito sfasciando vetri, tirando schiaffi a fruttivendoli e commesse. Nella primavera del 2004 così alcuni emissari del clan gli danno appuntamento alla periferia di Castelvolturno, zona Parco Mare. Un territorio di sabbia, mare e spazzatura, tutto mischiato. Forse una proposta allettante, qualche affare o addirittura la partecipazione a un agguato. Il primo vero agguato della loro vita. Se non erano riusciti a coinvolgerli con le cattive, i boss tentarono di incontrarli con qualche buona proposta. Me li immaginavo sui motorini tirati al massimo, ripassarsi i passaggi salienti dei film, i momenti in cui quelli che contano devono piegarsi all'ostinazione dei nuovi eroi. Come i giovani spartani andavano in guerra con in mente le gesta di Achille ed Ettore, in queste terre si va ad ammazzare e farsi ammazzare con in mente *Scarface, Quei bravi ragazzi, Donnie Brasco, Il Padrino*. Ogni volta che mi capita di passare per Parco Mare, immagino la scena che hanno raccontato i giornali, che hanno ricostruito i poliziotti. Giuseppe e Romeo arrivarono con i motorini, molto in anticipo rispetto all'orario stabilito. Infuocati dall'ansia. Erano lì ad attendere l'auto. Scese un gruppo di persone. I due ragazzini gli andarono incontro per salutarli, ma immediatamente bloccarono Romeo e iniziarono a pestare Giuseppe. Poi, poggiando la canna di un'automatica al petto, fecero fuoco. Sono certo che Romeo avrà visto dinanzi a sé la scena di *Quei bravi ragazzi* quando Tommy De Vito viene invitato a sedere nella dirigenza di Cosa Nostra in America, e invece di accoglierlo in una sala con tutti i boss lo portano in una stanza vuota e gli sparano alla testa. Non è vero che il cinema è menzogna, non è vero che non si può vivere come nei film e non è vero che ti accorgi mettendo la testa fuori dallo schermo che le cose sono diverse. C'è un momento solo che è diverso, il momento in cui Al Pacino si alzerà dalla fontana in cui i colpi di mitra hanno fatto cascare la sua controfigura, e si asciugherà il viso pulendosi dal colore del sangue, Joe Pesci si laverà i capelli e farà cessare la finta emorragia. Ma questo non ti interessa saperlo, e quindi non lo comprendi. Quando Romeo vide Giuseppe per terra, sono sicuro di una certezza che non potrà mai avere alcun tipo di conferma, che comprese l'esatta differenza tra cinema e realtà, tra costruzione scenografica e il puzzo dell'aria, tra la propria vita e una sceneggiatura. Venne il suo turno. Gli spararono alla gola e lo finirono con un colpo alla testa. Sommando la loro età raggiungevano a stento trent'anni. Il clan dei Casalesi così aveva risolto quest'escrescenza microcriminale alimentata dal cinema. Non chiamarono neanche anonimamente la polizia o un'ambulanza. Lasciarono che le mani dei cadaveri dei ragazzini fossero beccate dai gabbiani e le labbra e i nasi mangiucchiati dai randagi che circolavano sulle spiagge di spazzatura. Ma questo i film non lo raccontano, si fermano un attimo prima.

Non c'è una reale differenza tra gli spettatori dei film in terra di camorra e qualsiasi altro spettatore. Ovunque i riferimenti cinematografici sono seguiti come mitologie d'imitazione. Se altrove ti può piacere *Scarface* e puoi sentirti come lui in cuor tuo, qui *puoi essere* Scarface, però ti tocca esserlo fino in fondo.

Ma le terre di camorra sono prolifiche anche di appassionati d'arte e letteratura. Sandokan aveva nella villa bunker un'enorme libreria con decine di testi incentrati su due esclusivi argomenti, la storia del Regno delle due Sicilie e Napoleone Bonaparte. Schiavone era attratto dal valore dello Stato borbonico dove millanta avi tra i funzionari in Terra di Lavoro, affascinato dal genio di Bonaparte capace di conquistare mezza Europa, partendo da un misero grado militare quasi come lui stesso, generalissimo di un clan tra i più potenti d'Europa in cui era entrato come gregario. Sandokan, con un passato di studente in medicina, prediligeva trascorrere il tempo di latitanza dipingendo icone religiose e ritratti di Bonaparte e Mussolini. Ci sono in vendita ancora oggi, in botteghe insospettabili di Caserta, rarissimi volti santi ritratti da Schiavone, dove al posto del volto del Cristo, Sandokan ha messo il suo. Schiavone era un frequentatore della letteratura epica. Omero, il ciclo di Re Artù, Walter Scott le sue letture preferite. Proprio l'amore per Scott l'ha spinto a battezzare uno dei suoi numerosi figli con il nome altisonante e fiero di Ivanhoe.

Ma i nomi dei discendenti divengono sempre traccia della passione dei padri. Giuseppe Misso, boss napoletano del clan del quartiere della Sanità, ha tre nipoti: Ben Hur, Gesù ed Emiliano Zapata. Misso, che durante i processi ha assunto sempre atteggiamenti da leader politico, da pensatore conservatore e ribelle ha recentemente scritto un romanzo, *I leoni di marmo*. Centinaia e centinaia di copie vendute a Napoli in pochissime settimane, il racconto in un libro dalla sintassi smozzicata ma dallo stile rabbioso, della Napoli degli anni '80 e '90 dove il boss si è formato e dove emerge la sua figura, descritta come quella di un solitario combattente contro la camorra del racket e della droga a favore di un non ben identificato codice cavalleresco della rapina e del furto. Durante i vari arresti nella sua lunghissima carriera criminale, Misso è sempre stato trovato in compagnia dei libri di Julius Evola ed Ezra Pound.

Augusto La Torre, boss di Mondragone, è studioso di psicologia e vorace lettore di Carl Gustav Jung e conoscitore dell'opera di Sigmund Freud. Dando un'occhiata ai titoli che il boss ha chiesto di ricevere in carcere emergono lunghe bibliografie di studiosi di psicoanalisi, mentre sempre più nel suo eloquio durante i processi citazioni di Lacan si intrecciano a riflessioni sulla scuola della Gestalt. Una conoscenza che il boss ha utilizzato durante il suo percorso di potere, come una inaspettata arma manageriale e militare.

Anche un fedelissimo di Paolo Di Lauro è tra i camorristi amanti di arte e cultura: Tommaso Prestieri è il produttore della maggior parte dei cantanti neomelodici, nonché un raffinato conoscitore d'arte contemporanea. Ma i boss collezionisti sono molti. Pasquale Galasso aveva nella sua villa un museo privato di circa trecento pezzi d'antiquariato, il cui gioiello era il trono di Francesco I di Borbone, mentre Luigi Vollaro, detto "'o califfo", possedeva una tela del suo prediletto Botticelli.

La polizia arrestò Prestieri, sfruttando il suo amore per la musica. Venne infatti beccato al Teatro Bellini a Napoli mentre assisteva, da latitante, a un concerto. Prestieri, dopo una condanna, ha dichiarato: «Sono libero nell'arte, non ho necessità di essere scarcerato». Un equilibrio fatto di quadri e canzoni che concede un'impossibile serenità a un boss in disgrazia come lui, che ha perso sul campo ben due fratelli ammazzati a sangue freddo.

Aberdeen, Mondragone

Il boss psicanalista Augusto La Torre era stato tra i prediletti di Antonio Bardellino: aveva da ragazzo preso il posto del padre divenendo il leader assoluto del clan dei "Chiuovi", come li chiamavano a Mondragone. Un clan egemone nell'alto casertano, nel basso Lazio e lungo tutta la costa domizia. Si erano schierati con i nemici di Sandokan Schiavone, ma poi col tempo il clan aveva dimostrato abilità imprenditoriale e capacità di gestione del territorio, unici elementi che possono far mutare i rapporti di conflittualità tra famiglie di camorra. La capacità di fare affari riavvicinò i La Torre ai Casalesi che gli diedero possibilità di agire in relazione con loro, ma anche in autonomia. Augusto non era un nome a caso. Ai primogeniti della famiglia, La Torre usava dare i nomi degli imperatori romani. Avevano invertito l'ordine storico, la storia romana vedeva avvicendarsi prima Augusto e successivamente Tiberio, invece il padre di Augusto La Torre portava il nome di Tiberio.

Nell'immaginario delle famiglie di queste terre la villa di Scipione l'Africano costruita nei pressi del Lago Patria, le battaglie capuane di Annibale, la forza inattaccabile dei Sanniti, i primi guerriglieri europei che colpivano le legioni romane e fuggivano sulle montagne, sono presenti come storie di paese, racconti di un passato anteriore di cui però tutti si sentono parte. Al delirio storico dei clan si contrapponeva l'immaginario diffuso che riconosceva in Mondragone la capitale della mozzarella. Mio padre mi mandava a fare scorpacciate di mozzarelle mondragonesi, ma quale territorio aveva il primato della mozzarella più buona era impossibile stabilirlo. I sapori erano troppo diversi, quello dolciastro e leggero della mozzarella di Battipaglia, quello salato e corposo della mozzarella aversana e poi quello puro della mozzarella di Mondragone. Una prova però della bontà della mozzarella i mastri caseari mondragonesi ce l'avevano. La mozzarella per essere buona deve lasciare in bocca un retrogusto, quello che i contadini chiamano "'o ciato 'e bbufala" ossia il fiato di bufala. Se dopo aver buttato giù il boccone non rimane in bocca quel sapore di bufala, allora la mozzarella non è buona. Quando andavo a Mondragone mi piaceva passeggiare sul pontile. Avanti e indietro, prima che venisse abbattuto era una delle mie mete preferite d'estate. Una lingua di cemento armato costruita sul mare per far attraccare le barche. Una struttura inutile e mai utilizzata.

Mondragone divenne d'improvviso una meta per tutti i ragazzi del casertano e dell'agro pontino che volevano emigrare in Inghilterra. Emigrare come occasione di vita, andare finalmente via, ma non come cameriere, sguattero in un McDonald's, o barista pagato con pinte di birra scura. Si andava a Mondragone per cercare di avere contatti con le persone giuste, per avere fitti agevolati, la possibilità di essere ricevuti con garbo e interesse dai proprietari dei locali. A Mondragone si potevano incontrare le persone adatte per farti assumere in un'assicurazione, in un ufficio immobiliare e se proprio si presentavano braccianti disperati, disoccupati cronici, i contatti giusti li avrebbero fatti assumere con contratti decenti e lavoro dignitoso. Mondragone era la porta per la Gran Bretagna. D'improvviso dalla fine degli anni '90 avere un amico a Mondragone significava poter essere valutato per quanto valevi, senza necessità di presentazione o di raccomandazione. Cosa rara, **rarissima**, impossibile in Italia e ancor più al sud. Per essere considerato e vagliato solo per ciò che sei, da queste parti hai bisogno sempre di qualcuno che ti protegga e che la sua protezione possa, se non favorirti, farti almeno prendere in considerazione. Presentarti senza protettore è come andare senza braccia e senza gambe. Insomma hai qualcosa in meno. A Mondragone invece prendevano i curricula e vedevano a chi inviarli in Inghilterra. Valeva in qualche modo il talento e ancor più come avevi deciso d'esprimerlo. Ma solo a Londra o Aberdeen, non in Campania, non nella provincia della provincia d'Europa.

Una volta Matteo, un mio amico, aveva deciso di provarci: andare via una volta per tutte. Aveva messo dei soldi da parte, una laurea con lode era riuscito a raggiungerla e si era stancato di lavorare tra stage e cantieri per sopravvivere. Aveva avuto il nome di un ragazzo di Mondragone che l'avrebbe fatto partire per l'Inghilterra e una volta lì, avrebbe avuto modo di presentarsi a diversi colloqui di lavoro. Lo accompagnai. Aspettammo ore fuori a un lido dove questo contatto ci aveva dato appuntamento. Era estate. Le spiagge di Mondragone sono assalite dai villeggianti di tutta la Campania, quelli che non possono permettersi la costiera amalfitana, quelli che non possono affittarsi una casa al mare per l'estate e allora pendolano, avanti e indietro, tra l'entroterra e la costa. Sino a metà degli anni '80 si vendeva la mozzarella in astucci di legno colmi di latte di bufala bollente. I bagnanti la mangiavano con le mani lasciando sbrodolare il latte e i ragazzetti prima di dare il morso alla pasta bianca davano una leccata alla mano, insaporita dalla salsedine. Poi nessuno più ha continuato a vendere mozzarelle e sono arrivati i taralli e le fette di cocco. Quel giorno il nostro contatto ritardò due ore. Quando finalmente ci raggiunse si presentò abbronzato e coperto solo da uno striminzito costume, ci spiegò che aveva fatto colazione con ritardo, quindi si era bagnato con ritardo e si era asciugato con ritardo.

Questa fu la sua scusa, colpa del sole insomma. Il nostro contatto ci portò in un'agenzia turistica. Tutto qui. Credevamo d'essere ricevuti da chissà quale mediatore, invece bisognava soltanto essere presentati a un'agenzia neanche particolarmente elegante. Non una di quelle con centinaia di dépliant, ma un bugigattolo qualsiasi. Si poteva però accedere ai suoi servizi se presentati da un contatto mondragonese. Se entrava una persona qualsiasi avrebbe svolto le normali pratiche di qualsiasi agenzia turistica. Una ragazza giovanissima chiese a Matteo il curriculum e ci segnalò il primo volo disponibile. Aberdeen era la città dove lo avrebbero spedito. Gli diedero un foglietto con l'elenco di una serie di aziende a cui avrebbe potuto rivolgersi per un colloquio di lavoro. Anzi l'agenzia stessa, in cambio di pochi spiccioli, prenotò appuntamenti con le segreterie degli addetti alla selezione del personale. Mai agenzia interinale era stata così efficiente. Ci imbarcammo per la Scozia due giorni dopo, un viaggio veloce ed economico per chi proveniva da Mondragone.

Ad Abeerden c'era aria di casa. Eppure non esisteva nulla di più lontano da Mondragone che questa città scozzese. Il terzo centro urbano della Scozia, una città scura, grigiastra anche se non pioveva spesso come a Londra. Prima dell'arrivo dei clan italiani la città non sapeva valorizzare le risorse di tempo libero e turismo e tutto ciò che riguardava ristoranti, alberghi e vita sociale era organizzato al triste modo inglese. Abitudini identiche, locali gonfi di persone intorno ai banconi un solo giorno a settimana. È stato – secondo le indagini della Procura Antimafia di Napoli – Antonio La Torre, fratello del boss Augusto, ad attivare in Scozia una serie di attività commerciali in grado, in una manciata di anni, di imporsi come fiore all'occhiello dell'imprenditoria scozzese. La gran parte delle attività in Inghilterra del clan La Torre sono perfettamente lecite, acquisto e gestione di beni immobiliari e di esercizi commerciali, commercio di prodotti alimentari con l'Italia. Un giro d'affari enorme difficile da rendere in cifre. Matteo ad Aberdeen cercava tutto quello che non gli era stato riconosciuto in Italia, camminavamo per le strade con soddisfazione, come se per la prima volta nella nostra vita l'essere campani fosse condizione sufficiente a procurarci un'area di affermazione. Al 27 e al 29 di Union Terrace, mi trovai dinanzi a un ristorante del clan, il Pavarotti's, intestato proprio ad Antonio La Torre e segnalato anche dalle guide turistiche on line della città scozzese. Per Aberdeen era il salotto elegante, il ritrovo chic, il posto dove poter cenare nel migliore dei modi e il luogo idoneo per parlare di affari importanti. Le aziende del clan sono state pubblicizzate anche a Parigi come massima espressione del made in Italy presso la fiera gastronomica della capitale francese Italissima: Antonio La Torre vi ha infatti presentato le sue attività di ristorazione ed esposto il proprio marchio. Un successo che fa di La Torre uno dei primi imprenditori scozzesi in Europa.

Antonio La Torre è stato arrestato ad Aberdeen nel marzo 2005, su di lui pendeva un mandato d'arresto italiano per associazione a delinquere di stampo camorristico ed estorsione. Per anni aveva evitato sia l'arresto che l'estradizione, facendosi scudo della sua cittadinanza scozzese e del mancato riconoscimento da parte delle autorità britanniche dei reati associativi che gli sono contestati. La Scozia non voleva perdere uno dei suoi imprenditori più brillanti.

Nel 2002 il Tribunale di Napoli emise un'ordinanza di custodia cautelare nei confronti di trenta persone legate al clan La Torre. Dall'ordinanza emergeva che il consorzio criminale guadagnava ingenti somme di danaro attraverso le estorsioni, il controllo delle attività economiche e degli appalti nella sua zona di competenza, per poi reinvestire all'estero, in particolare in Gran Bretagna, dove si era creata una vera e propria colonia del clan. Una colonia che non aveva invaso, non aveva portato concorrenza al ribasso nella manodopera, ma aveva immesso linfa economica, rivitalizzando il comparto turistico, attivando un'attività di importazione ed esportazione prima sconosciuta alla città e dando nuovo vigore al settore immobiliare.

Ma la potenza internazionale partita da Mondragone era personificata anche da Rockefeller. Lo chiamano così in paese per l'evidente talento negli affari e per la mole di liquidità che possiede. Rockefeller è Raffaele Barbato, sessantadue anni, nato a Mondragone. Il suo vero nome forse l'ha dimenticato persino lui. Moglie olandese, fino alla fine degli anni '80 gestiva affari in Olanda dove possedeva due casinò frequentati da clienti di calibro internazionale, dal fratello di Bob Cellino, fondatore delle case da gioco di Las Vegas, a importanti mafiosi slavi con basi a Miami. I suoi soci erano un tal Liborio, siciliano con entrature in Cosa Nostra, e un altro, Emi, olandese poi trasferitosi in Spagna dove ha aperto hotel, residence e discoteche. Ed è stato Rockefeller una delle menti – secondo le dichiarazioni dei pentiti Mario Sperlongaro, Stefano Piccirillo e Girolamo Rozzera – che progettò assieme ad Augusto La Torre di andare a Caracas per cercare di incontrare gruppi di narcotrafficanti venezuelani che vendevano coca a un prezzo concorrenziale rispetto ai colombiani, fornitori dei napoletani e Casalesi. Molto probabilmente sulla questione droga Augusto era riuscito ad avere un'autonomia, raramente concessa dai Casalesi. Sempre Rockefeller aveva trovato un posto dove far dormire e stare comodo Augusto durante la sua latitanza in Olanda. Lo aveva sistemato al circolo di tiro a volo. Così seppur lontano dalle campagne mondragonesi il boss poteva sparare ai piattelli volanti per tenersi in esercizio. Rockefeller aveva una rete di relazioni enorme, era uno dei business man più noti non solo in Europa, ma anche negli USA, per il suo essere gestore di case da gioco che l'aveva messo in contatto con mafiosi italoamericani che sempre di più guardavano all'Europa come mercato per investire, scacciati com'erano lentamente e progressivamente dai clan albanesi sempre più egemoni a New York, e sempre più alleati alle famiglie camorriste campane. Persone capaci di trafficare droga e di investire il loro danaro in ristoranti e alberghi, attraverso la porta aperta dei mondragonesi. Rockefeller è il titolare del lido Adamo ed Eva, ribattezzato La Playa, un bel villaggio turistico sulla costa mondragonese dove – secondo le accuse della magistratura – molti affiliati amavano trascorrere la latitanza. Più comodo è il rifugio, meno sopraggiungeranno le tentazioni di pentimento per sottrarsi alla continua fuga. E con i pentiti, i La Torre erano stati feroci. Francesco Tiberio, il cugino di Augusto, aveva telefonato a Domenico Pensa che aveva testimoniato contro il clan Stolder e chiaramente l'aveva invitato ad andare via dal paese.

«Ho saputo dagli Stolder che tu hai collaborato contro di loro e di conseguenza visto che noi in paese non vogliamo collaboratori di giustizia, te ne devi andare da Mondragone altrimenti qualcuno verrà e ti taglierà la testa.»

Il cugino di Augusto aveva talento nel terrorizzare telefonicamente chi osava collaborare, lasciare trapelare notizie. Con un altro, Vittorio Di Tella, fu esplicito, lo invitò a comprarsi l'abito da morto.

«Comprati le camicie nere che devi parlare, neh cornuto, io ti devo ammazzare.»

Prima che arrivassero i pentiti nel clan, nessuno poteva immaginare il perimetro illimitato d'affari dei mondragonesi. Tra gli amici di Rockefeller c'era anche un tale Raffaele Acconcia, mondragonese di nascita e pure lui trapiantato in Olanda, titolare di una catena di ristoranti, che secondo il pentito Stefano Piccirillo sarebbe un importante narcotrafficante di caratura internazionale. Proprio in Olanda continua a nascondersi, forse in qualche banca, la cassa del clan La Torre, milioni di euro fatturati attraverso mediazioni e commerci che gli inquirenti non hanno mai trovato. In paese è divenuta una sorta di simbolo di ricchezza assoluta questa presunta cassaforte della banca olandese, che ha sostituito tutti i riferimenti della ricchezza internazionale. Non si dice più "m'hai preso per la Banca d'Italia" ma "mi hai preso per la Banca d'Olanda".

Il clan La Torre con appoggi in Sudamerica e basi in Olanda aveva in mente di dominare un traffico di coca sulla piazza romana. Roma, per tutte le famiglie imprenditorial-camorristiche casertane, è il riferimento primo per il narcotraffico e per gli investimenti in beni immobili. Roma diviene un'estensione della provincia casertana. I La Torre potevano contare su rotte d'approvvigionamento che avevano la loro base sulla costa domizia. Le ville sulla costa erano fondamentali per il traffico prima di contrabbando di sigarette, poi di tutto quanto fosse merce. Da quelle parti c'era la villa di Nino Manfredi. Andarono da lui esponenti del clan a chiedergli di vendere la villa. Manfredi cercò in tutti i modi di opporsi, ma la sua casa si trovava in un punto strategico per far attraccare i motoscafi, e le pressioni del clan aumentavano. Non gli chiesero più di vendere, ma gli imposero di cedere a un prezzo stabilito da loro. Manfredi si rivolse persino a un boss di Cosa Nostra, divulgando la notizia, nel gennaio 1994, al Gr1, ma i mondragonesi erano potenti e nessun siciliano tentò di mediare con loro. Soltanto esponendosi in tv e attirando l'attenzione dei media nazionali, l'attore riuscì a mostrare la pressione cui era stato sottoposto a causa degli interessi strategici della camorra.

Il traffico di droga si accodava a tutti gli altri canali di commercio. Enzo Boccolato, un cugino dei La Torre proprietario di un ristorante in Germania, aveva deciso di investire nell'export di abbigliamento. Assieme ad Antonio La Torre e un imprenditore libanese acquistavano vestiti in Puglia – essendo la produzione tessile campana già monopolizzata dai clan di Secondigliano – e li rivendevano in Venezuela tramite un mediatore, tal Alfredo, segnalato nelle indagini come uno dei più importanti trafficanti di diamanti in Germania. Grazie ai clan camorristici campani i diamanti divennero in poco tempo, per la loro alta variabilità di prezzo e al contempo per il valore nominale che perennemente mantengono, il bene preferito per il riciclaggio del danaro sporco. Enzo Boccolato era conosciuto negli aeroporti in Venezuela e a Francoforte, aveva appoggi tra gli operatori del controllo merci, che con grande probabilità non curavano soltanto l'invio e l'arrivo di vestiti, ma si preparavano anche a tessere una grande rete di traffico di cocaina. Può sembrare che i clan, una volta completata l'accumulazione di grandi capitali, interrompano la propria attività criminale, disfacendo in qualche modo il proprio codice genetico, riconvertendolo sul piano legale. Proprio come la famiglia Kennedy in America che nel periodo del proibizionismo aveva guadagnato capitali enormi con la vendita degli alcolici e aveva poi interrotto ogni rapporto col crimine. Ma in realtà la forza dell'imprenditoria criminale italiana sta proprio nel continuare ad avere il doppio binario, non rinunciare mai all'estrazione criminale. Ad Abeerden chiamano questo sistema "scratch". Come i rapper, come i dj, che bloccano con le dita il normale girare del disco sul piatto, allo stesso modo gli imprenditori di camorra bloccano per un attimo l'andatura del disco del mercato legale. Lo bloccano, *scratchano*, per poi farlo ripartire più velocemente di prima.

Nelle diverse inchieste della Procura Antimafia di Napoli sui La Torre emergeva che quando il percorso legale subiva una crisi, si innescava subito il binario criminale. Se mancava liquidità, si facevano stampare monete false, se erano necessari capitali in breve tempo, si truffava vendendo titoli di Stato fasulli. La concorrenza veniva annichilita dalle estorsioni, la merce importata esentasse. *Scratchare* sul disco dell'economia legale permette che i clienti possano avere uno standard di prezzi costante e non schizofrenico, che i crediti bancari siano sempre soddisfatti, che il danaro continui a circolare e i prodotti a essere consumati. *Scratchare* assottiglia il diaframma che spunta tra la legge e l'imperativo economico, tra ciò che la norma vieta e ciò che il guadagno impone.

Gli affari dei La Torre all'estero rendevano indispensabile la partecipazione a vari livelli nella struttura del clan di esponenti inglesi che arrivavano addirittura al grado di affiliati. Uno di questi è Brandon Queen, detenuto in Inghilterra, che riceve puntualmente la sua mesata, tredicesima compresa, da Mondragone. Nell'ordinanza di custodia cautelare del giugno 2002, si legge anche che "Brandon Queen è sistematicamente inserito nel libro paga del clan per espresso volere di Augusto La Torre". Agli affiliati è normalmente garantita, oltre alla protezione fisica, la retribuzione, l'assistenza legale e la copertura dell'organizzazione in caso di necessità. Tuttavia, per ricevere queste assicurazioni direttamente dal boss, Queen doveva ricoprire un ruolo vitale nella macchina d'affari del clan, risultando in assoluto il primo camorrista di nazionalità inglese della storia criminale italiana e britannica.

Erano molti anni che sentivo parlare di Brandon Queen. Mai visto, neanche in foto. Una volta giunto ad Aberdeen non potevo non chiedere di Brandon, dell'uomo fidato di Augusto La Torre, del camorrista scozzese, dell'uomo che senza trovarsi in difficoltà alcuna e conoscendo bene soltanto la sintassi dell'azienda e la grammatica del potere, aveva sciolto residui legami con gli antichissimi clan delle Highlands per entrare in quello di Mondragone. Intorno ai locali dei La Torre c'erano sempre gruppetti di ragazzi del luogo; non erano criminalotti impigriti, ammutinati davanti alle pinte di birra in attesa di qualche scazzottata o scippo. Erano ragazzoni svegli, inseriti a diverso livello nell'attività delle imprese legali. Trasporti, pubblicità, marketing. Chiedendo di Brandon non ricevevo sguardi ostili o risposte vaghe, come se avessi chiesto di un affiliato in un paese del napoletano. Brandon Queen pareva lo conoscessero da sempre, o molto probabilmente era soltanto divenuto una sorta di mito di cui tutte le lingue parlano. Queen era l'uomo che c'era riuscito. Non soltanto un dipendente come loro di ristoranti, ditte, negozi, agenzie immobiliari, un impiegato con stipendio sicuro. Brandon Queen era qualcosa di più, aveva realizzato il sogno di molti ragazzi scozzesi; non semplicemente prendere parte agli indotti legali, ma divenire parti del Sistema, parti operative del clan. Divenire camorristi a tutti gli effetti, nonostante lo svantaggio d'essere nati in Scozia e quindi credere che l'economia abbia un'unica strada, quella banale, di tutti, quella che tratta di regole e sconfitte, di mera concorrenza e di prezzi. Mi impressionava che nel mio inglese ingrassato di pronuncia italiana loro vedessero non l'emigrante, non la deformazione smilza di Jake La Motta, non il conterraneo di invasori criminali venuti a tirare danaro dalla loro terra, ma la traccia di una grammatica che conosce il potere assoluto dell'economia, quello in grado di decidere d'ogni cosa e su ogni cosa, capace di non darsi limiti a costo anche dell'ergastolo e della morte. Sembrava impossibile, eppure mentre parlavano mostravano di conoscere benissimo Mondragone, Secondigliano, Marano, Casal di Principe, territori che gli erano stati raccontati come un'epica di un paese lontano da tutti i boss imprenditori transitati per quelle zone e per i ristoranti dove lavoravano. Nascere in terra di camorra per quei miei coetanei scozzesi significava avere un vantaggio, portare su di sé un marchio impresso a fuoco che ti orientava a considerare l'esistenza un'arena dove l'imprenditoria, le armi, e persino la propria vita sono solo e esclusivamente un mezzo per raggiungere danaro e potere: ciò per cui vale la pena di esistere e respirare, ciò che permette di vivere al centro del proprio tempo, senza dover badare ad altro. Brandon Queen c'era riuscito anche non nascendo in Italia, anche non avendo mai visto la Campania, anche senza percorrere chilometri in auto costeggiando cantieri, discariche e masserie di bufale. Era riuscito a divenire un uomo di potere vero, un camorrista.

Eppure questa grande organizzazione commerciale e finanziaria internazionale non aveva concesso flessibilità al clan nel controllo del territorio primo. A Mondragone, Augusto La Torre aveva gestito il potere con grande severità. Per far diventare il cartello così potente era stato spietato. Le armi, a centinaia, se le faceva arrivare dalla Svizzera. Politicamente aveva alternato diverse fasi, grande presenza nella gestione degli appalti poi soltanto alleanze, contatti sporadici, lasciando che si affermassero i suoi affari e che fosse quindi la politica ad accodarsi alle sue imprese. Mondragone fu il primo comune italiano a essere sciolto per infiltrazione camorristica negli anni '90. Nel corso degli anni, politica e clan non si sono mai realmente slegate. Un latitante napoletano aveva trovato ospitalità nel 2005 a casa di un candidato presente nella lista civica del sindaco uscente. Nel consiglio comunale per lungo tempo è stata presente, nel gruppo di maggioranza, la figlia di un vigile urbano accusato di riscuotere tangenti per conto dei La Torre.

Augusto era stato severo anche con i politici. Gli oppositori al business della famiglia dovevano in ogni caso avere tutti punizioni esemplari e spietate. La modalità per l'eliminazione fisica dei nemici di La Torre era sempre la stessa, al punto tale che nel gergo criminale il metodo militare di Augusto si definisce ormai "alla mondragonese". La tecnica consiste nell'occultare nei pozzi delle campagne i corpi macellati da decine e decine di colpi e successivamente poi lanciare una bomba a mano; in tal modo il corpo viene dilaniato e la terra rovina sui resti che si impantanano nell'acqua. Così Augusto La Torre aveva fatto con Antonio Nugnes, vicesindaco democristiano scomparso nel nulla nel 1990. Nugnes rappresentava un ostacolo alla volontà del clan di gestire direttamente gli appalti pubblici comunali e di intervenire in tutte le vicende politiche e amministrative. Non voleva alleati, Augusto La Torre, voleva essere lui stesso in prima persona a gestire tutti gli affari possibili. Era una fase in cui le scelte militari non venivano particolarmente ponderate. Prima si sparava e poi si ragionava. Augusto era giovanissimo quando divenne il boss di Mondragone. L'obiettivo di La Torre era quello di diventare azionista di una clinica privata in via di costruzione: l'Incaldana di cui Nugnes possedeva un nutrito pacchetto azionario. Una delle cliniche più prestigiose tra il Lazio e la Campania, a un passo da Roma, che avrebbe attirato un bel po' di imprenditori del basso Lazio, risolvendo il problema della mancanza di strutture ospedaliere efficienti sul litorale domizio e nell'agro pontino. Augusto aveva imposto un nome al consiglio d'amministrazione della clinica, il nome di un suo delfino anch'esso imprenditore del clan, arricchitosi con la gestione di una discarica. Augusto voleva che fosse lui a rappresentare la famiglia. Nugnes si oppose, aveva compreso che la strategia dei La Torre non sarebbe stata soltanto quella di mettere un piede in un grosso affare, ma qualcosa di più. La Torre così mandò un suo emissario dal vicesindaco cercando di ammorbidirlo, per convincerlo ad accettare le sue condizioni di gestione economica degli affari. Per un politico democristiano non era cosa scandalosa entrare in contatto con un boss, trattare con il suo potere imprenditoriale e militare. I clan erano la prima forza economica del territorio, rifiutare un rapporto con loro sarebbe stato come se un vicesindaco torinese avesse rifiutato un incontro con l'amministratore delegato della FIAT. Augusto La Torre non aveva in mente di acquistare alcune quote della clinica a un prezzo vantaggioso, come avrebbe fatto un boss diplomatico, le quote della clinica le voleva gratuitamente. In cambio avrebbe garantito che tutte le sue imprese vincitrici degli appalti di servizio, pulizie, mense, trasporti, guardianerie, avrebbero lavorato con professionalità e con un prezzo d'appalto molto vantaggioso. Assicurava che persino le sue bufale avrebbero fatto il latte più buono se quella clinica fosse divenuta la sua. Nugnes fu prelevato dalla sua azienda agricola con la scusa di un incontro con il boss e fu portato in una masseria di Falciano del Massico. Ad attendere Nugnes – secondo le dichiarazioni del boss – c'erano, oltre lo stesso Augusto, Jimmy ossia Girolamo Rozzera, e Massimo

Gitto, Angelo Gagliardi, Giuseppe Valente, Mario Sperlongano e Francesco La Torre. Tutti ad attendere che l'agguato
fosse compiuto. Il vicesindaco, appena sceso dall'auto,
andò incontro al boss. Mentre Augusto allargava le braccia
per salutarlo, biascicò una frase a Jimmy, come il boss ha
confessato ai magistrati:

«Vieni, è arrivato zio Antonio.»

Un messaggio chiaro e finale. Jimmy si avvicinò alle
spalle di Nugnes e sparò due colpi che gli si conficcarono
nella tempia, i colpi di grazia li sparò il boss stesso. Il corpo
lo gettarono in un pozzo profondo quaranta metri in aperta
campagna e lanciarono dentro due bombe a mano. Per anni
di Antonio Nugnes non si seppe nulla. Arrivavano telefonate di persone che lo vedevano in mezz'Italia, era invece
in un pozzo coperto da quintali di terra. Tredici anni dopo,
Augusto e i suoi fedelissimi indicarono ai carabinieri dove
poter trovare i resti del vicesindaco che aveva osato opporsi alla crescita dell'azienda dei La Torre. Quando i carabinieri iniziarono a raccogliere i resti, si accorsero che non
c'erano quelli di un solo uomo. Quattro tibie, due crani, tre
mani. Per più di dieci anni il corpo di Nugnes era stato al
fianco di quello di Vincenzo Boccolato, un camorrista legato a Cutolo, che poi con la sconfitta si era avvicinato ai La
Torre.

Boccolato era stato condannato a morte perché in una lettera inviata dal carcere a un suo amico aveva pesantemente
offeso Augusto. Il boss l'aveva trovata per caso, mentre gi-
ronzolava per il soggiorno di un suo affiliato, scartabellan-
do tra fogli e foglietti aveva riconosciuto il suo nome e, in-
curiosito, si era messo a leggere la caterva di insulti e
critiche che Boccolato gli dedicava. Già prima di concludere
la lettera l'aveva condannato a morte. A ucciderlo mandò
Angelo Gagliardi, un ex cutoliano come lui, uno di quelli
sulla cui auto sarebbe salito senza sospettare nulla. Gli amici sono i migliori killer, quelli che più di tutti riescono a fare
un lavoro pulito, senza rincorrere il proprio obiettivo men-

tre urla scappando. In silenzio, quando meno se l'aspetta, gli si punta la canna della pistola alla nuca e si fa fuoco. Il boss voleva che le esecuzioni avvenissero in un'intimità amicale. Augusto La Torre non sopportava che la sua persona fosse ridicolizzata, non voleva che qualcuno pronunciando il suo nome potesse associarci subito dopo una risata. Nessuno doveva osare.

Luigi Pellegrino, conosciuto da tutti come Gigiotto, era invece uno di quelli a cui piaceva spettegolare su tutto ciò che riguardava i potenti della sua città. Sono molti i ragazzi che in terra di camorra bisbigliano dei gusti sessuali dei boss, delle orge dei capizona, delle figlie zoccole degli imprenditori dei clan. Ma in genere i boss tollerano, hanno davvero altro a cui pensare e poi è inevitabile che sulla vita di chi comanda si inneschi una sorta di vero e proprio gossip. Gigiotto spettegolava sulla moglie del boss, raccontava in giro di averla vista incontrarsi con uno degli uomini più fidati di Augusto. L'aveva vista accompagnata agli incontri con il suo amante dall'autista stesso del boss. Il numero uno dei La Torre, che tutto gestiva e controllava, aveva la moglie che gli faceva le corna sotto il naso e non se ne accorgeva. Gigiotto raccontava i suoi pettegolezzi con varianti sempre più dettagliate e sempre diverse. Che fosse invenzione o meno, in paese la storiella della moglie del boss che se la intendeva col braccio destro di suo marito ormai la raccontavano tutti e tutti erano bene attenti a citarne la fonte: Gigiotto. Un giorno Gigiotto stava camminando per il centro di Mondragone quando sentì il rumore di una motocicletta avvicinarsi un po' troppo al marciapiede. Appena intuì la decelerazione del motore, iniziò a scappare. Dalla moto partirono dei colpi ma Gigiotto, zigzagando tra pali della luce e persone, riuscì a far scaricare l'intero caricatore al killer che stava ancorato dietro la schiena del motociclista. Il motociclista così dovette rincorrere a piedi Gigiotto che si era rifugiato in un bar tentando di nascondersi dietro al bancone. Tirò fuori la pistola e sparò alla testa davanti a decine di persone che un attimo dopo l'omicidio si dileguarono silenziose e veloci. Secondo le indagini, a volerlo eliminare fu il reggente del clan, Giuseppe Fragnoli, che senza neanche chiedere l'autorizzazione decise di togliere di mezzo la malalingua che tanto stava infangando l'immagine del boss.

Nella mente di Augusto, Mondragone, le sue campagne, la costa, il mare, dovevano essere soltanto un'officina d'impresa, un laboratorio a disposizione sua e dei suoi imprenditori consorziati, un territorio da cui estrarre materia da frullare nel profitto delle sue aziende. Aveva imposto il divieto assoluto di spacciare droga a Mondragone e sulla costa domizia. L'ordine sommo che i boss casertani davano ai loro sottoposti e a chiunque. Il divieto nasceva da un motivo moralistico, quello di preservare i propri concittadini da eroina e cocaina, ma soprattutto per evitare che sul loro territorio la manovalanza del clan gestendo droga potesse arricchirsi in seno al potere e trovare linfa economica immediata, per contrapporsi ai leader della famiglia. La droga che il cartello mondragonese mediava dall'Olanda alle piazze laziali e romane era tassativamente vietata. I mondragonesi dovevano mettersi in macchina e arrivare sino a Roma per comprare fumo, coca ed eroina che giungeva nella capitale dai napoletani, dai Casalesi e dai mondragonesi stessi. Gatti che rincorrevano la propria coda attaccata a un sedere spostato lontano. Il clan creò un gruppo con tanto di rivendicazioni formali ai centralini della polizia, una sigla: il GAD, il gruppo antidroga. Se ti beccavano con uno spinello in bocca ti spaccavano il setto nasale, se qualche moglie scopriva una bustina di coca, bastava facesse arrivare voce a qualcuno del GAD che gli avrebbe fatto passare la voglia di tirare a suon di calci e pugni in faccia e vietando ai benzinai di far gli benzina per arrivare a Roma.

Un ragazzo egiziano, Hassa Fakhry, pagò duramente il suo essere eroinomane. Era un guardiano di porci. Quelli neri casertani, una razza rara. Porci scurissimi, più delle bufale, bassi e pelosi, fisarmoniche di grasso da cui si rica vano salsicce magre, salami gustosi e braciole saporose. Un mestiere infame, quello del porcaio. Sempre a spalare sterco e poi a sgozzare a testa in giù porcelli e raccogliere il sangue nelle bacinelle. In Egitto faceva l'autista, ma proveniva da una famiglia di contadini e quindi sapeva come trattare gli animali. Ma non i porci. Era musulmano e i porci gli facevano doppiamente schifo. Meglio però badare ai maiali che dover spalare tutto il giorno la merda delle bufale, come fanno gli indiani. I maiali cacano la metà della metà e i porcili sono di quadratura infinitesimale rispetto alle stalle bovine. Tutti gli arabi lo sanno e per questo accettano di curare i porci, pur di non svenire dalla stanchezza lavorando con i bufali. Hassa iniziò a farsi di eroina, ogni volta andava in treno a Roma, prendeva le dosi e tornava al porcile. Divenendo un vero tossicomane, i soldi non gli bastavano mai e così il suo pusher gli consigliò di provare a spacciare a Mondragone, una città senza nessuna piazza di droga. Accettò e così aveva iniziato a vendere fuori al bar Domizia. Aveva trovato una clientela capace di farlo guadagnare in dieci ore di lavoro lo stipendio di sei mesi da porcaio. Bastò una telefonata del titolare del bar, fatta come si fa sempre da queste parti, per far cessare l'attività. Si chiama un amico, che chiama il cugino, che riferisce al suo compare che riporta la notizia a chi deve riferire. Un passaggio di cui si conoscono soltanto il punto iniziale e finale. Dopo pochi giorni gli uomini dei La Torre, auto proclamatisi GAD, andarono direttamente a casa sua. Per non farlo scappare tra porci e bufale, e costringerli quindi a inseguirlo nel fango e nella merda, citofonarono alla sua casupola fingendosi poliziotti. Lo caricarono in auto e iniziarono ad allontanarsi. Ma l'auto non prese la strada del commissariato. Appena Hassa Fakhry comprese che lo stavano per ammazzare ebbe una strana reazione allergica. Come se la paura avesse innescato uno shock anafilattico, il corpo iniziò a gonfiarsi; pareva che qualcuno gli stesse pompando violentemente aria. Lo stesso Augusto La Torre quando raccontò la cosa ai giudici era esterrefatto di quella metamorfosi: gli occhi dell'egiziano si fecero minuscoli come se il cranio li stesse risucchiando, i pori buttavano fuori un sudore denso, di miele, e dalla bocca gli usciva una bava di ricotta. Lo uccisero in otto. Ma a sparare furono soltanto sette. Un pentito, Mario Sperlongano, dichiarò: «Mi sembrava una cosa del tutto inutile e sciocca sparare a un corpo senza vita». Ma era sempre andata così, Augusto era come inebriato dal suo nome, dal simbolo del suo nome. Dietro di lui, dietro ogni sua azione dovevano stare tutti i suoi legionari, i legionari di camorra. Omicidi che potevano essere risolti con pochissimi esecutori, uno, al massimo due, venivano invece portati a termine da tutti i suoi fedelissimi. Spesso veniva chiesto a ogni presente di sparare almeno un colpo, anche se il corpo era già cadavere. Uno per tutti e tutti per uno. Per Augusto tutti i suoi uomini dovevano partecipare, anche quando era superfluo. La continua paura che qualcuno si potesse tirare indietro lo portava ad agire sempre in gruppo. Poteva accadere che gli affari ad Amsterdam, Aberdeen, Londra, Caracas potessero far andar fuori di testa qualche affiliato e convincerlo di potere far da sé. Qui la ferocia è il vero valore del commercio: rinunciare a essa significa perdere ogni cosa. Dopo averlo massacrato, il corpo di Hassa Fakhry fu trafitto per centinaia di volte da siringhe da insulina, le stesse usate dagli eroinomani. Un messaggio sulla pelle che tutti da Mondragone a Formia dovevano capire immediatamente. E il boss non guardava in faccia a nessuno. Quando un affiliato, Paolo Montano, detto Zumpariello, uno degli uomini più fidati delle sue batterie di fuoco, iniziò a drogarsi non riuscendo più a staccarsi dalla coca, lo fece convocare da un suo amico fidato a un incontro in una masseria. Giunti sul posto, Ernesto Cornacchia avrebbe dovuto scaricargli contro l'intero caricatore, ma non volle sparare per paura di colpire il boss che si trovava troppo vicino alla vittima. Vedendolo esitare Augusto estrasse la pistola e uccise Montano, i colpi però trapassarono di rimbalzo anche il fianco di Cornacchia, che preferì prendere una pallottola in corpo piuttosto che rischiare di ferire il boss. Anche Zumpariello fu gettato in un pozzo e fatto saltare, alla mondragonese. I legionari avrebbero fatto di tutto per Augusto: anche quando il boss si è pentito l'hanno seguito. Nel gennaio 2003 il boss, dopo l'arresto della moglie, decise di fare il grande passo e si pentì. Accusò se stesso e i suoi fedelissimi di una quarantina di omicidi, fece trovare nelle campagne mondragonesi i resti delle persone che aveva dilaniato nel fondo dei pozzi, denunciò se stesso per decine e decine di estorsioni. Una confessione tarata piuttosto sugli aspetti militari che su quelli economici. Dopo poco tempo i fedelissimi Mario Sperlongano, Giuseppe Valente, Girolamo Rozzera, Pietro Scuttini, Salvatore Orabona, Ernesto Cornacchia, Angelo Gagliardi lo seguirono. I boss, una volta finiti in carcere, hanno nel silenzio l'arma più sicura per conservare autorevolezza, continuare a possedere formalmente il potere anche se il regime di carcere duro li allontana dalla gestione diretta. Ma il caso di Augusto La Torre è particolare: parlando ed essendo seguito da tutti i suoi, non doveva temere con la sua defezione che qualcuno massacrasse la sua famiglia, né effettivamente la sua collaborazione con la giustizia sembra essere stata determinante per intaccare l'impero economico del cartello mondragonese. È stata fondamentale solo per comprendere le logiche delle mattanze e la storia del potere sulla costa casertana e laziale. Augusto La Torre ha parlato del passato, come molti boss di camorra. Senza pentiti la storia del potere non potrebbe essere scritta. La verità dei fatti, i dettagli, i meccanismi, senza pentiti si scoprono dieci, vent'anni dopo, un po' come se un uomo capisse solo dopo la morte come funzionavano i propri organi vitali.

Il rischio del pentimento di Augusto La Torre e del suo stato maggiore è che possano esserci forti sconti di pena per il racconto di ciò che è stato, in cambio della possibilità di uscire tutti dal carcere dopo una manciata di anni e conservare un potere economico legale, avendo ormai demandato il potere militare ad altri, soprattutto alle famiglie albanesi. Come se, al fine di evitare ergastoli e faide interne per l'avvicendamento dei poteri, avessero deciso di usare la loro conoscenza dei fatti, riportati con precisione e veridicità, come mediazione per continuare a vivere soltanto del potere legale delle proprie attività. Augusto la cella non l'aveva mai sopportata, non riusciva a resistere a decenni di galera come i grandi boss vicino a cui era cresciuto. Aveva preteso che la mensa del carcere rispettasse la sua dieta vegetariana e siccome amava il cinema, ma non era possibile avere un videoregistratore in cella, più volte chiese a un editore di un'emittente locale dell'Umbria, dove si trovava detenuto, di mandare in onda quando ne aveva voglia, le tre parti de *Il Padrino*, di sera, prima di addormentarsi.

Il pentimento di La Torre ha sempre grondato ambiguità secondo i magistrati, non è riuscito a rinunciare al suo ruolo di boss. E che le rivelazioni da pentito siano state un'estensione del suo potere, lo mostra una lettera che Augusto fece recapitare a suo zio dove lo rassicurava di averlo "salvato" da ogni coinvolgimento nelle vicende del clan, ma da abile narratore non risparmia una chiara minaccia a lui e altri due suoi parenti, scongiurando l'ipotesi che possa nascere a Mondragone un'alleanza contro il boss:

«Tuo genero e suo padre si sentono protetti da persone che portano a spasso il loro cadavere.»

Il boss, pur se pentito, dal carcere dell'Aquila chiedeva anche danaro, aggirando i controlli scriveva lettere di ordini e richieste che consegnava sempre al suo autista Pietro Scuttini, e alla madre. Quelle richieste, secondo la magistratura, erano estorsioni. Un biglietto dai toni cortesi, indirizzato al titolare di uno dei più grandi caseifici della costa domizia, è la prova che Augusto continuava a ritenerlo a sua disposizione.

«Caro Peppe ti chiedo un grosso favore perché sto rovinato, se vuoi aiutarmi, ma te lo chiedo soltanto in nome della nostra vecchia amicizia e non per altri motivi e anche se mi dirai di no, stai tranquillo ti salverò sempre! Mi servono urgentemente diecimila euro e poi devi dirmi se puoi darmi mille euro al mese, mi servono per vivere con i miei figli...»

Il tenore di vita a cui era abituata la famiglia La Torre andava ben oltre l'assistenza economica che lo Stato garantisce ai collaboratori di giustizia. Riuscii a comprendere il giro d'affari della famiglia solo dopo aver letto le carte del megasequestro eseguito su disposizione della magistratura di Santa Maria Capua Vetere nel 1992. Sequestrarono beni immobili per il valore attuale di circa duecentotrenta milioni di euro, diciannove imprese per un valore di trecentoventitré milioni di euro, ai quali si aggiunsero altri centotrentatré milioni di euro relativi agli impianti di lavorazione e ai macchinari. Si trattava di numerosi opifici, ubicati tra Napoli e Gaeta, lungo la zona domizia, tra i quali un caseificio, uno zuccherificio, quattro supermercati, nove ville sul mare, fabbricati con annessi terreni, oltre a vetture di grossa cilindrata e motociclette. Ogni azienda aveva circa sessanta dipendenti. I giudici disposero inoltre il sequestro della società che aveva in appalto la raccolta dei rifiuti nel comune di Mondragone. Fu un'operazione gigantesca che annullava un potere economico esponenziale, eppure microscopico rispetto al reale giro d'affari del clan. Sequestrarono anche una villa immensa, una villa la cui fama era arrivata anche ad Aberdeen. Quattro livelli a picco sul mare, piscina arredata con un labirinto subacqueo, costruita in zona Ariana di Gaeta, progettata come la villa di Tiberio, non il capostipite del clan di Mondragone, ma l'imperatore che si era ritirato a governare a Capri. Non sono mai riuscito a entrare in questa villa e la leggenda e le carte giudiziarie sono state le lenti attraverso cui ho saputo dell'esistenza di questo mausoleo imperiale, posto a guardia delle proprietà italiane del clan. La zona costiera avrebbe potuto essere una sorta di infinito spazio sul mare, capace di concedere ogni sorta di fantasia all'architettura. Invece col tempo la costa casertana è divenuta un'accozzaglia di case e villette costruite velocemente per invogliare un turismo enorme dal basso Lazio a Napoli. Nessun piano regolatore sulla costa domizia, nessuna licenza. Allora le villette da Castelvolturno a Mondragone sono divenute i nuovi alloggi dove stivare decine di africani e i parchi progettati, le terre che dovevano ospitare nuovi agglomerati di villette e palazzotti per vacanze e turismo sono diventate discariche incontrollate. Nessun depuratore posseduto dai paesi costieri. Un mare marroncino bagna ormai spiagge mischiate a monnezza. In una manciata di anni, ogni lontanissima penombra di bellezza è stata eliminata. D'estate alcuni locali domiziani divenivano veri e propri bordelli, alcuni miei amici si preparavano alla caccia serale mostrando il portafogli vuoto. Non di danaro, ma del francobollo di lamina con anima circolare, ossia del preservativo. Mostravano che andare a Mondragone a scopare senza preservativo era cosa tranquilla: «Stasera si fa senza!».

Il preservativo mondragonese era Augusto La Torre. Il boss aveva deciso di vegliare anche sulla salute dei suoi sudditi. Mondragone divenne una sorta di tempio per la sicurezza totale dalla più temuta delle malattie infettive. Mentre il mondo s'appestava di HIV, il nord del casertano era strettamente sotto controllo. Il clan era attentissimo e così teneva sott'osservazione le analisi di tutti. Per quel che poteva, aveva l'elenco completo dei malati, il territorio non doveva infettarsi. Così seppero subito che un uomo vicino ad Augusto, Fernando Brodella, si era beccato l'HIV. Poteva essere rischioso, frequentava le ragazze del paese. Non pensarono di affidarlo a qualche buon medico né di pagargli delle cure adeguate: non fecero come il clan Bidognetti che pagava le operazioni nelle migliori cliniche europee ai propri affiliati, affidandoli ai medici più abili. Brodella fu avvicinato e ucciso a sangue freddo. Eliminare i malati per bloccare l'epidemia: era questo l'ordine del clan. Una malattia infettiva e per di più trasmessa con l'atto meno controllabile, il sesso, poteva essere fermata solo arginando per sempre gli infetti. I malati non avrebbero contagiato nessuno con certezza solo se gli si toglieva la possibilità di vivere.

Anche gli investimenti dei propri capitali in Campania dovevano essere sicuri. Avevano infatti comprato una villa che si trova nel territorio di Anacapri, una struttura che ospitava la stazione locale dei carabinieri. Ricevendo il fitto dai carabinieri erano certi di non incorrere in spiacevoli mancanze. I La Torre, quando capirono che la villa avrebbe reso di più col turismo, sfrattarono i carabinieri e frazionando la struttura in sei appartamenti con giardino e posto auto, la trasformarono in un centro turistico, prima che l'Antimafia arrivasse a sequestrare tutto. Investimenti lindi, sicuri, senza nessun azzardo speculativo sospetto.

Dopo il pentimento di Augusto, il nuovo boss Luigi Fragnoli sempre fedelissimo dei La Torre iniziò ad avere problemi con alcuni affiliati come Giuseppe Mancone detto "Rambo". Vaga somiglianza con Stallone, corpo pompato in palestra, stava mettendo su una piazza di spaccio che in breve l'avrebbe portato a essere un riferimento importante, e da lì a poco poteva scalciare i vecchi boss ormai con un carisma in frantumi dopo il pentimento. Secondo la Procura Antimafia, i clan mondragonesi avevano chiesto alla famiglia Birra di Ercolano di appaltargli alcuni killer. Così, per eliminare "Rambo" giungono a Mondragone, nell'agosto 2003, due ercolanesi. Arrivarono su quegli enormi scooteroni, poco agevoli ma talmente minacciosi d'aspetto che non si può resistere a guidarli per un agguato. Non avevano mai messo piede a Mondragone, ma riuscirono facilmente a individuare che la persona da uccidere era lì al Roxy Bar, come sempre. Lo scooter si fermò. Scese un ragazzo che a passo sicuro si avvicinò a "Rambo",

gli scaricò addosso un intero caricatore e poi ritornò in sella
allo scooter:

«Tutto a posto? Hai fatto?»

«Sì, ho fatto vai vai vai...»

Vicino al bar c'era un gruppo di ragazze, si stavano organizzando per il ferragosto. Appena videro arrivare il ragazzo
di corsa capirono subito, non avevano confuso il rumore di
un'automatica con quello dei petardi. Tutte si sdraiarono con
il viso per terra, temendo di essere viste dal killer e quindi
poter diventare dei testimoni. Ma una non abbassò lo sguardo. Una di loro continuò a fissare il killer senza abbassare gli
occhi, senza schiacciare il suo seno sul catrame o coprirsi il
viso con le mani. Era una maestra d'asilo di trentacinque anni. La donna testimoniò, fece i riconoscimenti, denunciò l'agguato. Nella molteplicità di motivi per cui poteva tacere, far
finta di nulla, tornare a casa e vivere come sempre c'era la
paura, il terrore delle intimidazioni e ancor più il senso del-
l'inutile, far arrestare un killer, uno dei tanti. E invece la maestra mondragonese trovò nella cianfrusaglia di ragioni per
tacere un'unica motivazione, quella della verità. Una verità
che ha il sapore della naturalezza, come un gesto solito, normale, ovvio, necessario come il respiro stesso. Denunciò senza chiedere nulla in cambio. Non pretese stipendi, scorta,
non impose il prezzo alla sua parola. Svelò ciò che aveva visto, descrisse il viso del killer, gli zigomi spigolosi, le sopracciglia folte. Dopo aver sparato lo scooter fuggì per il paese
sbagliando strada più volte, infilandosi in vicoli ciechi, tor-
nando indietro. Piuttosto che killer sembravano turisti schi-
zofrenici. Al processo scaturito dalle testimonianze della
maestra venne condannato all'ergastolo Salvatore Cefariello,
ventiquattro anni, killer considerato al soldo dei clan ercolanesi. Il magistrato che ha raccolto la testimonianza della
maestra, la definì "una rosa nel deserto" spuntata in una terra dove la verità è sempre la versione dei potenti, dove viene
declinata raramente e pronunciata come merce rara da barat-
tare per qualche profitto.

Eppure questa confessione le ha reso la vita difficile, è come se avesse impigliato il filo in un gancio e l'intera sua esistenza si fosse sfilacciata assieme al procedere della sua coraggiosa testimonianza. Stava per sposarsi ed è stata lasciata, ha perso il lavoro, è stata trasferita in una località protetta con uno stipendio minimo passatole dallo Stato per sopravvivere, una parte della famiglia si è allontanata da lei e una solitudine abissale le è crollata sulle spalle. Una solitudine che esplode violenta nel quotidiano quando si ha voglia di ballare e non si ha nessuno con cui farlo, cellulari che suonano a vuoto e amici che lentamente si diradano sino a non farsi sentire più. Non è la confessione in sé che fa paura, non è l'aver indicato un killer che genera scandalo. Non è così banale la logica d'omertà. Ciò che rende scandaloso il gesto della giovane maestra è stata la scelta di considerare naturale, istintivo, vitale poter testimoniare. Possedere questa condotta di vita è come credere realmente che la verità possa esistere e questo in una terra dove verità è ciò che ti fa guadagnare e menzogna quello che ti fa perdere, diviene una scelta inspiegabile. Così succede che le persone che ti girano vicino si sentono in difficoltà, si sentono scoperte dallo sguardo di chi ha rinunciato alle regole della vita stessa, che loro invece hanno totalmente accettato. Hanno accettato senza vergogna, perché tutto sommato così deve andare, perché è così che è sempre andato, perché non si può mutare tutto con le proprie forze e quindi è meglio risparmiarle e mettersi in carreggiata e vivere come è concesso di vivere.

Ad Abeerden avevo sbattuto gli occhi contro la materia del successo dell'imprenditoria italiana. È strano osservare queste propaggini lontane, conoscendo il loro centro. Non so come descriverlo ma avere dinanzi i ristoranti, gli uffici, le assicurazioni, i palazzi, è come sentirsi presi per le caviglie, girati a testa in giù e poi sbattuti sino a far cadere dalle tasche gli spiccioli, le chiavi di casa e tutto ciò che può uscire dai pantaloni e dalla bocca, persino l'anima se è possibile commercializzarla. I flussi di capitale partivano ovunque, come raggiera che si alimentava succhiando energia dal proprio centro. Saperlo non è medesima cosa che vederlo. Avevo accompagnato Matteo a un colloquio di lavoro. Ovviamente l'avevano preso. Voleva che rimanessi anch'io ad Aberdeen.

«Qua basta essere quello che sei, Robbe'...»

Matteo aveva avuto bisogno di un'origine campana, aveva avuto bisogno di quell'alone per essere valutato per il suo curriculum, la sua laurea, per la sua voglia di fare. La stessa origine che in Scozia lo portava a essere un cittadino con tutti i normali diritti, in Italia l'aveva costretto a essere considerato poco più di uno scarto d'uomo, senza protezione, senza interesse, uno sconfitto in partenza perché non aveva fatto partire la propria vita nei percorsi giusti. D'improvviso gli era esplosa una felicità mai vista prima. Più andava su di giri, più mi saliva un'amara malinconia. Non sono mai riuscito a sentirmi distante, abbastanza distante da dove sono nato, lontano dai comportamenti delle persone che odiavo, realmente diverso dalle dinamiche feroci che schiacciavano vite e desideri. Nascere in certi luoghi significa essere come il cucciolo del cane da caccia che nasce già con l'odore di lepre nel naso. Contro ogni volontà, dietro la lepre ci corri lo stesso: anche se poi, dopo averla raggiunta, puoi lasciarla scappare serrando i canini. E io riuscivo a capire i tracciati, le strade, i sentieri, con ossessione inconsapevole, con una capacità maledetta di capire sino in fondo i territori di conquista.

Volevo soltanto andarmene dalla Scozia, andarmene per non metterci più piede. Partii il prima possibile. Sull'aereo era difficile prendere sonno, i vuoti d'aria, il buio fuori dal finestrino, mi prendevano direttamente alla gola come se una cravatta stringesse forte il suo nodo proprio sul pomo d'Adamo. La claustrofobia forse non era dovuta al posto striminzito e all'aereo minuscolo, né al buio fuori dal finestrino: ma alla sensazione di sentirmi stritolato in una realtà di cose che somigliava a un pollaio di bestie affamate e ammassate, pronte a mangiare per essere mangiate. Come se tutto fosse un unico territorio con un'unica dimensione e un'unica sintassi ovunque comprensibile. Una sensazione di non scampo, una costrizione a essere parte della grande battaglia o a non essere. Tornavo in Italia con in mente chiaramente le due strade più rapide di qualsiasi alta velocità, le quali veicolano in un senso i capitali che vanno a sfociare nella grande economia europea, e nell'altro portavano a sud tutto ciò che altrove avrebbe infettato; facendolo entrare e uscire per le maglie forzate dell'economia aperta e flessibile, riuscendo in un ciclo continuo di trasformazione a creare altrove ricchezze che mai avrebbero potuto innescare qualsivoglia forma di sviluppo nei luoghi dove si originava la metamorfosi.

I rifiuti avevano gonfiato la pancia del sud Italia, l'avevano estesa come un ventre gravido, il cui feto non sarebbe mai cresciuto e che avrebbe abortito danaro per poi subito ringravidarsi, fino di nuovo ad abortire, e nuovamente riempirsi sino a sfasciare il corpo, ingolfare le arterie, otturare i bronchi, distruggere le sinapsi. Continuamente, continuamente, continuamente.

Terra dei fuochi

Immaginare non è complicato. Formarsi nella mente una persona, un gesto, o qualcosa che non esiste, non è difficile. Non è complesso immaginare persino la propria morte. Ma la cosa più complicata è immaginare l'economia in tutte le sue parti. I flussi finanziari, le percentuali di profitto, le contrattazioni, i debiti, gli investimenti. Non ci sono fisionomie da visualizzare, cose precise da ficcarsi in mente. Si possono immaginare le diverse determinazioni dell'economia, ma non i flussi, i conti bancari, le operazioni singole. Se si prova a immaginarla, l'economia, si rischia di tenere gli occhi chiusi per concentrarsi e spremersi sino a vedere quelle psichedeliche deformazioni colorate sullo schermo della palpebra.

Sempre più tentavo di ricostruire in mente l'immagine dell'economia, qualcosa che potesse dare il senso della produzione, della vendita, le operazioni dello sconto e dell'acquisto. Era impossibile trovare un'organigramma, una precisa compattezza iconica. Forse l'unico modo per rappresentare l'economia nella sua corsa era intuire ciò che lasciava, inseguirne gli strascichi, le parti che come scaglie di pelle morta lasciava cadere mentre macinava il suo percorso.

Le discariche erano l'emblema più concreto d'ogni ciclo economico. Ammonticchiano tutto quanto è stato, sono lo strascico vero del consumo, qualcosa in più dell'orma lasciata da ogni prodotto sulla crosta terrestre. Il sud è il capolinea di tutti gli scarti tossici, i rimasugli inutili, la feccia della produzione. Se i rifiuti sfuggiti al controllo ufficiale – secondo una stima di Legambiente – fossero accorpati in un'unica soluzione, nel loro complesso diverrebbero una catena montuosa da quattordici milioni di tonnellate: praticamente come una montagna di 14.600 metri con una base di tre ettari. Il Monte Bianco è alto 4.810 metri, l'Everest 8.844. Questa montagna di rifiuti, sfuggiti ai registri ufficiali, sarebbe la più grande montagna esistente sulla terra. È così che ho immaginato il DNA dell'economia, le sue operazioni commerciali, le sottrazioni e le somme dei commercialisti, i dividendi dei profitti: come questa enorme montagna. Una catena montuosa enorme che – come fosse stata fatta esplodere – si è dispersa per la parte maggiore nel sud Italia, nelle prime quattro regioni con il più alto numero di reati ambientali: Campania, Sicilia, Calabria e Puglia. Lo stesso elenco di quando si parla dei territori con i maggiori sodalizi criminali, con il maggior tasso di disoccupazione e con la partecipazione più alta ai concorsi per volontari nell'esercito e nelle forze di polizia. Un elenco sempre uguale, perenne, immutabile. Il casertano, la terra dei Mazzoni, tra il Garigliano e il Lago Patria, per trent'anni ha assorbito tonnellate di rifiuti, tossici e ordinari.

La zona più colpita dal cancro del traffico di veleni si trova tra i comuni di Grazzanise, Cancello Arnone, Santa Maria La Fossa, Castelvolturno, Casal di Principe – quasi trecento chilometri quadrati di estensione – e nel perimetro napoletano di Giugliano, Qualiano, Villaricca, Nola, Acerra e Marigliano. Nessun'altra terra nel mondo occidentale ha avuto un carico maggiore di rifiuti, tossici e non tossici, sversati illegalmente. Grazie a questo business, il fatturato piovuto nelle tasche dei clan e dei loro mediatori ha raggiunto in quattro anni quarantaquattro miliardi di euro. Un mercato che ha avuto negli ultimi tempi un incremento complessivo del 29.8 per cento, paragonabile solo all'espansione del mercato della cocaina. Dalla fine degli anni '90 i clan camorristici sono divenuti i leader continentali nello smaltimento dei rifiuti. Già nella relazione al Parlamento, fatta nel 2002 dal Ministro dell'Interno, si parlava chiaramente di un passaggio dalla raccolta dei rifiuti a un patto imprenditoriale con alcuni addetti ai lavori, finalizzato all'esercizio di un controllo totale sull'intero ciclo. Il clan dei Casalesi, nella sua doppia diramazione, una diretta da Schiavone Sandokan e l'altra da Francesco Bidognetti, alias Cicciotto di Mezzanotte, si spartisce il grande business, un così enorme mercato che – pur con continue tensioni – non li ha mai portati a uno scontro frontale. Ma i Casalesi non sono da soli. C'è il clan Mallardo di Giugliano, un cartello abilissimo nel dislocare in maniera rapida i proventi dei propri traffici, e capace di veicolare sul proprio territorio una quantità immensa di rifiuti. Nel giuglianese è stata scoperta una cava dismessa completamente ricolma di rifiuti. La stima della quantità sversata corrisponde a circa ventottomila Tir. Una massa rappresentabile immaginando una fila di camion, uno appoggiato al paraurti dell'altro, che va da Caserta a Milano.

I boss non hanno avuto alcun tipo di remora a foderare di veleni i propri paesi, a lasciar marcire le terre che circoscrivono le proprie ville e i propri domini. La vita di un boss è breve, il potere di un clan tra faide, arresti, massacri ed ergastoli non può durare a lungo. Ingolfare di rifiuti tossici un territorio, circoscrivere i propri paesi di catene montuose di veleni può risultare un problema solo per chi possiede una dimensione di potere a lungo termine e con responsabilità sociale. Nel tempo immediato dell'affare c'è invece solo il margine di profitto elevato e nessuna controindicazione. La parte più consistente dei traffici di rifiuti tossici ha un vettore unico: nord-sud. Dalla fine degli anni '90 diciottomila tonnellate di rifiuti tossici partiti da Brescia sono stati smaltiti tra Napoli e Caserta e un milione di tonnellate, in quattro anni, sono tutte finite a Santa Maria Capua Vetere. Dal nord i rifiuti trattati negli impianti di Milano, Pavia e Pisa venivano spediti in Campania. La Procura di Napoli e quella di Santa Maria Capua Vetere hanno scoperto nel gennaio 2003 che in quaranta giorni oltre seimilacinquecento tonnellate di rifiuti dalla Lombardia sono giunte a Trentola Ducenta, vicino a Caserta.

Le campagne del napoletano e del casertano sono mappamondi della monnezza, cartine al tornasole della produzione industriale italiana. Visitando discariche e cave è possibile vedere il destino di interi decenni di prodotti industriali italiani. Mi è sempre piaciuto girare con la Vespa nelle straducole che costeggiano le discariche. È come camminare sui residui di civiltà, stratificazioni di operazioni commerciali, è come fiancheggiare piramidi di produzioni, tracce di chilometri consumati. Strade di campagna spesso terribilmente cementificate per agevolare l'arrivo dei camion. Territori dove la geografia degli oggetti si compone di un mosaico vario e molteplice. Ogni scarto di produzione e d'attività ha la sua cittadinanza in queste terre. Una volta un contadino stava arando un campo che aveva appena comperato, esattamente al confine tra il napoletano e il casertano. Il motore del trattore si ingolfava, era come se la terra quel giorno fosse particolarmente compatta. D'improvviso iniziarono a spuntare ai lati del vomere brandelli di carta. Erano soldi. Migliaia e migliaia di banconote, centinaia di migliaia. Il contadino si catapultò dal trattore e iniziò a raccogliere freneticamente tutti i brandelli di danaro, come un bottino nascosto chissà da quale bandito, frutto di chissà quale immensa rapina. Erano soltanto soldi tagliuzzati e scoloriti. Banconote triturate provenienti dalla Banca d'Italia, tonnellate di balle di soldi consumati e finiti fuori conio. Il tempio della lira era finito sotto terra, i rimasugli della vecchia cartamoneta rilasciavano il loro piombo in un campo di cavolfiori.

Vicino a Villaricca i carabinieri individuarono un terreno dove erano state accumulate le carte utilizzate per la pulizia delle mammelle delle vacche, provenienti da centinaia di allevamenti veneti, emiliani, lombardi. Le mammelle delle

313

vacche vengono continuamente pulite, due, tre, quattro volte al giorno. Ogni volta che devono inserire le ventose dei mungitori automatici gli stallieri devono pulirle. Spesso poi le vacche si ammalano di mastiti e patologie simili, e iniziano a secernere pus e sangue, ma la vacca non viene messa a riposo: semplicemente ogni mezz'ora bisogna nettarla, altrimenti il pus e il sangue finiscono nel latte e interi fusti si pregiudicano. Quando passavo per le colline di carta di mammella, sentivo puzza di latte andato a male. Forse era solo suggestione, forse quel colore giallastro delle carte ammonticchiate deformava anche i sensi. Fatto è che questi rifiuti, accumulati in decenni, hanno ristrutturato gli orizzonti, fondato nuovi odori, fatto comparire chiazze di colline inesistenti, le montagne divorate dalle cave hanno d'improvviso riavuto la massa perduta. Passeggiare nell'entroterra campano è come assorbire gli odori di tutto quanto producono le industrie. A vedere mescolato alla terra il sangue arterioso e venoso delle fabbriche di tutto il territorio, viene in mente qualcosa di simile alla palla di plastilina assemblata dai bambini con tutti i colori disponibili. Vicino a Grazzanise era stata accumulata tutta la terra di spazzamento della città di Milano. Per decenni tutta la spazzatura raccolta nelle pattumiere dai netturbini milanesi, quella scopata al mattino, era stata raccolta e spedita da queste parti. Dalla provincia di Milano ogni giorno ottocento tonnellate di rifiuti finiscono in Germania. La produzione complessiva è però di milletrecento tonnellate. Ne mancano quindi all'appello cinquecento. Non si sa dove vanno a finire. Con grande probabilità questi rifiuti fantasma vengono sparpagliati in giro per il Mezzogiorno. Ci sono anche i toner delle stampanti ad ammorbare la terra, come scoperto dall'operazione del 2006 "Madre Terra" coordinata dalla Procura di Santa Maria Capua Vetere. Tra Villa Literno, Castelvolturno e San Tammaro, i toner delle stampanti d'ufficio della Toscana e della Lombardia venivano sversati di notte da camion che ufficialmente trasportavano compost, un tipo di concime. L'odore era acido e forte, ed esplodeva ogni volta che pioveva. Le terre

314

erano cariche di cromo esavalente. Se inalato, si fissa nei globuli rossi e nei capelli e provoca ulcere, difficoltà respiratorie, problemi renali e cancro ai polmoni. Ogni metro di terra ha il suo carico particolare di rifiuti. Una volta un mio amico dentista mi aveva raccontato che alcuni ragazzi gli avevano portato dei teschi. Dei teschi veri, di esseri umani, per fargli pulire i denti. Come tanti piccoli Amleto avevano in una mano il cranio e nell'altra una mazzetta di soldi per pagare l'intervento di pulizia dentale. Il dentista li cacciava dal suo studio e poi mi faceva telefonate nervose: «Ma dove cazzo li prendono 'sti teschi? Dove se li vanno a cercare?». Immaginava scene apocalittiche, riti satanici, ragazzini iniziati al verbo di Belzebù. Ridevo. Non era difficile capire da dove venivano. Passando vicino Santa Maria Capua Vetere una volta avevo bucato la ruota della Vespa. Il pneumatico si era tagliato passando sopra a una specie di bastone affilato che credevo fosse un femore di bufalo. Ma era troppo piccolo. Era un femore umano. I cimiteri fanno esumazioni periodiche, tolgono quello che i becchini più giovani chiamano "gli arcimorti", quelli messi sotto terra da più di quarant'anni. Dovrebbero smaltirli assieme alle bare e a tutto il materiale cimiteriale, lucine comprese, attraverso ditte specializzate. Il costo dello smaltimento è elevatissimo, e così i direttori dei cimiteri danno una mazzetta ai becchini per farli scavare, e poi buttano tutto sui camion. Terra, bare macerate e ossa. Trisavoli, bisnonni, avi di chissà quali città si ammonticchiavano nelle campagne casertane. Se ne sversavano talmente tanti, come scoperto dai NAS di Caserta nel febbraio 2006, che ormai la gente quando passava vicino si faceva il segno della croce, come fosse un cimitero. I ragazzini fregavano i guanti da cucina alle loro madri e – scavando con mani e cucchiai – cercavano i teschi e le gabbie toraciche intatte. Un teschio con i denti bianchi, i venditori dei mercatini delle pulci potevano comprarlo anche a cento euro. Una gabbia toracica intatta invece, con tutte le costole al loro posto, fino a trecento euro. Tibie, femori e braccia non hanno mercato. Le mani sì, ma si perdono facilmente i pezzi nella terra. I teschi con i denti neri valgono cinquanta euro. Non hanno un grande mercato, alla clientela sembra non fare schifo l'idea della morte, quanto piuttosto il fatto che lo smalto dei denti lentamente inizi a marcire.

Da nord verso sud i clan riescono a drenare di tutto. Il vescovo di Nola definì il sud Italia la discarica abusiva dell'Italia ricca e industrializzata. Le scorie derivanti dalla metallurgia termica dell'alluminio, le pericolose polveri di abbattimento fumi, in particolare quelle prodotte dall'industria siderurgica, dalle centrali termoelettriche e dagli inceneritori. Le morchie di verniciatura, i liquidi reflui contaminati da metalli pesanti, amianto, terre inquinate provenienti da attività di bonifica che vanno a inquinare altri terreni non contaminati. E ancora rifiuti prodotti da società o impianti pericolosi di petrolchimici storici come quello dell'ex Enichem di Priolo, i fanghi conciari della zona di Santa Croce sull'Arno, i fanghi dei depuratori di Venezia e di Forlì di proprietà di società a prevalente capitale pubblico.

Il meccanismo dello smaltimento illecito parte da imprenditori di grosse aziende o anche da piccole imprese che vogliono smaltire a prezzi irrisori le loro scorie, il materiale di risulta da cui più nulla è possibile ricavare se non costi. Al secondo passaggio ci sono i titolari di centri di stoccaggio che attuano la tecnica del giro di bolla, raccolgono i rifiuti e in molti casi li miscelano con rifiuti ordinari, diluendo la concentrazione tossica e declassificando, rispetto al CER, il catalogo europeo dei rifiuti, la pericolosità dei rifiuti tossici.

I chimici sono fondamentali per ribattezzare un carico da rifiuti tossici in innocua immondizia. Molti forniscono un formulario di identificazione falso con codici di analisi menzognere. Poi ci sono i trasportatori che percorrono il paese per raggiungere il sito prescelto per smaltire, e infine ci sono gli smaltitori. Questi possono essere gestori di discariche autorizzate o di un impianto di compostaggio dove i rifiuti vengono coltivati per farne concime, ma possono anche essere

316

proprietari di cave dismesse o di terreni agricoli adibiti a discariche abusive. Laddove c'è uno spazio con un proprietario, lì può esserci uno smaltitore. Elementi necessari nel far funzionare l'intero meccanismo sono i funzionari e dipendenti pubblici che non controllano, né verificano le varie operazioni, o danno in gestione cave e discariche a persone chiaramente inserite nelle organizzazioni criminali. I clan non devono fare patti di sangue con i politici, né allearsi con interi partiti. Basta un funzionario, un tecnico, un dipendente, uno qualsiasi che vuole far lievitare il proprio stipendio e così, con estrema flessibilità e silenziosa discrezione, si riesce a ottenere che l'affare si svolga, con profitto per ogni parte coinvolta. I veri artefici della mediazione però sono gli stakeholder. Sono loro i veri geni criminali dell'imprenditoria dello smaltimento illegale dei rifiuti pericolosi. In questo territorio, tra Napoli, Salerno e Caserta si foggiano i migliori stakeholder d'Italia. Per stakeholder si intende – nel gergo aziendale – quelle figure d'impresa che sono coinvolte nel progetto economico e che con la loro attività sono direttamente, o indirettamente, in grado di influenzarne gli esiti. Gli stakeholder dei rifiuti tossici erano ormai divenuti un vero e proprio ceto dirigente. E non era raro sentirmi dire nei periodi di marcescente disoccupazione della mia vita: «Sei laureato, le competenze ce le hai, perché non ti metti a fare lo stake?».

Per i laureati del sud, senza padri avvocati o notai, era una strada certa all'arricchimento e alle soddisfazioni professionali. Laureati, bella presenza, divenivano mediatori dopo qualche anno passato negli USA o in Inghilterra a specializzarsi in politiche dell'ambiente. Ne ho conosciuto uno. Uno dei primi, uno dei migliori. Prima di ascoltarlo, prima di osservare il suo lavoro non avevo capito nulla della miniera dei rifiuti. Si chiamava Franco, l'avevo conosciuto in treno, di ritorno da Milano. Si era ovviamente laureato alla Bocconi ed era diventato esperto in Germania di politiche per il recupero ambientale. Una delle abilità somme degli stakeholder è quello di conoscere a memoria il CER e di comprendere come destreggiarsi al suo interno. Questo gli permetteva di capire come trattare i rifiuti tossici, come aggirare le norme, come presentarsi alla comunità imprenditoriale con scorciatoie clandestine. Franco era originario di Villa Literno e voleva coinvolgermi nel suo mestiere. Aveva iniziato a raccontarmi del suo lavoro partendo dall'aspetto. Norme e divieti del successo di uno stakeholder. Se ti stavi stempiando, o avevi la chierica, dovevi evitare tassativamente riporti e parrucchini. Era vietato, per un'immagine vincente, avere capelli lunghi ai lati del cranio per coprire gli spazi vuoti della pelata. Il cranio doveva essere rasato, o al massimo con una rada peluria di capelli corti. Secondo Franco, lo stakeholder se invitato a una festa, doveva essere sempre accompagnato da una donna, ed evitare di fare lo squallido tampinatore di tutte le gonne presenti. Se non aveva una fidanzata o non ne aveva una all'altezza, lo stakeholder doveva pagare le escort, le accompagnatrici di lusso, quelle più eleganti. Gli stakeholder dei rifiuti si presentano dai proprietari delle imprese chimiche, delle concerie, delle fabbriche di plastica e propongono il loro listino di prezzi.

Lo smaltimento è un costo che nessun imprenditore italiano sente necessario. Gli stake ripetono sempre la stessa medesima metafora: «Per loro è più utile la merda che cacano piuttosto che i rifiuti, per smaltire i quali devono sborsare valigie di soldi». Non devono però mai dare l'impressione di star offrendo un'attività criminale. Gli stakeholder mettono in contatto le industrie con gli smaltitori dei clan e, seppure da lontano, coordinano ogni passaggio dello smaltimento.

Esistono due tipi di produttori di rifiuti: quelli che non hanno altro obiettivo se non risparmiare sul prezzo del servizio, non curandosi dell'affidabilità delle ditte a cui appaltano lo smaltimento. Sono quelli che vedono la loro responsabilità terminare appena fanno uscire i fusti dei veleni dal perimetro delle loro aziende. E quelli direttamente implicati nelle operazioni illegali, che smaltiscono loro stessi illegalmente i rifiuti. In entrambi i casi la mediazione degli stakeholder è necessaria per garantire i servizi di trasporto e l'indicazione del luogo di smaltimento, e l'aiuto per rivolgersi a chi di dovere per la declassificazione di un carico. L'ufficio degli stakeholder è la loro automobile. Con un telefono e un portatile muovono centinaia di migliaia di tonnellate di rifiuti. Il loro guadagno va a percentuali sui contratti con le aziende, in relazione ai chili appaltati da smaltire. Gli stakeholder hanno un listino variabile. I diluenti, che per esempio uno stakeholder legato ai clan può smaltire, vanno dai dieci ai trenta centesimi al chilo. Il pentasolfuro di fosforo un euro al chilo. Terre di spazzamento delle strade, cinquantacinque centesimi al chilo; imballaggi con residui di rifiuti pericolosi, un euro e quaranta centesimi al chilo; fino a due euro e trenta centesimi al chilo le terre contaminate; gli inerti cimiteriali quindici centesimi al chilo; i *fluff*, le parti non in metallo delle auto, un euro e ottantacinque centesimi al chilogrammo, trasporto compreso. I prezzi proposti ovviamente tengono conto delle esigenze dei clienti e delle difficoltà di trasporto. I quantitativi gestiti dagli stakeholder sono enormi, i loro margini di guadagno esponenziali.

L'"Operazione Houdini" del 2004 ha dimostrato che un unico impianto in Veneto gestiva illegalmente circa duecentomila tonnellate di rifiuti l'anno. Il costo di mercato per smaltire correttamente i rifiuti tossici impone prezzi che vanno dai ventuno a sessantadue centesimi al chilo. I clan forniscono lo stesso servizio a nove o dieci centesimi al chilo. Gli stakeholder campani sono riusciti, nel 2004, a garantire che ottocento tonnellate di terre contaminate da idrocarburi, proprietà di una azienda chimica, fossero trattate al prezzo di venticinque centesimi al chilo, trasporto compreso. Un risparmio dell'80 per cento sui prezzi ordinari.

La reale forza dei mediatori, degli stakeholder che lavorano con la camorra, è la capacità di garantire un servizio in ogni sua parte, mentre i mediatori delle imprese legali propongono prezzi maggiorati, esenti dal trasporto. Eppure gli stakeholder non vengono quasi mai affiliati nei clan. Non serve. La non affiliazione è un vantaggio per le due parti. Gli stakeholder possono lavorare per diverse famiglie, come battitori liberi, senza dover subire obblighi militari, particolari imposizioni, senza divenire pedine da battaglia. In ogni operazione della magistratura ne beccano diversi, ma le condanne non sono mai pesanti, poiché è difficile dimostrare la loro diretta responsabilità, dato che formalmente non prendono parte a nessun passaggio della catena dello smaltimento criminale dei rifiuti.

Col tempo ho imparato a vedere con gli occhi degli stakeholder. Uno sguardo diverso da quello del costruttore. Un costruttore vede lo spazio vuoto come qualcosa da riempire, cerca di mettere il pieno nel vuoto; gli stakeholder pensano invece a come trovare il vuoto nel pieno.

Franco, quando camminava, non osservava il paesaggio, ma pensava a come poterci ficcare qualcosa dentro. Come vedere tutto l'esistente a mo' di grande tappeto e cercare nelle montagne, ai lati delle campagne, il lembo da sollevare per spazzarci sotto tutto quanto è possibile. Una volta, mentre camminavamo, Franco notò la piazzola abbandonata di una pompa di benzina, e pensò immediatamente che i serbatoi sotterranei avrebbero potuto ospitare decine di piccoli fusti di rifiuti chimici. Una tomba perfetta. E così era la sua vita, una continua ricerca di vuoto. Franco poi aveva cessato di fare lo stakeholder, di macinare chilometri con le auto, a presentarsi agli imprenditori del nord est, a essere chiamato in mezza Italia. Aveva messo su un corso di formazione professionale. Gli allievi più importanti di Franco erano cinesi. Venivano da Hong Kong. Gli stakeholder orientali avevano imparato da quelli italiani a trattare con le aziende d'ogni parte d'Europa, a proporre prezzi e soluzioni veloci. Quando in Inghilterra avevano aumentato i costi dello smaltimento, si presentarono gli stakeholder cinesi allievi dei campani. A Rotterdam la polizia portuale olandese ha scoperto nel marzo 2005, in partenza per la Cina, mille tonnellate di rifiuti urbani inglesi spacciati ufficialmente per carta da macero da riciclare. Un milione di tonnellate di rifiuti high-tech ogni anno partono dall'Europa e vengono sversati in Cina. Gli stakeholder li dislocano a Guiyu, a nord est di Hong Kong. Intombati, stipati sottoterra, affondati nei laghi artificiali. Come nel casertano. Hanno così velocemente inquinato Guiyu che le falde acquifere sono completamente compromesse, al punto da essere costretti a importare dalle province vicine l'acqua potabile. Il sogno degli stakeholder di Hong Kong è fare di Napoli il porto di snodo dei rifiuti europei, un centro di raccolta galleggiante dove poter stipare nei container l'oro di spazzatura da intombare nelle terre di Cina.

Gli stakeholder campani erano i migliori, avevano battuto la concorrenza dei calabresi, dei pugliesi e dei romani perché, grazie ai clan, avevano fatto delle discariche campane un enorme discount, senza soluzione di continuità. In trent'anni di traffici sono riusciti a incamerare di tutto, a smaltire ogni cosa con un unico obiettivo: abbattere i costi e aumentare le quantità da appaltare. L'inchiesta "Re Mida" del 2003, che prende il nome da una telefonata intercettata di un trafficante: «E noi appena tocchiamo la monnezza la facciamo diventare oro», mostrava che ogni passaggio del ciclo dei rifiuti riceveva la sua quota di profitto.

Quando ero in macchina con Franco ascoltavo le sue telefonate. Dava consulenze immediate su come e dove smaltire i rifiuti tossici. Parlava di rame, arsenico, mercurio, cadmio, piombo, cromo, nichel, cobalto, molibdeno, passava dai residui di conceria a quelli ospedalieri, dai rifiuti urbani ai pneumatici, spiegava come trattarli, aveva in mente interi elenchi di persone e siti di smaltimento a cui rivolgersi. Pensavo ai veleni mischiati al compost, pensavo alle tombe per fusti ad alta tossicità scavate nel corpo delle campagne. Divenivo pallido. Franco se n'accorgeva.

«Ti fa schifo questo mestiere? Robbe', ma lo sai che gli stakeholder hanno fatto andare in Europa questo paese di merda? Lo sai o no? Ma lo sai quanti operai hanno avuto il culo salvato dal fatto che io non facevo spendere un cazzo alle loro aziende?»

Franco era nato in un luogo che l'aveva addestrato bene, sin da bambino. Sapeva che negli affari si guadagna o si perde – non c'è spazio per altro – e lui non voleva perdere, né far perdere coloro per cui lavorava. Ciò che si diceva e mi diceva, le scuse che si raccontava erano però dati feroci, una lettura inversa rispetto a come avevo sino ad allora visto lo smaltimento dei rifiuti tossici. Unendo tutti i dati emersi dalle inchieste condotte dalla Procura di Napoli e dalla Procura di Santa Maria Capua Vetere dalla fine degli anni '90 a oggi, è possibile comprendere che il vantaggio economico per le aziende che si sono rivolte a smaltitori della camorra è quantificabile in cinquecento milioni di euro. Ero cosciente che le inchieste giudiziarie avevano scoperto solo una percentuale parziale delle infrazioni e quindi mi veniva come una vertigine. Molte aziende settentrionali erano riuscite a crescere, assumere, erano riuscite a rendere competitivo l'intero tessuto industriale del paese al punto da poterlo spingere in Europa, liberando le aziende dalla zavorra del costo dei rifiuti che gli era stata alleggerita dai clan napoletani e casertani. Schiavone, Mallardo, Moccia, Bidognetti, La Torre e tutte le altre famiglie avevano offerto un servizio criminale in grado di rilanciare l'economia e renderla competitiva. L'operazione "Cassiopea" del 2003 dimostrò che ogni settimana partivano dal nord al sud quaranta Tir ricolmi di rifiuti e – secondo la ricostruzione degli inquirenti – venivano sversati, seppelliti, gettati, interrati cadmio, zinco, scarto di vernici, fanghi da depuratori, plastiche varie, arsenico, prodotti delle acciaierie, piombo. La direttrice nord-sud era la strada privilegiata dai trafficanti. Molte imprese venete e lombarde, attraverso gli stakeholder, avevano adottato un territorio nel napoletano o nel casertano trasformandolo in un'enorme discarica. Si stima che negli ultimi cinque anni in Campania siano stati smaltiti illegalmente circa tre milioni di tonnellate di rifiuti di ogni tipo, di cui un milione solo nella provincia di Caserta. Il casertano è un'area che nel "piano regolatore" dei clan è stata assegnata alla sepoltura dei rifiuti.

Un ruolo rilevante, nella geografia dei traffici illeciti, viene svolto dalla Toscana, la regione più ambientalista d'Italia. Qui si concentrano diverse filiere dei traffici illegali, dalla produzione all'intermediazione, tutte emerse in almeno tre inchieste: l'operazione "Re Mida", l'operazione "Mosca" e quella denominata "Agricoltura biologica" del 2004.

Dalla Toscana non arrivano soltanto ingenti quantitativi di rifiuti gestiti illegalmente. La regione diviene una vera e propria base operativa fondamentale per tutta una serie di soggetti impegnati in queste attività criminali: dagli stakeholder ai chimici conniventi, sino ai proprietari dei siti di compostaggio che permettono di fare le miscele. Ma il territorio del riciclaggio dei rifiuti tossici sta aumentando i suoi perimetri. Altre inchieste hanno rivelato il coinvolgimento di regioni che sembravano immuni, come l'Umbria e il Molise. Qui, grazie all'operazione "Mosca", coordinata dalla Procura della Repubblica di Larino nel 2004, è emerso lo smaltimento illecito di centoventi tonnellate di rifiuti speciali provenienti da industrie metallurgiche e siderurgiche. I clan erano riusciti a triturare trecentoventi tonnellate di manto stradale dismesso ad altissima densità catramosa, e avevano individuato un sito di compostaggio disponibile a mischiarlo a terra, e quindi a occultarlo nelle campagne umbre. Il riciclo arriva a metamorfosi capaci di guadagnare esponenzialmente a ogni singolo passaggio. Non bastava nascondere i rifiuti tossici, ma si poteva trasformarli in fertilizzanti, ricevendo quindi danaro per vendere i veleni. Quattro ettari di terreno a ridosso del litorale molisano furono coltivati con concime ricavato dai rifiuti delle concerie. Vennero rinvenute nove tonnellate di grano contenenti un'elevatissima concentrazione di cromo. I trafficanti avevano scelto il litorale molisano – nel tratto da Termoli a Campomarino – per smaltire abusivamente rifiuti speciali e pericolosi provenienti da diverse aziende del nord

Italia. Ma è il Veneto il vero centro di stoccaggio, secondo le indagini coordinate negli ultimi anni dalla Procura di Santa Maria Capua Vetere. Da anni alimenta i traffici illegali sul territorio nazionale. Le fonderie settentrionali fanno smaltire le scorie senza precauzioni, mischiandole al compost usato per concimare centinaia di campi agricoli.

Gli stakeholder campani spesso utilizzano le strade del narcotraffico che i clan mettono a disposizione per trovare nuovi territori da scavare, nuove tombe da riempire. Già nell'inchiesta "Re Mida" diversi trafficanti stavano tessendo rapporti per organizzare un traffico di rifiuti in Albania e in Costarica. Ma ogni canale ormai è diventato possibile. Traffici verso est, verso la Romania, dove i Casalesi hanno centinaia e centinaia di ettari di terreno; o nei paesi africani, Mozambico, Somalia e Nigeria. Tutti paesi dove i clan hanno da sempre appoggi e contatti. Una delle cose che mi sconvolgeva era vedere i volti dei colleghi di Franco, i visi degli stakeholder campani tesi e preoccupati i giorni dello tsunami. Appena osservavano le immagini del disastro nei telegiornali, impallidivano. Era come se ognuno di loro avesse mogli, amanti e figli in pericolo. In realtà in pericolo c'era qualcosa di più prezioso: i loro affari. A causa dell'onda del maremoto infatti vennero trovati sulle spiagge della Somalia, tra Obbia e Warsheik, centinaia di fusti stracolmi di rifiuti pericolosi o radioattivi intombati negli anni '80 e '90. L'attenzione avrebbe potuto bloccare i loro nuovi traffici, le nuove valvole di sfogo. Ma il rischio fu subito scongiurato. Le campagne di beneficenza per i profughi distolsero l'attenzione sui bidoni di veleni fuoriusciti dalla terra, che galleggiavano a fianco dei cadaveri. Il mare stesso stava divenendo territorio di smaltimento continuo. Sempre più i trafficanti riempivano le stive delle navi di rifiuti e poi, simulando un incidente, le lasciavano affondare. Il guadagno era doppio. L'assicurazione pagava per l'incidente e i rifiuti si intombavano in mare, sul fondo.

Mentre i clan trovavano spazio ovunque per i rifiuti, l'amministrazione della regione Campania dopo dieci anni di commissariamento per infiltrazioni camorristiche non riusciva più a trovare il modo di smaltire la sua spazzatura. In Campania finivano illegalmente i rifiuti d'ogni parte d'Italia, mentre la monnezza campana nelle situazioni di emergenza veniva spedita in Germania a un prezzo di smaltimento cinquanta volte superiore a quello che la camorra proponeva ai suoi clienti. Le indagini segnalano che solo nel napoletano su diciotto ditte di raccoglimento rifiuti, quindici sono direttamente legate ai clan camorristici.

Il territorio è ingolfato di spazzatura, e sembra impossibile trovare soluzione. Per anni i rifiuti sono stati ammonticchiati in ecoballe, enormi cubi di spazzatura tritata e imballata in fasce bianche. Solo per smaltire quelle accumulate sino a ora ci vorrebbero cinquantasei anni. L'unica soluzione che sembra essere proposta è quella degli inceneritori. Come ad Acerra, che ha generato rivolte e proteste feroci che hanno censurato persino la semplice idea di un possibile inceneritore in quelle zone. Verso gli inceneritori i clan hanno un atteggiamento ambivalente. Da un lato sono contrari, poiché vorrebbero continuare a vivere di discariche e incendi, e l'emergenza permette in più di speculare sulle terre di smaltimento delle ecoballe, terre che loro stesso affittano. Nel caso però si dovesse realizzare l'inceneritore sono già pronti per entrare in subappalto per la costruzione, e successivamente per la gestione. Laddove le inchieste giudiziarie non sono ancora arrivate, la popolazione è già giunta. Terrorizzata, nervosa, spaventata. Temono che gli inceneritori possano diventare delle fornaci perenni dei rifiuti di mezz'Italia a disposizione dei clan, e quindi tutte le garanzie sulla sicurezza ecologica dell'inceneritore andrebbero a vanificarsi contro i veleni che i clan imporrebbero di bruciare. Migliaia di persone sono in stato di allerta ogni qual volta si dispone la riapertura di una discarica esaurita. Temono che possano arrivare da ogni parte rifiuti tossici spacciati per rifiuti ordinari, e così resistono sino allo stremo piuttosto che rischiare di fare del proprio paese un deposito incontrollato di nuova feccia. A Basso dell'Olmo, vicino Salerno, quando il commissario regionale, nel febbraio 2005, tentò di riaprire la discarica iniziarono a formarsi spontaneamente picchetti di cittadini che impedivano l'arrivo dei camion e l'accesso alla discarica. Un presidio continuo, costante, a ogni costo. Carmine Iuorio, trentaquattro anni, durante una notte terribilmente fredda, mentre teneva il presidio, è morto assiderato. Il mattino, quando sono andati a svegliarlo, aveva i peli della barba ghiacciati e le labbra livide. Era cadavere da almeno tre ore.

L'immagine di una discarica, di una voragine, di una cava, divengono sempre più sinonimi concreti e visibili di pericolosità mortale per chi ci vive intorno. Quando le discariche stanno per esaurirsi si dà fuoco ai rifiuti. C'è un territorio nel napoletano che ormai è definito la terra dei fuochi. Il triangolo Giugliano-Villaricca-Qualiano. Trentanove discariche, di cui ventisette con rifiuti pericolosi. Un territorio in cui aumentano del 30 per cento all'anno. La tecnica è collaudata e viene messa in pratica a ritmo costante. I più bravi a organizzare i fuochi sono i ragazzini ROM. I clan gli danno cinquanta euro a cumulo bruciato. La tecnica è semplice. Circoscrivono ogni enorme cumulo di rifiuti con i nastri delle bobine di videocassette, poi gettano alcol e benzina su tutti i rifiuti e, facendo dei nastri una miccia enorme, si allontanano. Con un accendino danno fuoco al nastro e tutto in pochi secondi diviene una foresta di fuoco, come avessero sganciato bombe al napalm. Dentro al fuoco gettano resti delle fonderie, colle e morchie di nafta. Fumo nerissimo e fuoco contaminano di diossina ogni centimetro di terra. L'agricoltura di questi luoghi, che esportava verdura e frutta fino in Scandinavia, crolla a picco. I frutti spuntano malati, le terre divengono infertili. Ma la rabbia dei contadini e lo sfacelo diventano ennesimo elemento di vantaggio, poiché i proprietari terrieri disperati

326

svendono le proprie coltivazioni, e i clan acquistano nuove terre, nuove discariche a basso, bassissimo costo. Intanto si crepa di tumore continuamente. Un massacro silenzioso, lento, difficile da monitorare, poiché c'è un esodo verso gli ospedali del nord per quelli che cercano di vivere il più possibile. L'Istituto Superiore di Sanità ha segnalato che la mortalità per cancro in Campania, nelle città dei grandi smaltimenti di rifiuti tossici, è aumentata negli ultimi anni del 21 per cento. Bronchi che marciscono, trachee che iniziano ad arrossarsi e poi la TAC in ospedale, e le macchie nere che denunciano il tumore. Chiedendo il luogo di provenienza dei malati campani spesso viene fuori l'intero percorso dei rifiuti tossici.

Una volta avevo deciso di attraversare a piedi la terra dei fuochi. Mi ero coperto naso e bocca con un fazzoletto, l'avevo legato sul viso, come facevano anche i ragazzini ROM quando andavano a incendiare i rifiuti. Sembravamo bande di cowboy tra deserti di spazzatura bruciata. Camminavo tra le terre divorate dalla diossina, riempite dai camion e svuotate dal fuoco, così da non rendere mai saturi questi buchi.

Il fumo che attraversavo non era denso, era come se fosse una patina collosa che si posava sulla pelle lasciando una sensazione di bagnato. Non lontano dai fuochi, c'erano una serie di villette poggiate tutte su una enorme x di cemento armato. Erano case adagiate su discariche chiuse. Discariche abusive che – dopo esser state utilizzate sino all'orlo, dopo aver bruciato tutto ciò che poteva essere bruciato – si erano esaurite. Colme sino a esplodere. I clan erano riusciti a riconvertirle in terreni edificabili. Del resto ufficialmente erano luoghi di pastorizia e coltivazione. E così avevano tirato su graziosi agglomerati di villette. Il terreno però non dava affidabilità, avrebbero potuto esserci smottamenti, improvvise voragini, e così maglie di cemento armato strutturate come resistenti x di rinforzo rendevano sicure le abitazioni. Villette vendute a basso prezzo, seppure tutti sapevano che si reggevano su tonnellate di rifiuti. Impiegati, pensionati, operai, di fronte alla possibilità di avere una villa non andavano a guardare nella bocca del terreno su cui posavano i pilastri delle loro case.

Il paesaggio della terra dei fuochi aveva l'aspetto di un'apocalisse continua e ripetuta, routinaria, come se nel suo disgusto fatto di percolato e copertoni non ci fosse più nulla di cui stupirsi. Nelle inchieste veniva segnalato un metodo per tutelare lo scarico di materiale tossico dall'interferenza di poliziotti e forestali, un metodo antico, usato dai guerriglieri, dai partigiani, in ogni angolo di mondo. Usavano i pastori come pali. Pascolavano pecore, capre e qualche vacca. I migliori pastori in circolazione venivano assunti per badare agli intrusi, piuttosto che a montoni e agnelli. Appena vedevano macchine sospette avvertivano. Lo sguardo e il cellulare erano armi inattaccabili. Li vedevo spesso gironzolare con i loro greggi rinsecchiti e obbedienti al seguito. Una volta li avvicinai, volevo vedere le strade dove i ragazzini smaltitori si esercitavano per guidare i camion. Ormai i camionisti non volevano più guidare i carichi sino allo sversamento. L'inchiesta "Eldorado" del 2003 aveva dimostrato che venivano sempre di più utilizzati i minori per queste operazioni. I camionisti non si fidavano a entrare troppo in contatto con i rifiuti tossici. Del resto era stato proprio un camionista a far partire la prima importante inchiesta sul traffico di rifiuti nel 1991. Mario Tamburrino era andato in ospedale con gli occhi gonfi, le orbite sembravano tuorli d'uovo che le palpebre non contenevano più. Era completamente accecato, le mani avevano perso il primo strato di epidermide, gli bruciavano come se gli avessero incendiato benzina sul palmo. Un fusto tossico gli si era aperto vicino al viso, e tanto era bastato per accecarlo e quasi bruciarlo vivo. Bruciarlo a secco, senza fiamme. Dopo quell'episodio i camionisti chiedevano di trasportare i fusti nei carichi dell'autotreno, tenendoli a distanza col rimorchio e non sfiorandoli mai. I più pericolosi erano i camion che trasportavano il compost adulterato, concime mischiato a veleni. Solo inalarli avrebbe potuto compromettere per sempre l'apparato respiratorio. L'ultimo passaggio, quando i Tir dovevano scaricare i fusti in alcuni camioncini che li avrebbero traghettati direttamente nella fossa della discarica, era il più rischioso. Nessuno voleva trasportarli. I fusti nei camioncini venivano stipati uno sopra all'altro e spesso si ammaccavano, facendo venir fuori le esalazioni. Così, appena gli autotreni giungevano, i camionisti non scendevano neanche. Li lasciavano svuotare. Poi dei ragazzini avrebbero portato a destinazione il carico. Un pastore mi indicò una strada in discesa dove si esercitavano a guidare, prima dell'arrivo del carico. In discesa gli insegnavano a frenare, con due cuscini sotto il sedere per farli arrivare ai pedali. Quattordici, quindici, sedici anni. Duecentocinquanta euro a viaggio. Li reclutavano in un bar, il proprietario sapeva e non osava neanche ribellarsi ma rivelava il suo giudizio sui fatti a chiunque, davanti ai cappuccini e ai caffè che serviva.

«Quella roba che gli fanno portare, più se la buttano in corpo quando respirano, prima li farà schiattare. Questi li mandano a morire, non a guidare.»

I piccoli autisti, più sentivano dire che la loro era un'attività pericolosa, mortale, più sentivano di essere all'altezza di una missione così importante. Cacciavano il petto in fuori e uno sguardo sprezzante dietro gli occhiali da sole. Si sentivano bene, anzi sempre meglio, nessuno di loro neanche per un istante poteva immaginarsi dopo una decina d'anni a fare la chemioterapia, a vomitare bile con stomaco, fegato e pancia spappolati.

Continuava a piovere. In pochissimo tempo l'acqua inzuppò la terra che ormai non riusciva ad assorbire più nulla. I pastori impassibili si andarono a sedere come tre santoni emaciati sotto una specie di pensilina costruita con le lamiere. Continuavano a fissare la strada mentre le pecore si mettevano in salvo, arrampicandosi su una collina di spazzatura. Uno dei pastori manteneva un bastone che spingeva contro la tettoia, inclinandola per evitare che si riempisse d'acqua e cascasse sulle loro teste. Ero completamente zuppo, ma tutta l'acqua che mi crollava addosso non riusciva a spegnere una sorta di bruciore che mi saliva dallo stomaco e si irradiava sino alla nuca. Cercavo di capire se i sentimenti umani erano in grado di fronteggiare una così grande macchina di potere, se era possibile riuscire ad agire in un modo, in un qualche modo, in un modo possibile che permettesse di salvarsi dagli affari, permettesse di vivere al di là delle dinamiche di potere. Mi tormentavo, cercando di capire se fosse possibile tentare di capire, scoprire, sapere senza essere divorati, triturati. O se la scelta era tra conoscere ed essere compromessi o ignorare – e riuscire quindi a vivere serenamente. Forse non restava che dimenticare, non vedere. Ascoltare la versione ufficiale delle cose, trasentire solo distrattamente e reagire con un lamento. Mi chiedevo se potesse esistere qualcosa che fosse in grado di dare la possibilità di una vita felice, o forse dovevo solo smettere di fare sogni di emancipazione e libertà anarchiche e gettarmi nell'arena, ficcarmi una semiautomatica nelle mutande e iniziare a fare affari, quelli veri. Convincermi di essere parte del tessuto connettivo del mio tempo e giocarmi tutto, comandare ed essere comandato, divenire una belva da profitto, un rapace della finanza, un samurai dei clan; e fare della mia vita un campo di battaglia dove non si può tentare di sopravvivere, ma solo di crepare dopo aver comandato e combattuto.

Sono nato in terra di camorra, nel luogo con più morti ammazzati d'Europa, nel territorio dove la ferocia è annodata agli affari, dove niente ha valore se non genera potere. Dove tutto ha il sapore di una battaglia finale. Sembrava impossibile avere un momento di pace, non vivere sempre all'interno di una guerra dove ogni gesto può divenire un cedimento, dove ogni necessità si trasformava in debolezza, dove tutto devi conquistarlo strappando la carne all'osso. In terra di camorra combattere i clan non è lotta di classe, affermazione del diritto, riappropriazione della cittadinanza. Non è la presa di coscienza del proprio onore, la tutela del proprio orgoglio. È qualcosa di più essenziale, di ferocemente carnale. In terra di camorra conoscere i meccanismi d'affermazione dei clan, le loro cinetiche d'estrazione, i loro investimenti significa capire come funziona il proprio tempo in ogni misura e non soltanto nel perimetro geografico della propria terra. Porsi contro i clan diviene una guerra per la sopravvivenza, come se l'esistenza stessa, il cibo che mangi, le labbra che baci, la musica che ascolti, le pagine che leggi non riuscissero a concederti il senso della vita, ma solo quello della sopravvivenza. E così conoscere non è più una traccia di impegno morale. Sapere, capire diviene una necessità. L'unica possibile per considerarsi ancora uomini degni di respirare.

Avevo i piedi immersi nel pantano. L'acqua era salita sino alle cosce. Sentivo i talloni sprofondare. Davanti ai miei occhi galleggiava un enorme frigo. Mi ci lanciai sopra, lo avvinghiai stringendolo forte con le braccia e lasciandomi trasportare. Mi venne in mente l'ultima scena di *Papillon*, il film con Steve McQueen tratto dal romanzo di Henri Charrière. Anch'io, come Papillon, sembravo galleggiare su un sacco colmo di noci di cocco, sfruttando le maree per fuggire dalla Cayenna. Era un pensiero ridicolo, ma in alcuni momenti non c'è altro da fare che assecondare i tuoi deliri come qualcosa che non scegli, come qualcosa che subisci e basta. Avevo voglia di urlare, volevo gridare, volevo stracciarmi i polmoni, come Papillon, con tutta la forza dello stomaco, spaccandomi la trachea, con tutta la voce che la gola poteva ancora pompare: «Maledetti bastardi, sono ancora vivo!».

Indice

PRIMA PARTE

11   Il porto
26   Angelina Jolie
48   Il Sistema
71   La guerra di Secondigliano
151   Donne

SECONDA PARTE

177   Kalashnikov
206   Cemento armato
241   Don Peppino Diana
266   Hollywood
283   Aberdeen, Mondragone
310   Terra dei fuochi

Arnoldo Mondadori Editore S.p.A.

Questo volume è stato stampato
presso Mondadori Printing S.p.A.
Stabilimento Nuova Stampa Mondadori - Cles (TN)

Stampato in Italia - Printed in Italy